THE
MEGA CROSSWORD
COLLECTION

PaRragon

Bath · New York · Singapore · Hong Kong · Cologne · Delhi · Melbourne

First published by Parragon in 2009

Parragon
Queen Street House
4 Queen Street
Bath BA1 1HE, UK

ISBN 978-1-4075-6558-3

Printed in China

No 3

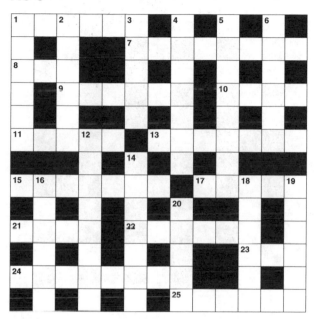

Across

1 - Cut (6)
7 - Suggestions (8)
8 - Female undergarment (3)
9 - Tissue in the cavities of bones (6)
10 - Greek god of love (4)
11 - Chasm (5)
13 - Campaign (7)
15 - Showy (7)
17 - Up and about (5)
21 - Fight off (4)
22 - Abduct (6)
23 - Mythical monster (3)
24 - Capital of Finland (8)
25 - Large assortment (6)

Down

1 - Cloud of gas in space (6)
2 - Cold and damp (6)
3 - Journal (5)
4 - Long pins (7)
5 - Permits (8)
6 - Ancient (3-3)
12 - Careless (8)
14 - Twitching (7)
16 - Looked searchingly (6)
18 - Inside information (3-3)
19 - Scoundrel (6)
20 - Perform without preparation (2-3)

No 4

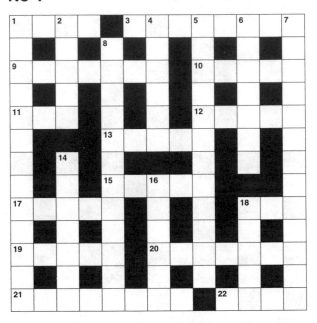

Across
1 - Thick cord (4)
3 - Accommodating (8)
9 - Monitors security (7)
10 - Capital of Japan (5)
11 - Inflated feeling of pride (3)
12 - Rule (5)
13 - Capital of South Korea (5)
15 - Greek building style (5)
17 - Unemotional person (5)
18 - And not (3)
19 - Sheep's sound (5)
20 - Treated unfairly (7)
21 - Speed up (8)
22 - Remain (4)

Down
1 - Deplorable (13)
2 - Paved area (5)
4 - Eating place (6)
5 - Talker (12)
6 - Suggestion (7)
7 - Amiably (4-9)
8 - Tamed (12)
14 - Block passage through (5,2)
16 - Stupid person (6)
18 - Darkness (5)

No 5

Across

1 - Ripped; rote (anag) (4)
3 - Dead end (3,2,3)
9 - Tragedy by Shakespeare (7)
10 - Thin metal sheets (5)
11 - Massive herbivorous animal (12)
13 - Hand joints (6)
15 - Environment (6)
17 - Irrationally (12)
20 - Suffuse with color (5)
21 - More jolly (7)
22 - Playhouses (8)
23 - Used to be (4)

Down

1 - N American war ax (8)
2 - Renew (5)
4 - Detach (6)
5 - Tending to decrease (12)
6 - Nerve impulses (7)
7 - Paper money (4)
8 - Disregarding the rules (5,3,4)
12 - Exempt from tax (4-4)
14 - Base (7)
16 - Is more (anag) (6)
18 - Light brown (5)
19 - Sword handle (4)

No 6

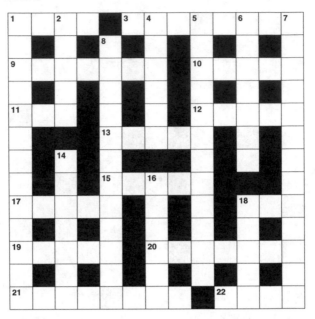

Across
1 - Small rodents (4)
3 - Musical scripts (8)
9 - Place out of sight (7)
10 - Scone (anag) (5)
11 - Adam's mate (3)
12 - Magical spirits; intellectuals (5)
13 - Body of rules; priest (5)
15 - Precious stone (5)
17 - Care for; look after (5)
18 - Vitality (3)
19 - Opaque gems (5)
20 - Try to forget (7)
21 - Magnificence (8)
22 - Duck (4)

Down
1 - Of mixed character (13)
2 - Secret store (5)
4 - Comic superhero (6)
5 - Identifiably (12)
6 - Residency (7)
7 - Inventive (13)
8 - Food shop (12)
14 - Universal remedy (4-3)
16 - Imposter (6)
18 - Large wading bird (5)

No 7

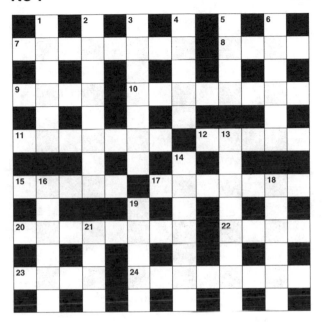

Across

7 - Detective (8)
8 - Most important point (4)
9 - Supplements (4)
10 - Paunch (8)
11 - Eccentricity (7)
12 - Refinement (5)
15 - Short high tone (5)
17 - Unrecoverable money owed (3,4)
20 - Persuaded constantly (8)
22 - Inferior pig (4)
23 - Flavor a beverage (4)
24 - Chosen (8)

Down

1 - Strangled (6)
2 - Current existence (8)
3 - Make up (7)
4 - Move on ice (5)
5 - Long for (4)
6 - Naturally illuminated (6)
13 - Resoluteness (8)
14 - Later than expected (7)
16 - Union (6)
18 - Light teasing repartee (6)
19 - Take away by force (5)
21 - Coat with gold (4)

No 8

Across
1 - Outer covering (4)
3 - Fleshy fungus (8)
9 - Hanging drapery (7)
10 - Component parts (5)
11 - Farm (5)
12 - Nonsense (7)
13 - Books (6)
15 - Workplace (6)
17 - Sickness (7)
18 - Exceed (5)
20 - Misrepresenting (5)
21 - Records (7)
22 - Providing (8)
23 - Catch sight of (4)

Down
1 - Respectfully (13)
2 - Synthetic fiber (5)
4 - Not uniform (6)
5 - Chamber in Parliament (UK) (5,2,
6 - Paper folding (7)
7 - Naughtily (13)
8 - Generally agreed upon (12)
14 - Resembling a fox (7)
16 - Mete out (6)
19 - Written passages (5)

No 9

Across
7 - Elder person (6)
8 - Jumbling up (6)
9 - Display (4)
10 - Person implementing a will (8)
11 - Go back over (7)
13 - Willow twig (5)
15 - Pulpy (5)
16 - Musical composition (7)
18 - Wages (8)
19 - Anorak (4)
21 - Inferior (6)
22 - Capital of Russia (6)

Down
1 - Wire lattice (4)
2 - Fitness to fly (13)
3 - Necessity (7)
4 - Cause (5)
5 - Extreme beauty (13)
6 - Impudent (8)
12 - Taught (8)
14 - Offers in exchange for money (7)
17 - Growl with bare teeth (5)
20 - Underground plant part (4)

No 10

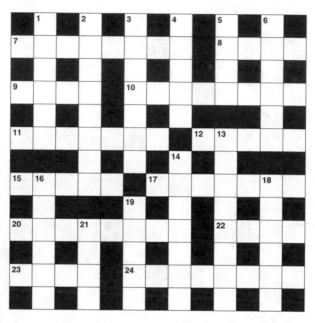

Across
7 - Revere (8)
8 - Paradise garden (4)
9 - Celebration (4)
10 - Tending to calm (8)
11 - Animal oil (7)
12 - Card game (5)
15 - Survive (5)
17 - Item of clerical clothing (7)
20 - Licentious (8)
22 - Large wading bird (4)
23 - Allows (4)
24 - Outlines in detail (8)

Down
1 - Swiss city (6)
2 - Evolves (8)
3 - Fighting vessel (7)
4 - Fixes (5)
5 - Eg beef (4)
6 - Persons (6)
13 - Sanatorium (8)
14 - Portable computers (7)
16 - Ancient Persian king (6)
18 - Customer (6)
19 - Disquiets (5)
21 - Deceptive maneuver (4)

No 11

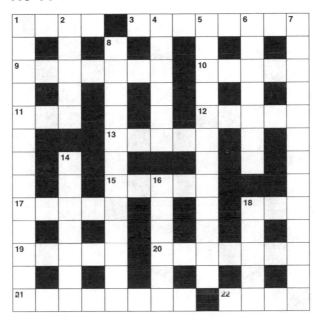

Across

1 - Rounded protuberance (4)
3 - Circumspection (8)
9 - Terse (7)
10 Extreme (5)
11 - North American nation (3)
12 - Falsifying (5)
13 - Norwegian (5)
15 - Suffuse with color (5)
17 - Give merit (5)
18 - Appropriate (3)
19 - Bury (5)
20 - Sounded like a sheep (7)
21 - Refer to famous people (8)
22 - Drama (4)

Down

1 - Delusion (13)
2 - Variety of coffee (5)
4 Better off (6)
5 - Vehicle with two levels (6-6)
6 - Naught (7)
7 - In an inflated manner (13)
8 - Unappreciated (12)
14 - Smallest discrete quantity (7)
16 - Seaport in N Spain (6)
18 - Mortal (5)

No 12

Across
1 - Making possible (12)
6 - Started again (7)
9 - Put down (4)
10 - Pays (6)
12 - Communicates (5)
13 - Piece of paper (5)
15 - Mustang (6)
16 - Volcanic rock (4)
18 - Tuft of grass (7)
19 - School for young children (12)

Down
1 - Stupid (6-6)
2 - Capable of being guaranteed (11)
3 - Crave (4)
4 - Orderliness (8)
5 - Prolonging (12)
7 - Soaks up (4)
8 - Refuse bin (5,6)
11 - Of many different kinds (8)
14 - Cools below zero (4)
17 - Leguminous plant (4)

No 13

Across

1 - Decoration (6)
5 - Seed vessel (3)
7 - Concur with (5)
8 - Hard teeth coverings (7)
9 - Boat (5)
10 - Exercised authority (8)
12 - Arrival (6)
14 - Diminishing of light (6)
17 - Glue (8)
18 - Scratchy (5)
20 - Jet fighter seat (7)
21 - Short letters (5)
22 - Floor cover (3)
23 - Support; help (6)

Down

2 - Rejected (7)
3 - Submissive to authority (8)
4 - Donkey noise (4)
5 - Juicy fruits (7)
6 - Teeth fixing doctor (7)
7 - Twisted to one side (5)
11 - Impoliteness (8)
12 - Water bearing rock (7)
13 - Enunciating (7)
15 - Full of jealousy (7)
16 - Stagnates (5)
19 - Legendary creature (4)

No 14

Across
1 - Against (6)
4 - Business organization (6)
7 - Backward somersault (8)
8 - Large wading bird (4)
9 - Close by (4)
11 - Recording medium (4)
12 - Decade from 1960 - 1969 (7)
13 - Definite article (3)
15 - Positive answer (3)
17 - Universal remedy (4-3)
19 - Three people (4)
20 - Level (4)
21 - Individual (4)
22 - Face-to-face conversation (3-2-3)
24 - Looks at (6)
25 - Loops of rope (6)

Down
1 - Piece of furniture (7)
2 - Customers (6)
3 - To be unwell (3)
4 - A valuation (9)
5 - Proclamations (6)
6 - Deprive of strength (7)
10 - Efforts (9)
14 - Most difficult (7)
16 - Offenders (7)
17 - Bestow (6)
18 - Rough shelter (4-2)
23 - Geologic time (3)

No 15

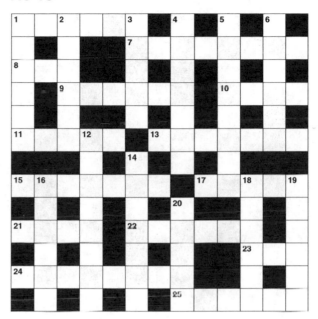

Across
1 - Domed roof (6)
7 - Bighead (8)
8 - Fuel (3)
9 - Festival (6)
10 - Keep (anag) (4)
11 - Rustic (5)
13 - Kids (7)
15 - From Mars (7)
17 - Tend a fire (5)
21 - Coalition (4)
22 - Inside information (3-3)
23 - Period of time (3)
24 - Decline (8)
25 - Join metals (6)

Down
1 - Barrel maker (6)
2 - Steal (6)
3 - Embarrass (5)
4 - Baked pasta dish (7)
5 - Vegetable (8)
6 - Fervent (6)
12 - Newspaper opinion pieces (8)
14 - Warning (7)
16 - Bursting into flower (6)
18 - Cause resentment (6)
19 - Cream puff (6)
20 - Gyrates (5)

No 16

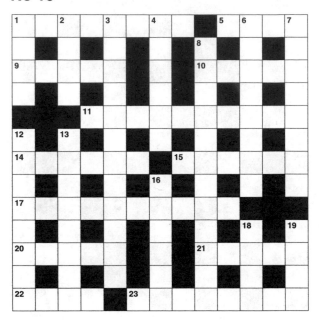

Across
1 - How a word is written (8)
5 - Arab ruler (4)
9 - Body of rules; priest (5)
10 - Royal (5)
11 - Diacritical mark (10)
14 - Road (6)
15 - Stress; pull a muscle (6)
17 - Unrestrained (10)
20 - Plantain lily (5)
21 - Saying (5)
22 - Time gone by (4)
23 - Uses again (8)

Down
1 - Inner circle (4)
2 - Volcano in Sicily (4)
3 - Running lengthwise (12)
4 - Observe (6)
6 - Portuguese navigator (8)
7 - Restful (8)
8 - Use of fragrances (12)
12 - Bad luck (8)
13 - Population counts (8)
16 - Like a dog (6)
18 - Go wrong (4)
19 - Pollinating insects (4)

No 17

Across

1 - Arm exercise (4-2)
5 - Explosive device (6)
8 - South American Indian (4)
9 - Workforce (8)
10 - Vascular plant tissue (5)
11 - Gnawing mammals (7)
14 - Acrobat (13)
16 - Discourtesies (7)
18 - Type of earrings (5)
20 - Separated (8)
22 - Part of the eye (4)
23 - Felonies (6)
24 - Fashions (6)

Down

2 - Early period of a relationship (9)
3 - Most tidy (7)
4 - Move up and down (4)
5 - Scaly anteater (8)
6 - Ironic metaphor (5)
7 - Herb (3)
12 - Try out an automobile (4,5)
13 - Walking supports (8)
15 - Stylishly (7)
17 - Disarm (5)
19 - Lyrics (4)
21 - Make a mistake (3)

No 18

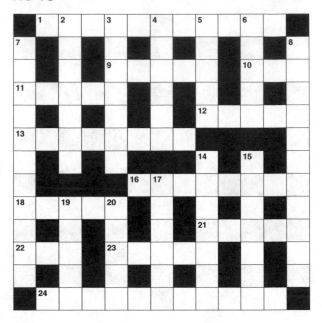

Across
1 - Tendency to disintegrate (11)
9 - Tendon (5)
10 - Supplement (3)
11 - Stern (5)
12 - Symbols of oppression (5)
13 - Weapon firing darts (8)
16 - Single-celled organisms (8)
18 - Mix up or confuse (5)
21 - Work out (5)
22 - Upper part (3)
23 - Area of sand (5)
24 - Foot specialist (11)

Down
2 - Criticism (7)
3 - Accidents (7)
4 - Connect (4,2)
5 - Recently (5)
6 - Talk (5)
7 - Denizens (11)
8 - Newscasters (11)
14 - Stored away (7)
15 - Rhododendrons (7)
17 - Renovate (6)
19 - Extent (5)
20 - Last light of fire (5)

No 19

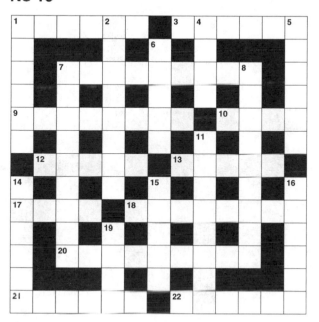

Across

1 - National flower of Mexico (6)
3 - Join (6)
7 - Pulpiness (9)
9 - Forceful (8)
10 - Scamp (4)
12 - Underwater apparatus (5)
13 - Stench (5)
17 - Male bovine mammal (4)
18 - Collection in its entirety (8)
20 - Desires (9)
21 - Duty or tax (6)
22 - Go around (6)

Down

1 - Oblique case (grammar) (6)
2 - Engrave (8)
4 - Abound (4)
5 - Fireplace (6)
6 - Stomach exercise (3-2)
7 - Wonderfully (9)
8 - Pieces of music (9)
11 - A lawyer (8)
14 - Showing utter resignation (6)
15 - Fields (5)
16 - Debars (anag) (6)
19 - One of two equal parts (4)

No 20

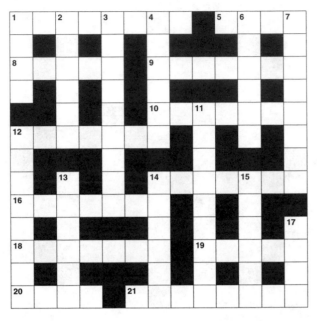

Across
1 - Relating to verse (8)
5 - Opposite of pull (4)
8 - Increment (5)
9 - Retreats (7)
10 - Overlook (7)
12 - Sensing (7)
14 - Bunker (7)
16 - Most poorly lit (7)
18 - Ruled (7)
19 - Try (5)
20 - Exercise form (4)
21 - Advanced medical student (8)

Down
1 - Republic in W South America (4)
2 - Removes from property (6)
3 - Intoxicate (9)
4 - Exposing (6)
6 - Reverses (6)
7 - Suffering from indecision (8)
11 - Magnificence (9)
12 - Kindly (8)
13 - Intruding (6)
14 - Workplace (6)
15 - Nocturnal arboreal marsupial (6)
17 - Church song (4)

No 21

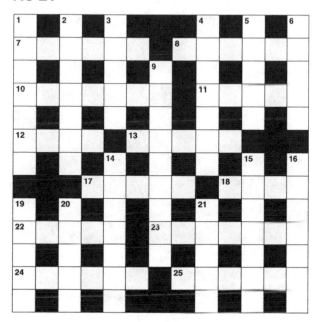

Across

7 - Doles out (6)
8 - Notch (6)
10 - A chewy candy (7)
11 - Is enamored with (5)
12 - Engrave with acid (4)
13 - Cut (5)
17 - Bang; sudden loud noise (5)
18 - Dress (4)
22 - Egg-shaped (5)
23 - Eccentric (7)
24 - Magician in Arthurian legend (6)
25 - Large canoe (6)

Down

1 - Locks (7)
2 - Clergymen (7)
3 - Base part of tree (5)
4 - Impose (7)
5 - Courage (5)
6 - Hiding place (5)
9 - Catapult (9)
14 - Country in North Africa (7)
15 - Contradiction in terms (7)
16 - Juvenile pigs (7)
19 - Develops (5)
20 - Pile of stones as marker (5)
21 - Disgust (5)

No 22

Across
1 - A single time (4)
3 - Problems (8)
9 - Desiring (7)
10 - Spanish friend (5)
11 - Generally agreed upon (12)
14 - Measure of length (3)
16 - Jacket (5)
17 - To be unwell (3)
18 - Not intoxicating (12)
21 - Service color of the army (5)
22 - Incompetent person (7)
23 - Bouquets (8)
24 - Sight organs (4)

Down
1 - Exploits to excess (8)
2 - Relating to a city (5)
4 - Foodstuff (3)
5 - Forcible indoctrination (12)
6 - Grotesque monster (7)
7 - Pack (4)
8 - Vanishing (12)
12 - Verse form (5)
13 - Posts; signs (8)
15 - Bath brushes (7)
19 - Frozen fruit juice on a stick (5)
20 - Body covering (4)
22 - Purchase (3)

No 23

Across
1 - Fairy (3)
3 - Drunkard (3)
5 - Spiced dish (5)
8 - On top of (4)
9 - Persuade (8)
11 - Zealous (10)
13 - Soggy (6)
14 - Wound together (6)
17 - Work colleagues (10)
21 - Ravenously (8)
22 - Obstacle (4)
23 - Lift up (5)
24 - Beam of light (3)
25 - Female sheep (3)

Down
1 - Supply (5)
2 - Writing paper (8)
4 - Sharp-pointed spikes (6)
5 - Crave (5)
6 - Smallest of the litter (4)
7 - Rendered (7)
10 - Motion picture (4)
12 - Example (8)
13 - Suffocate (7)
15 - Wire (anag) (4)
16 - Post (6)
18 - Broad comedy (5)
19 - Smooth transition (5)
20 - Not in favor (4)

No 24

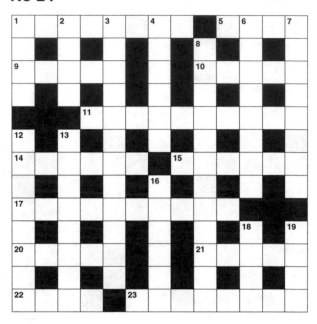

Across
1 - Associated with employment (2-3-3)
5 - Bean curd (4)
9 - Classical music (5)
10 - Ranked (5)
11 - Copier (10)
14 - Relating to milk (6)
15 - Near future (6)
17 - Extraordinarily (10)
20 - Talent (5)
21 - Strike out (5)
22 - Tardy (4)
23 - Understanding (8)

Down
1 - Belonging to us (4)
2 - Makes brown (4)
3 - Developmental (12)
4 - Songbird (6)
6 - Surpass (8)
7 - Too young (8)
8 - Elegance (12)
12 - Full measure (8)
13 - Resident (8)
16 - Deer horn (6)
18 - Sound equipment (2-2)
19 - Austrian composer (4)

No 25

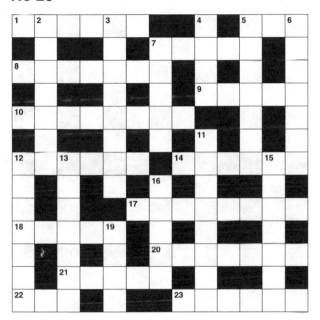

Across
1 - Fast (6)
5 - Mixture of gases (3)
7 - Mix smoothly (5)
8 - Volcanic crater (7)
9 - Verse form (5)
10 - Extra large (4-4)
12 - Lizard (6)
14 - Interfere (6)
17 - Bitterness of nature (8)
18 - Tills (5)
20 - Found out (7)
21 - Loosened (5)
22 - Child (3)
23 - Come up with (6)

Down
2 - Communicating with God (7)
3 - Salad sauce (8)
4 - Lattice (4)
5 - Looked up to (7)
6 - Exile (7)
7 - Fabric (5)
11 - Float in the air (8)
12 - Tool for the Arctic (3-4)
13 - Friendless (7)
15 - Surgical knives (7)
16 - Tell off (5)
19 - Waistband (4)

No 26

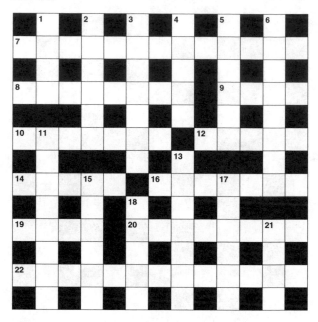

Across
7 - Iridescent shell lining (6-2-5)
8 - Humanitarian (8)
9 - Digestive juice (4)
10 - Take watchful responsibility for (4-3)
12 - Flat paving stones (5)
14 - Daisy like flower (5)
16 - Touched (7)
19 - Continent (4)
20 - Music sung in response (8)
22 - Relating to growth (13)

Down
1 - Move rapidly (4)
2 - Barbed (6)
3 - Come out on top (7)
4 - Burning (5)
5 - Consisting of words (6)
6 - Introduction to a work (8)
11 - Judges (8)
13 - Period of conflict (7)
15 - Breaks loose (6)
17 - Rely on (6)
18 - Courage (5)
21 - From the mouth (4)

No 27

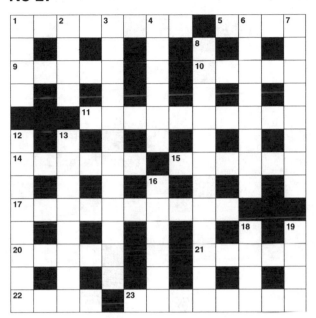

Across
1 - Leniency or compassion (8)
5 - Ruler (4)
9 - Praise (5)
10 - Mediterranean island (5)
11 - Shrewdness (10)
14 - Develop (6)
15 - Rears; backs (6)
17 - Storehouse (10)
20 - Discover (5)
21 - Choose through voting (5)
22 - Chopped (4)
23 - Turn off computer (8)

Down
1 - Musical staff sign (4)
2 - Elegance (4)
3 - Resourceful (12)
4 - Organize into a system (6)
6 - Fruit tree (8)
7 - Reevaluate (8)
8 - Resentment (12)
12 - Portable weather protection (8)
13 - Obstruction (8)
16 - Stink (6)
18 - Presentation (4)
19 - English public school (4)

No 28

Across
1 - Put down (3)
3 - Defective; dab (anag) (3)
5 - Cut into regular lumps (5)
8 - Unfortunately (4)
9 - Judges (8)
11 - Favorite topic (10)
13 - Attire (6)
14 - Robust (6)
17 - Commercial (10)
21 - Falcons (8)
22 - Wall molding (4)
23 - Evade (5)
24 - Cereal grass (3)
25 - Extremity of foot (3)

Down
1 - Animal restraint (5)
2 - Annual (8)
4 - Dances (6)
5 - Boatsmen (5)
6 - Low pitch (4)
7 - Fate (7)
10 - Story (4)
12 - Old crafted object (8)
13 - Threw out (7)
15 - Shade (4)
16 - Having only magnitude (6)
18 - Strange and mysterious (5)
19 - Create; cause (5)
20 - Consumed (4)

No 29

Across
1 - Baby beds (4)
3 - Announce one's departure (5,3)
9 - Outdoor (4-3)
10 - Confronts (5)
11 - Game board with 64 squares (12)
13 - Guarantee (6)
15 - Republic in central Africa (6)
17 - Living together (12)
20 - Island in the Bay of Naples (5)
21 - Arrange for the marriage of (7)
22 - Writers of Internet weblogs (8)
23 - Employs (4)

Down
1 - Musical note (8)
2 - Subject; topic (5)
4 - Capital of Zimbabwe (6)
5 - The body politic (12)
6 - Invade (7)
7 - Ivory; horn (4)
8 - Involving toilsome effort (12)
12 - Propels with force (8)
14 - Eighth sign of the zodiac (7)
16 - Warm up (6)
18 - Golf clubs (5)
19 - Protective crust (4)

No 30

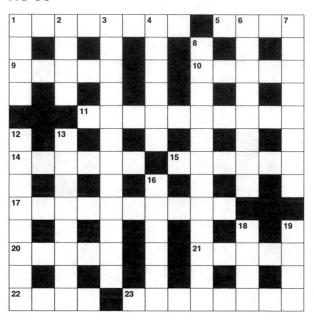

Across
1 - Last (8)
5 - Lattice (4)
9 - Sweet tropical fruit (5)
10 - Motorbike (5)
11 - Oppressively heavy (10)
14 - Linear units (6)
15 - Physical attraction (6)
17 - Hilarious (10)
20 - Kick out (5)
21 - Relative by marriage (2-3)
22 - Gins (anag) (4)
23 - Unmarried woman (8)

Down
1 - Insist (4)
2 - Russian sovereign (4)
3 - Calculations of dimensions (12)
4 - Directions (6)
6 - Elated (8)
7 - Fence formed by bushes (8)
8 - Freeing from slavery (12)
12 - Constricts (8)
13 - Division (8)
16 - Collect (4,2)
18 - Overabundance (4)
19 - Pitcher (4)

No 31

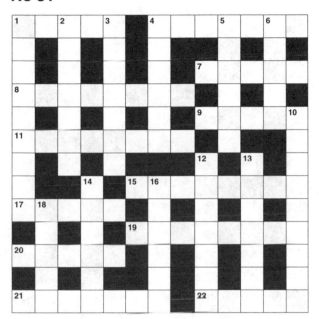

Across

1 - Tables (5)
4 - Type of newspaper (7)
7 - Went down on one knee (5)
8 - Larval frogs (8)
9 - Sulky (5)
11 - Short motion picture (8)
15 - Inconsistency (8)
17 - Drop liquid (5)
19 - Lengthy rebukes (8)
20 - Republic in NE Africa (5)
21 - Allots (7)
22 - Elder (5)

Down

1 - Moves away from (9)
2 - Unsubstantial (7)
3 - Temporary stay (7)
4 - Steal (6)
5 - Capital of England (6)
6 - Small island (5)
10 - Sailors (9)
12 - Overlooked (7)
13 - Severely (7)
14 - Opposite of acid (6)
16 - Model thoughts (6)
18 - Seals the gap (5)

No 32

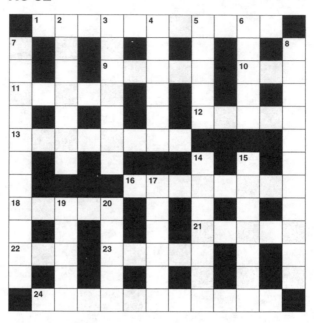

Across

1 - Procurement of specialists (11)
9 - Tycoon (5)
10 - In favor (3)
11 - Sweeping implement (5)
12 - Short and sweet (5)
13 - Tightness (8)
16 - Counterfeit (8)
18 - Unfasten (5)
21 - Judged (5)
22 - Boy (3)
23 - Diacritic symbol (5)
24 - Act of publishing multiple times (11)

Down

2 - Tentacled sea animal (7)
3 - Adding up (7)
4 - Light beers (6)
5 - Perform without preparation (2-3)
6 - Island in the Bay of Naples (5)
7 - Aspiringly (11)
8 - As acknowledged (11)
14 - Part of a chair (7)
15 - Porch (7)
17 - Communal (6)
19 - Rice field (5)
20 - Written down (5)

No 33

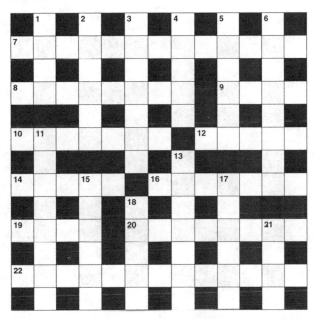

Across
7 - Meteors (8,5)
8 - Worker who makes glasses (8)
9 - Open tart (4)
10 - Failed (7)
12 - Willow twig (5)
14 - Supports (5)
16 - Fearless (7)
19 - Modify (4)
20 - Song; hymn (8)
22 - Irretrievable (13)

Down
1 - Male (4)
2 - Managing (6)
3 - Civilian (7)
4 - Deterioration (5)
5 - Large otiole (6)
6 - Most important (8)
11 - Incessant (8)
13 - Trucks (7)
15 - Plausible glib talk (6)
17 - Cordial (6)
18 - Past tense of stand (5)
21 - Fennel like herb (4)

No 34

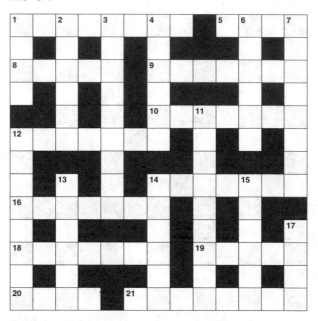

Across
1 - Vigorously (8)
5 - High tone signal (4)
8 - Dormant forms of insects (5)
9 - Enclosed in paper (7)
10 - 20th letter of the Greek alphabet (7)
12 - Cautious (7)
14 - Establishment for making beer (7)
16 - Inert substance (7)
18 - Water container (7)
19 - Same as (5)
20 - Shout out loud (4)
21 - Least quiet (8)

Down
1 - Brood (4)
2 - Ground squirrel (6)
3 - Consequently (9)
4 - Legitimate (6)
6 - Forces out (6)
7 - Undue display of learning (8)
11 - Gradient (9)
12 - Guiltily (8)
13 - Shelf (6)
14 - Embarrassing mistake (3-3)
15 - Withstand (6)
17 - Accommodation (4)

No 35

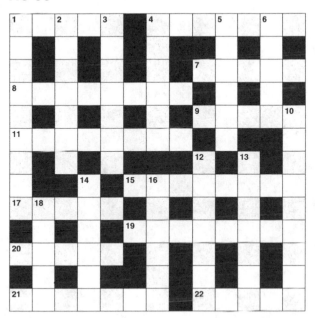

Across
1 - Wonderful (5)
4 - Oblique stroke (7)
7 - Playing card (5)
8 - Educated (0)
0 - Smells (5)
11 - Surrounds (8)
15 - Be noticeable (5,3)
17 - Very short time (5)
19 - Without warning (8)
20 - Academy award (5)
21 - Combine with water (7)
22 - Feeling of fear (5)

Down
1 - Erase (6,3)
2 - Properly formed (7)
3 - Criticism (7)
4 - Cold symptom (6)
5 - Hinder (6)
6 - Beneath (5)
10 - Numerical fact (9)
12 - Dutch port (7)
13 - Guard (7)
14 - Cream puff (6)
16 - Stinging sensation (6)
18 - Stiff with age (5)

No 36

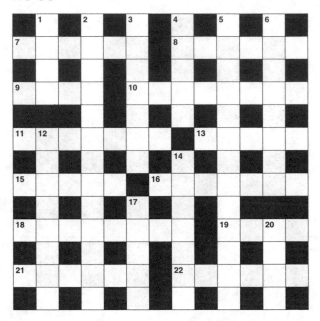

Across
7 - Go back on (6)
8 - Eastern peoples (6)
9 - Reduce slowly (4)
10 - Unfasten (8)
11 - Cut up (7)
13 - Depressed state of mind (5)
15 - Exposes (5)
16 - Crackled (7)
18 - Support when climbing (8)
19 - Purposes (4)
21 - Circuitous way (6)
22 - Lewder (anag) (6)

Down
1 - Give up (4)
2 - Rebirth in a new body (13)
3 - Reasoned (7)
4 - Young sheep (5)
5 - Suspiciously (13)
6 - Disconnect (8)
12 - Worker (8)
14 - End of day (7)
17 - Periods of 60 minutes (5)
20 - Paradise garden (4)

No 37

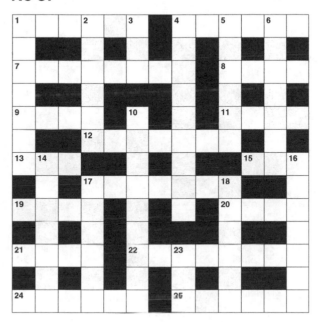

Across
1 - Barrel maker (6)
4 - Continue (6)
7 - Herder (8)
8 - Not functioning properly (4)
9 - Adjoin (4)
11 - Snatched (4)
12 - Staunchly (7)
13 - Naturally disposed toward (3)
15 - Belonging to him (3)
17 - Get better (7)
19 - Stiff paper (4)
20 - Lightness (4)
21 - Emperor of Rome 54-68 (4)
22 - Layered material (8)
24 - Dwarfed tree (6)
25 - Corporal (6)

Down
1 - Staple food (7)
2 - Small birds (6)
3 - Cereal grass (3)
4 - Emission of particles (9)
5 - Sea song (6)
6 - Radio pioneer (7)
10 - The masses (3,6)
14 - Inactive pill (7)
16 - Majestic (7)
17 - Expressions (6)
18 - Acquired (6)
23 - Gang (3)

No 38

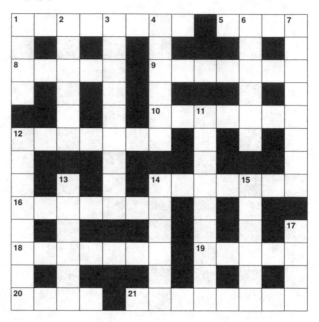

Across
1 - Most straightforward (8)
5 - Main island of Indonesia (4)
8 - Mouselike mammal (5)
9 - Diacritical mark (7)
10 - Precisely (7)
12 - Kidney bean (7)
14 - Islands in W Atlantic Ocean (7)
16 - Hanging fabric (7)
18 - Keepsake; reminder (7)
19 - Folds (5)
20 - Gains (4)
21 - Teacher (8)

Down
1 - Cloth belt (4)
2 - Reflecting surface (6)
3 - Small letters (9)
4 - Concealed (6)
6 - Doles out (6)
7 - Considers in detail (8)
11 - Person with a breathing disorder
12 - Stockman (8)
13 - Stocky burrowing rodent (6)
14 - Proverb (6)
15 - Symbol (6)
17 - Sure (anag) (4)

No 39

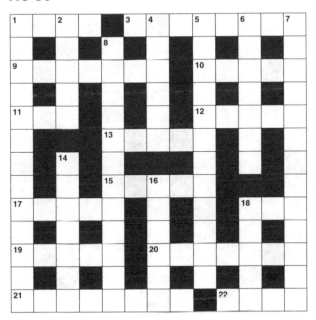

Across
1 - Team (4)
3 - Written (8)
9 - Pain relieving drug (7)
10 - Animal enclosures (5)
11 - Floor covering (3)
12 - Discourage (5)
13 - Unit of weight (5)
15 - Accounting entry (5)
17 - Small boat (5)
18 - How (anag) (3)
19 - Grub (5)
20 - Tropical disease (7)
21 - Christmas season (8)
22 - Catch sight of (4)

Down
1 - Intermittently (13)
2 - Repository (5)
4 - Gun (6)
5 - By the way (12)
6 - Stiffen (7)
7 - Not earmarked (13)
8 - Overriding (12)
14 - Non-pedigree dog (7)
16 - Shone (6)
18 - Heats up (5)

No 40

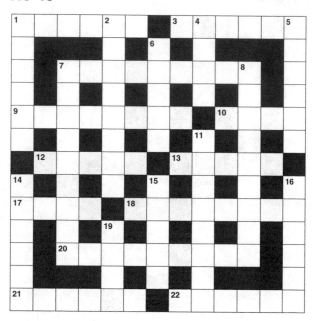

Across
1 - Micelike mammals (6)
3 - Considering (6)
7 - Makeup (9)
9 - Concur (8)
10 - Thrash (4)
12 - Silent (5)
13 - Lakes (5)
17 - Movable barrier (4)
18 - Manner (8)
20 - Deport (9)
21 - Extracting ores (6)
22 - Side road (6)

Down
1 - Choose (6)
2 - Miserable (8)
4 - Reverse (4)
5 - Dirty (6)
6 - Not as expected (5)
7 - Manners (9)
8 - Storage building (9)
11 - Firmness (8)
14 - Self interest (6)
15 - Collection of maps (5)
16 - Enclosed (6)
19 - Surprise (4)

No 41

Across

1 - Yellow-orange pigment (5)
4 - Later (5)
10 - Farewell (4-3)
11 - Loosen (5)
12 - Fit of shivering (4)
13 - Idler (8)
16 - Panacea (6)
17 - Eastern peoples (6)
20 - Hide the identity of (8)
21 - Indifferent (2-2)
23 - Tidy up (5)
25 - Reverberating (7)
26 - Heavy soils (5)
27 - Catches (5)

Down

2 - Chinese philosopher (9)
3 - Goes (anag) (4)
5 - Sugar in fruits (8)
6 - Young newt (3)
7 - Diversion (6)
8 - Currently in progress (5)
9 - Listen to (4)
14 - Process of forming conclusions (9)
15 - Spiciness (8)
18 - Absorbent (6)
19 - Inquired (5)
20 - Platform (4)
22 - Protruding part of the lower jaw (4)
24 - Measure of length (3)

No 42

Across

1 - Confusion (12)
6 - Raises (through using yeast) (7)
9 - Futile (4)
10 - Job (6)
12 - Company emblems (5)
13 - Announcer (5)
15 - Eye protector (6)
16 - Attract (4)
18 - Prosthetic device (7)
19 - Narrowing (12)

Down

1 - In a generous manner (12)
2 - Cheerful compliance (11)
3 - Advantage (4)
4 - Lose (8)
5 - Female fellow national (12)
7 - Heroic poem (4)
8 - Variety of ice cream (5-6)
11 - Austere people (8)
14 - Speech defect (4)
17 - Bathroom mineral powder (4)

No 43

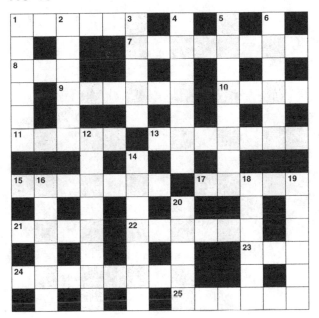

Across

1 - Puzzle composed of many pieces (6)
7 - Implied (8)
8 - Female undergarment (3)
9 - Mexican cloak (6)
10 - Sailing ship (4)
11 - Decays (5)
13 - Garden flower (7)
15 - Pertaining to fat (7)
17 - Pollex (5)
21 - Vigor (4)
22 - Someone shirking duty (2-4)
23 - Solid water (3)
24 - Separate (8)
25 - Donors (anag) (6)

Down

1 - Speak rapidly (6)
2 - Diagrams (6)
3 - Lifting device (5)
4 - Contends (7)
5 - Paint sprayer (8)
6 - Swimsuit (6)
12 - Of the highest quality (3-5)
14 - Into parts (7)
16 - Run off the tracks (6)
18 - Unroll (6)
19 - Loses blood (6)
20 - Tears (anag) (5)

No 44

Across
1 - Vitality (3)
3 - Salt water (3)
5 - Corpulent (5)
8 - Perception (4)
9 - Infant (8)
11 - Hour for the evening meal (10)
13 - Sacristy (6)
14 - Courtroom officials (6)
17 - Expert in soil management (10)
21 - Dark color that is virtually black (4,4)
22 - Not in favor (4)
23 - Shows tiredness (5)
24 - Creativity (3)
25 - Follow behind (3)

Down
1 - Brilliant (5)
2 - Humility (8)
4 - Sharpness of vision (6)
5 - Loose fiber (5)
6 - Heroic poem (4)
7 - Motors (7)
10 - Listen to (4)
12 - Not merely local (8)
13 - Emptiness (7)
15 - Ice precipitation (4)
16 - Slovakian monetary unit (6)
18 - Taunts (5)
19 - Joining together (5)
20 - Declare frankly (4)

No 45

Across
1 - Official seal (6)
4 - Settle decisively (6)
7 - Starchy banana-like fruit (8)
8 - Jaunty (4)
9 - Boyfriend (4)
11 - Touches gently (4)
12 - Supply (7)
13 - Young newt (3)
15 - Partly digested animal food (3)
17 - Suspension (7)
19 - Luxurious car (abbrev) (4)
20 - Breadstuff (4)
21 - Logical division (4)
22 - Hairy (8)
24 - Incline (6)
25 - Yearn for (6)

Down
1 - Competent (7)
2 - Emotional preoccupation (4-2)
3 - Popular beverage (3)
4 - Corresponding in character (9)
5 - Hinder (6)
6 - Deer (7)
10 - Jumping competition (4,5)
14 - Spiritual beings (7)
16 - Extinct (7)
17 - Unrefined (6)
18 - Opposite of acid (6)
23 - Posed (3)

No 46

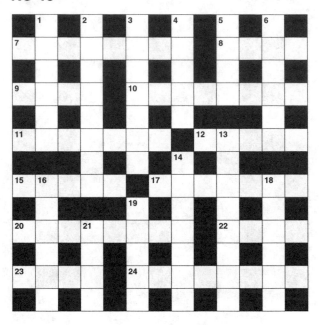

Across
7 - Sinking down (8)
8 - Lazy (4)
9 - Object (4)
10 - Showing mettle (8)
11 - Supervisor (7)
12 - Wound; cut (5)
15 - Middle of the body (5)
17 - Least difficult (7)
20 - Reassert (8)
22 - Days before (4)
23 - Reflect sound (4)
24 - Discern (8)

Down
1 - Cave (6)
2 - Shapeless (8)
3 - Male relative (7)
4 - Once more (5)
5 - Sound equipment (2-2)
6 - Hails (6)
13 - Idler (8)
14 - Agricultural workers (7)
16 - Business organization (6)
18 - Case (6)
19 - Slips (anag) (5)
21 - Amphibian (4)

No 47

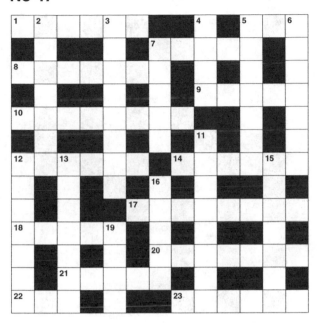

Across

1 - Changes (6)
5 - Intentionally so written (3)
7 - Unsuitable (5)
8 - Organic nutrient (7)
9 - Accounting entry (5)
10 - Unwanted post (4,4)
12 - Hit hard (6)
14 - Privateer (6)
17 - Request (8)
18 - Command (5)
20 - In cigarettes (7)
21 - Goes through carefully (5)
22 - Manx for example (3)
23 - End dispute (6)

Down

2 - Time off (7)
3 - Recollect (8)
4 - Having little hair (4)
5 - Short and thick (7)
6 - Sarcastic (7)
7 - Republic in S Asia (5)
11 - Capable of being endured (8)
12 - Temporary camp (7)
13 - Noisiest (7)
15 - Relating to sight (7)
16 - Speed in nautical miles per hour (5)
19 - Crack (4)

No 48

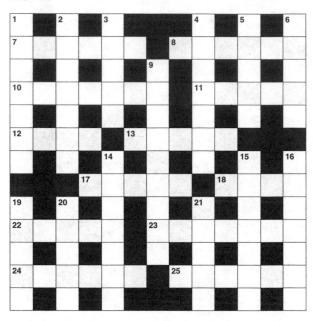

Across
7 - Displays (6)
8 - Eastern temple (6)
10 - Short story (7)
11 - Inhabitants of Ireland (5)
12 - Journey (4)
13 - Smell (5)
17 - Valleys (5)
18 - Speech defect (4)
22 - Civilian dress (5)
23 - Small loudspeaker (7)
24 - Pertaining to vinegar (6)
25 - Snicker (6)

Down
1 - Iron attractors (7)
2 - Come out on top (7)
3 - Series (5)
4 - Indirect taxes (7)
5 - Of definite shape (5)
6 - Metal shaping machine (5)
9 - Plot (9)
14 - Unlawful (7)
15 - Grape harvest (7)
16 - Stimulated (7)
19 - Besmirch (5)
20 - Many times (5)
21 - Stinking (5)

No 49

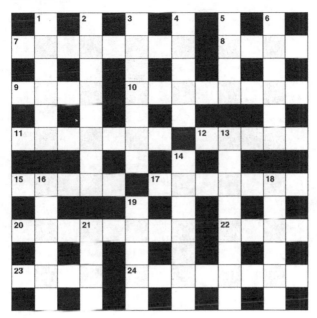

Across
7 - Dry biscuits (8)
8 - Liquid food (4)
9 - Religious leader (4)
10 - Attempt (8)
11 - Speech; where you live (7)
12 - Cap (5)
15 - Warming drink (5)
17 - Act of avoiding capture (7)
20 - Not having opinions (8)
22 - Pleasant (4)
23 - Means (4)
24 - In a skillful manner (8)

Down
1 - About (6)
2 - Happened (8)
3 - Let go (7)
4 - Apart from (5)
5 - Continent (4)
6 - Sudden outburst (6)
13 - Fragrant toiletries (8)
14 - Showed something briefly (7)
16 - Greatest of the Egyptian gods (6)
18 - Hidden (6)
19 - Sailing vessel (5)
21 - Accompanied by (4)

No 50

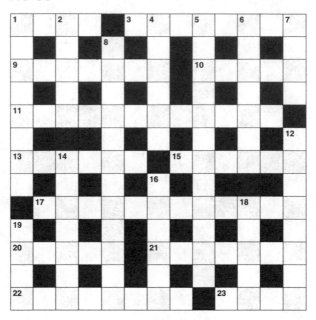

Across
1 - Fourth Gospel (4)
3 - Early bead calculators (8)
9 - Public transport vehicle (7)
10 - Monarchy in the Himalayas (5)
11 - Belonging to the nobility (12)
13 - Large canoe (6)
15 - Church official (6)
17 - Horse race (12)
20 - Living (5)
21 - Request earnestly (7)
22 - Comprehended (8)
23 - Remain (4)

Down
1 - Hazard (8)
2 - Capital of Vietnam (5)
4 - Split into two (6)
5 - Person recovering from illness (1.
6 - Extremely wet (7)
7 - Sodium chloride (4)
8 - Lack of clarity (12)
12 - Foliage (8)
14 - Acquiring (7)
16 - Trite remark (6)
18 - Older person (5)
19 - Stiff paper (4)

No 51

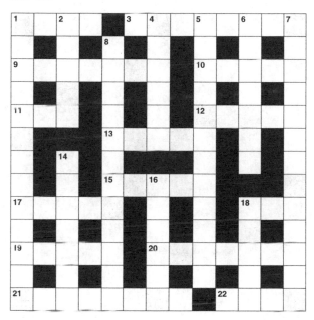

Across
1 - Departed (4)
3 - Excessively quick (8)
9 - Beverage (7)
10 - Saying (5)
11 - Anger (3)
12 - Synthetic fiber (5)
13 - Tops of head (5)
15 - Foot traveler (5)
17 - Ice dwelling (5)
18 - For each (3)
19 - Period of darkness (5)
20 - Lubricated (7)
21 - Bright and glistening (8)
22 - Depend (4)

Down
1 - Relating to an attractive force (13)
2 - Nook (5)
4 - Sign up (6)
5 - Showed (12)
6 - Defeat in a game (7)
7 - Amiably (4-9)
8 - Marksman (12)
14 - Defames (7)
16 - Generic term for a martial art (4,2)
18 - Adhesive material (5)

No 52

Across
1 - Rushes along (5)
4 - Dairy product (5)
10 - Gnawing animal (7)
11 - Rice dish (5)
12 - Gradual (4)
13 - Pollutant (8)
16 - Seasonings (6)
17 - Person that owes money (6)
20 - Completes race (8)
21 - Soft cheese (4)
23 - About (5)
25 - Stipulation (7)
26 - Lazes (5)
27 - Badgers' homes (5)

Down
2 - Agitation (9)
3 - Be foolish (4)
5 - Breaks (8)
6 - To be unwell (3)
7 - Large gaps (6)
8 - Percussion instruments (5)
9 - Ire (4)
14 - Forbid (9)
15 - Picture of the coast (8)
18 - South African antelope (6)
19 - Jumps (5)
20 - Visage (4)
22 - Message symbols (4)
24 - To free (3)

No 53

Across

1 - System of piping (8)
5 - Ice precipitation (4)
9 - Musical instrument (5)
10 - Certain to fail (2-3)
11 - Anesthetic (10)
14 - Is subject to (6)
15 - Ill (6)
17 - Someone who records events (10)
20 - Public square (5)
21 - Declaration (5)
22 - Supplements (4)
23 - Copied (8)

Down

1 - Catholic leader (4)
2 - State in the W United States (4)
3 - Relation by marriage (7-2-3)
4 - Famous physicist (6)
6 - Recent arrival (8)
7 - Wind-powered machine (8)
8 - Formal notice (12)
12 - Follower (8)
13 - Make sour (8)
16 - Division of a group (6)
18 - Cast aside (4)
19 - Type of poker game (4)

No 54

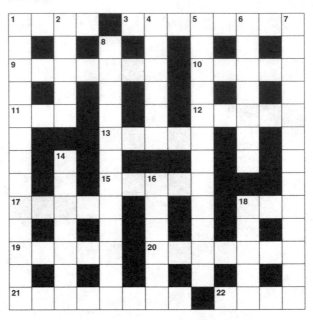

Across
1 - Temporary provision (4)
3 - Scraped spot or area (8)
9 - Damaged (7)
10 - Buffalo (5)
11 - Mock (3)
12 - Sink; sag (5)
13 - Cancel (5)
15 - White water bird (5)
17 - Cutlery (5)
18 - Mongrel dog (3)
19 - Domestic dog (5)
20 - Overeater (7)
21 - Walking disability (8)
22 - Fencing sword (4)

Down
1 - Lazy (13)
2 - Aid me (anag) (5)
4 - Indian religious leader (6)
5 - Able to use both hands (12)
6 - Towards the coast (7)
7 - Absence (13)
8 - Foreboding (12)
14 - Schedule of activities (7)
16 - Natural elevations (6)
18 - Destroy (3,2)

No 55

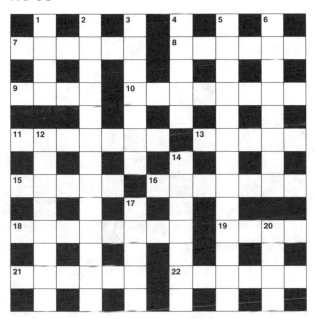

Across
7 - Verse (6)
8 - Perennial flowering plant (6)
9 - Domesticated ox (4)
10 - Period during which you live (8)
11 - Built up (7)
13 - Give merit (5)
15 - Role, office (5)
16 - Falcon (7)
18 - Jovial (8)
19 - Tolled (4)
21 - Nation in N North America (6)
22 - Celestial point above you (6)

Down
1 - Ripped (4)
2 - Lacking material form (13)
3 - Studio (7)
4 - Eat quickly (5)
5 - Tasty (5-8)
6 - Sink below the surface (8)
12 - Fictitious (8)
14 - Fulfill (7)
17 - Animal trimmings (5)
20 - Gains (4)

No 56

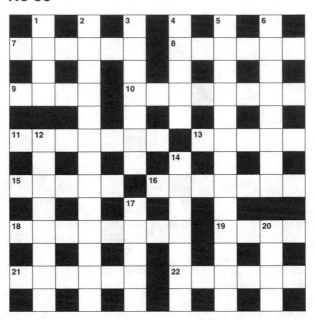

Across
7 - Heart pain (6)
8 - Spiny tree (6)
9 - Study hard (4)
10 - Control (8)
11 - Data input device (7)
13 - Cut of meat (5)
15 - Component parts (5)
16 - Musical performance (7)
18 - Stocky (8)
19 - A single time (4)
21 - Slender (6)
22 - End dispute (6)

Down
1 - Once more (4)
2 - Characteristically (13)
3 - Someone who dithers (7)
4 - Heats up (5)
5 - The direction a compass points
6 - Monster in Greek myth (8)
12 - Preserve (8)
14 - Join (7)
17 - Guide at a wedding (5)
20 - Young male horse (4)

No 57

Across

1 - Submissive (8)
6 - Men (4)
8 - Holds one's ground (6)
9 - Church official (6)
10 - Popular drink (3)
11 - Edible fruit (4)
12 - Fast (6)
13 - Stopped (6)
15 - Agreement (6)
17 - Country person (6)
20 - Fruit-producing plants (4)
21 - Tear (3)
22 - Plate (6)
23 - Greatest of the Egyptian gods (6)
24 - Complacent (4)
25 - Instruction (8)

Down

2 - Severe (7)
3 - Interior (5)
4 - Lodged (7)
5 - Operatic stars (5)
6 - Bands of cloth (7)
7 - Render (5)
14 - Designated meal time (7)
15 - Flight hub (7)
16 - Persistent pain (7)
18 - Render harmless (5)
19 - Line of work (5)
20 - Adornment (5)

No 58

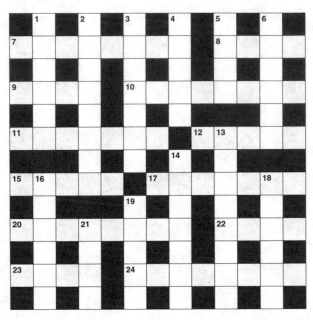

Across

7 - Resolute (8)
8 - Endure (4)
9 - Woven fabric (4)
10 - Guns (8)
11 - Frozen dessert (7)
12 - Beliefs (5)
15 - Transactions (5)
17 - Frequently visited place (7)
20 - Appraise (8)
22 - Hand tools (4)
23 - Deterioration (4)
24 - Weaken (8)

Down

1 - Swiss city (6)
2 - Legitimate (8)
3 - Transport by plane (3-4)
4 - Citrus fruit (5)
5 - Overabundance (4)
6 - Written agreement (6)
13 - Took in (8)
14 - Become less intense (4,3)
16 - Wanted; desired (6)
18 - Ill (6)
19 - Becomes conscious (5)
21 - Old Italian coins (4)

No 59

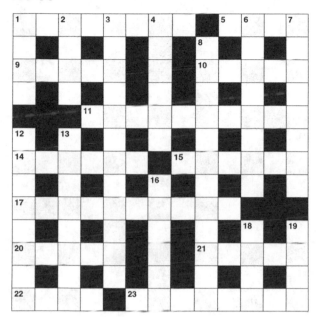

Across
1 - Obstruction (8)
5 - German composer (4)
9 - New Zealand aboriginal (5)
10 - Protective garment (5)
11 - Plumpness (10)
14 - Entice or attract (6)
15 - Large wine bottle (6)
17 - Suppression of material (10)
20 - Army cloth (5)
21 - Certain to fail (2-3)
22 - Without (4)
23 - Introduction to a work (8)

Down
1 - Unspecified in number (4)
2 - Smell (4)
3 - Devoted to music (12)
4 - Dirty (6)
6 - According (8)
7 - Good-looking (8)
8 - Relating to steering (12)
12 - Flat batter cakes (8)
13 - Starchy banana-like fruit (8)
16 - Line of pressure (6)
18 - Drink greedily (4)
19 - Hinge joint (4)

No 60

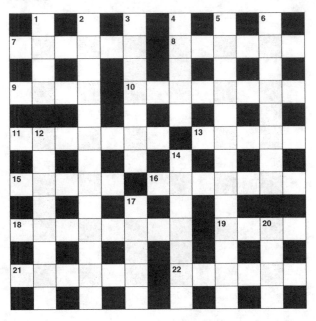

Across

7 - Early stage of animal (6)
8 - Neither gas nor solid (6)
9 - Overlook (4)
10 - Rocked (8)
11 - Tentacled sea animal (7)
13 - Extent (5)
15 - Mocks (5)
16 - Built up (7)
18 - Whole (8)
19 - Metal fastener (4)
21 - Anxiety (6)
22 - Instep (6)

Down

1 - In a murderous frenzy (4)
2 - Decoder (13)
3 - Line showing height (7)
4 - Polish monetary unit (5)
5 - Mild nausea (13)
6 - Similarly (8)
12 - Small cigars (8)
14 - Endanger (7)
17 - Altar stone (5)
20 - Indolently (4)

No 61

Across

1 - Pen points (4)
3 - Vehicle with three wheels (8)
9 - Boastful behavior (7)
10 - Mother-of-pearl (5)
11 - Formal consultation (12)
14 - Pride (3)
16 - After seven (5)
17 - Realize (3)
18 - Unseen observer (3,2,3,4)
21 - Ditches (5)
22 - Restrain (7)
23 - Watchmen (8)
24 - Fuse together (4)

Down

1 - Persons of no note (8)
2 - Uproarious party (5)
4 - Correlation coefficient (3)
5 - Body of followers (12)
6 - One-eyed giant (7)
7 - Female sheep (4)
8 - Troublemaker (6-6)
12 - Correct (5)
13 - Leaned back (8)
15 - Waterproof fabric (7)
19 - Alert (5)
20 - Lyric poems (4)
22 - Supplement (3)

No 62

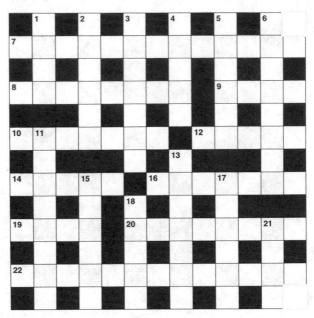

Across
7 - Supremacy (13)
8 - Large fish (8)
9 - Flag lily (4)
10 - Court panelists (7)
12 - Explosives (5)
14 - Humming (5)
16 - Infections (7)
19 - Hurt (4)
20 - Power tool; buffer (8)
22 - Haphazardly (6-7)

Down
1 - Small pebbles (4)
2 - Force (6)
3 - Planned action (7)
4 - Senseless (5)
5 - Sheep (6)
6 - Write hastily (8)
11 - Without partiality (8)
13 - Disfavor (7)
15 - Celestial point above you (6)
17 - Not purchased (6)
18 - Reproductive structure (5)
21 - At any time (4)

No 63

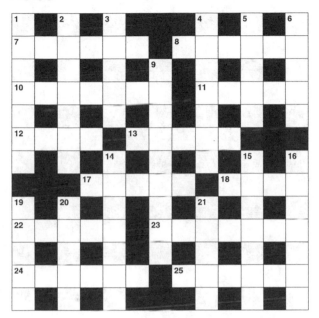

Across
7 - Trip (6)
8 - Insist (6)
10 - Poison (7)
11 - Inactive (5)
12 - Flightless birds (4)
13 - Badgers' homes (5)
17 - Comedy performances (5)
18 - Russian monarch (4)
22 - Bring down (5)
23 - Starting batsmen (7)
24 - Terminated (6)
25 - Situated in the middle (6)

Down
1 - Lectures (7)
2 - Mistake (7)
3 - Republic in S Asia (5)
4 - Aids (7)
5 - Units of heredity (5)
6 - Government (5)
9 - Depression (9)
14 - Bordered (7)
15 - Practicing great self-denial (7)
16 - Show (7)
19 - Quick wrist movement (5)
20 - Come down on (5)
21 - Revel (anag) (5)

No 64

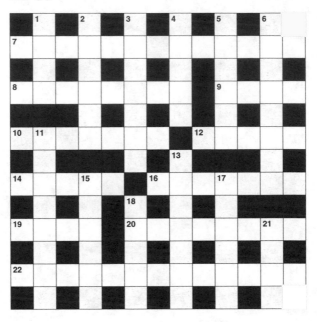

Across
7 - Absence (13)
8 - Bias (8)
9 - Rose (anag) (4)
10 - In an annoyed manner (7)
12 - Trembling poplar (5)
14 - Wrong (5)
16 - Processions of vehicles (7)
19 - Smile (4)
20 - Metaphysics (8)
22 - Supplementary part in music (13)

Down
1 - Garment of ancient Rome (4)
2 - Honesty (6)
3 - Upmarket (7)
4 - Curbs (5)
5 - Passes by degrees (6)
6 - Not quite (8)
11 - Mathematical skill (8)
13 - Taking notes (7)
15 - Elder person (6)
17 - Capacity (6)
18 - Liquid meals (5)
21 - Biological unit (4)

No 65

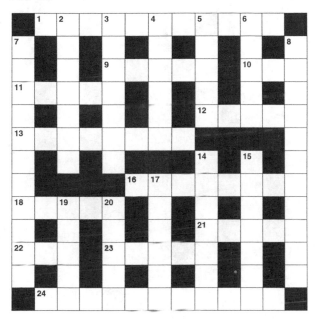

Across
1 - General location (11)
9 - Sour substances (5)
10 - Cry of disapproval (3)
11 - Pepper vine (5)
12 - Commotion (5)
13 - Consider carefully (8)
16 - Recondite (8)
18 - Nook (5)
21 - Camel like animal (5)
22 - Asian condiment (3)
23 - Capital of Vietnam (5)
24 - Seizing the attention (3-8)

Down
2 - Prisoner (7)
3 - Fact (7)
4 - Among (6)
5 - Fertile spot in desert (5)
6 - Social ban (5)
7 - Shop selling cigars (11)
8 - Television advertisements (11)
14 - Smart (7)
15 - Intrude on uninvited (5,2)
17 - Verse (6)
19 - Shyly (5)
20 - Principle of morality (5)

No 66

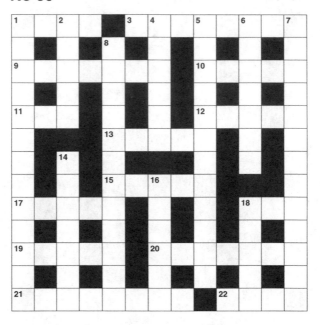

Across
1 - Cover (4)
3 - Questionable (8)
9 - Integrates (7)
10 - Cook joint of meat (5)
11 - Metal; can (3)
12 - Stadium (5)
13 - Company emblems (5)
15 - Connection; link (3-2)
17 - Porcelain (5)
18 - Bleat of a sheep (3)
19 - Tines (anag) (5)
20 - Nut (7)
21 - Opposite of westerly (8)
22 - Nervy (4)

Down
1 - Opposing (13)
2 - Bring into a line (5)
4 - Ascending (6)
5 - Irrational (12)
6 - With courage (7)
7 - Wastefully (13)
8 - Gossip (6-6)
14 - Clergymen (7)
16 - Reprimand (6)
18 - Procreate (5)

No 67

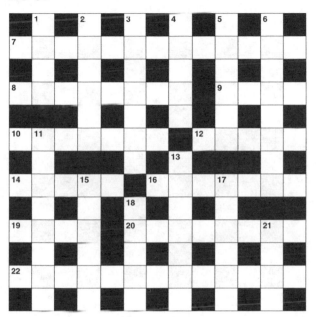

Across

7 - Disintegration (13)
8 - Flight formation (8)
9 - Stun (anag) (4)
10 - Least hard (7)
12 - Fire a weapon (5)
14 - Bird sound (5)
16 - Block (7)
19 - Bad (4)
20 - Float controlling water level (4,4)
22 - Written instructions (13)

Down

1 - Republic in SW Asia (4)
2 - Struck by overwhelming shock (6)
3 - Let down (7)
4 - Ache (5)
5 - Stink (6)
6 - Support when climbing (8)
11 - Total forgetfulness (8)
13 - Assistant (7)
15 - Order to report for duty (4,2)
17 - Find (6)
18 - Norwegian dramatist (5)
21 - Jointly owned business (2-2)

No 68

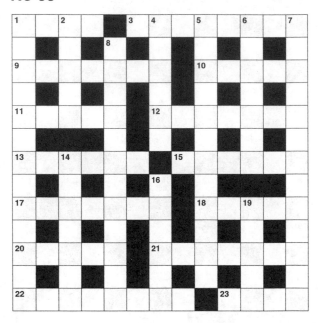

Across
1 - Egyptian goddess of fertility (4)
3 - Explicit (8)
9 - Aridity (7)
10 - Played in slow time (5)
11 - Levies (5)
12 - Subjugate (7)
13 - Pull back from (6)
15 - Sharpening (6)
17 - Encroachments (7)
18 - Star sign (5)
20 - Reason for innocence (5)
21 - Nonsense (7)
22 - Longing (8)
23 - Rats (anag) (4)

Down
1 - Vagueness (13)
2 - Pastoral poem (5)
4 - Trouble (6)
5 - Refusal to recognize (4,8)
6 - Italian fast racing car (7)
7 - Musical dance co-ordinator (13)
8 - Sweat (12)
14 - Birthplace of Napoleon (7)
16 - Backward direction (6)
19 - Scamps (5)

No 69

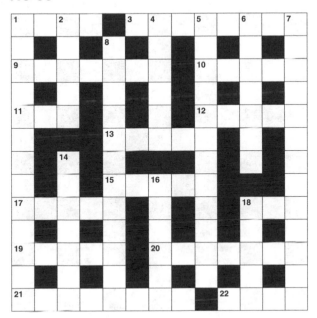

Across
1 - Visage (4)
3 - Moves forward (8)
9 - Frozen water spears (7)
10 - Search thoroughly for (5)
11 - Center (3)
12 - Shininess (5)
13 - Thin fogs (5)
15 - Large body of water (5)
17 - Bury (5)
18 - Penultimate Greek letter (3)
19 - Sweet tropical fruit (5)
20 - Tool for the Arctic (3-4)
21 - Christmas season (8)
22 - Suppose (4)

Down
1 - Intimidatingly (13)
2 - Ascend (5)
4 - Parts of Morse code (6)
5 - Murders (12)
6 - Block passage through (5,2)
7 - A young person (6,7)
8 - Essential (3,9)
14 - Trap for the unwary (7)
16 - Wanted; desired (6)
18 - Prepare; get ready (5)

No 70

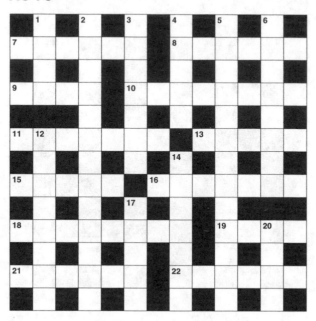

Across

7 - Provider (6)
8 - Mistake (4-2)
9 - Past tense of be (4)
10 - The art of drawing (8)
11 - Dishonesty (7)
13 - Fertile area in a desert (5)
15 - Erect (3,2)
16 - Abstraction (7)
18 - Disregard (5,3)
19 - Substantive word (4)
21 - Male relatives (6)
22 - White grape variety (6)

Down

1 - Land surrounded by water (4)
2 - Excessively (13)
3 - Calamity (7)
4 - Try (5)
5 - Stubbornness (13)
6 - Summer squash (8)
12 - Very large animal (8)
14 - Scent; smell (7)
17 - Dwelling (5)
20 - State in the W United States (4)

No 71

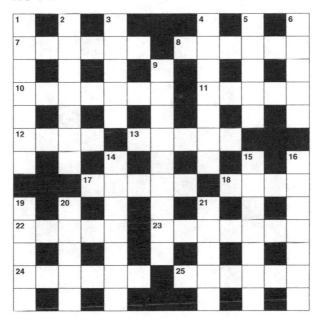

Across

7 - Seventh planet (6)
8 - Drills (6)
10 - Still image; dramatic scene (7)
11 - Ridgo (5)
12 - Delves (4)
13 - Talked audibly (5)
17 - Shine (5)
18 - Outbuilding (4)
22 - Train tracks (5)
23 - Utilizes (7)
24 - Trapped (6)
25 - Withdraw (6)

Down

1 - Confinement (7)
2 - Trash (7)
3 - Southern US cocktail (5)
4 - Divine (7)
5 - Small decorative balls (5)
6 - Anemic looking (5)
9 - Advocate (9)
14 - These aid sight (7)
15 - Idea (7)
16 - Journey (7)
19 - Hang with cloth (5)
20 - Road information boards (5)
21 - Travel quickly (5)

No 72

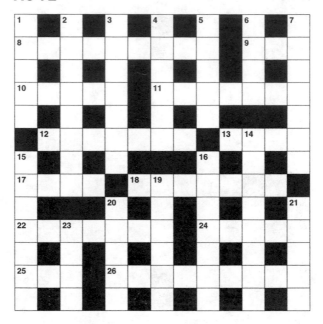

Across
8 - Unalterable in disposition (9)
9 - Title of a Turkish noble (3)
10 - Receive the ball (5)
11 - Clothing (7)
12 - Followed (7)
13 - Asian ruler (4)
17 - Frozen desserts (4)
18 - Lifelike effigy (7)
22 - Silver-white metal (7)
24 - Japanese dish (5)
25 - Droop (3)
26 - Compensate (9)

Down
1 - Hard close-grained wood (5)
2 - Without punishment (4,4)
3 - Antiquated (7)
4 - Remove (6)
5 - Retains (5)
6 - Head covering (4)
7 - Barrier (7)
14 - Great difficulty (8)
15 - Bishop's jurisdiction (7)
16 - Couple (7)
19 - Fleet (6)
20 - Threshold (5)
21 - Plastic (5)
23 - Trademark (4)

No 73

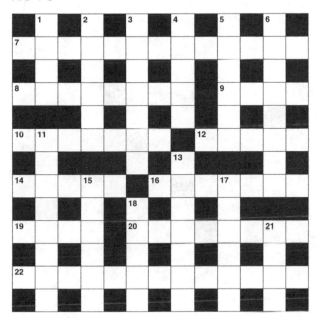

Across

7 - Arranged in temporal order (13)
8 - With child (8)
9 - Individual facts (4)
10 - Soft wool fabric (7)
12 - Wander aimlessly (5)
14 - Imitating (5)
16 - Tablet (7)
19 - Bathtime mineral (4)
20 - Independence (8)
22 - Murder (13)

Down

1 - Sound (4)
2 - Evades (6)
3 - Amounts of medication (7)
4 - Eccentric (5)
5 - Friend (anag) (6)
6 - Prodigal (8)
11 - Consider (8)
13 - Clogs (7)
15 - Flower secretion (6)
17 - Soundness of judgment (6)
18 - Rope with running noose (5)
21 - Sound of a cat (4)

No 74

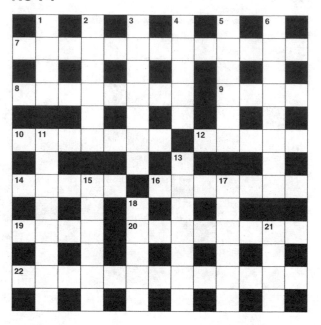

Across
7 - Crude (5-3-5)
8 - Vacillating (2,3,3)
9 - Time periods (4)
10 - ___ ball: used by clairvoyants (7)
12 - Elevated step (5)
14 - Attach (5)
16 - Projectiles (7)
19 - Pattern of lines (4)
20 - Strongly (8)
22 - Generously (13)

Down
1 - Indifferent (2-2)
2 - Causes (6)
3 - Midpoint (7)
4 - Supplementary component (3-2)
5 - Return to a former condition (6)
6 - Utopian (8)
11 - Forwarding to another (8)
13 - Standard practices (7)
15 - Notch (6)
17 - Team (6)
18 - Projection (5)
21 - Laze around (4)

No 75

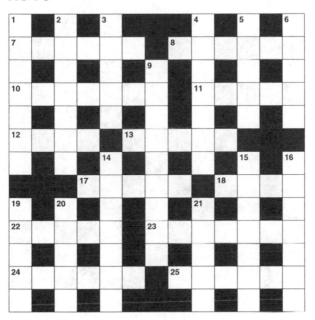

Across

7 - Thin (6)
8 - English astronomer (6)
10 - Eighth sign of the zodiac (7)
11 - Not rights (5)
12 - Falls behind (4)
13 - Penniless (5)
17 - Flinch (5)
18 - Stare (4)
22 - Perform without preparation (2-3)
23 - Taking a break (7)
24 - Sophisticated (6)
25 - Mythical sea monster (6)

Down

1 - Early Christian teacher (7)
2 - Smear (7)
3 - Lower floor of church (5)
4 - Anthropoid (7)
5 - Feign (5)
6 - Itinerant (5)
9 - Eighty (9)
14 - Apes (7)
15 - Scared (7)
16 - Joining together (7)
19 - The entire scale (5)
20 - Bludgeons (5)
21 - Take the place of (5)

No 76

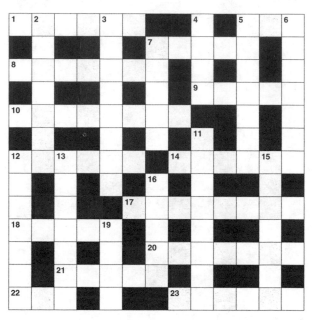

Across
1 - Parentless child (6)
5 - Cutting tool (3)
7 - Dress (5)
8 - Flog (7)
9 - Mortal (5)
10 - Cheapest berth on ship (8)
12 - Afloat (6)
14 - Lost out (6)
17 - Soup (8)
18 - Long tubes (5)
20 - Short piece of music (7)
21 - Small salamanders (5)
22 - Snip (3)
23 - Away from the right path (6)

Down
2 - Delivered from memory (7)
3 - Flying machine (8)
4 - Protective cover (4)
5 - Movers on ice (7)
6 - Manipulated; held (7)
7 - Pretend (5)
11 - Slackness (8)
12 - Sterile (7)
13 - Widespread (7)
15 - Spiny anteater (7)
16 - Distorts (5)
19 - Fastened with cotton (4)

No 77

Across
1 - Hand clapping (8)
5 - Brag (4)
8 - Exposes (5)
9 - Towards the side (7)
10 - Biter (7)
12 - Fourth book of the Old Testament (7)
14 - London district (4,3)
16 - Continue talking (5,2)
18 - Griever (7)
19 - Call forth or cause (5)
20 - True and actual (4)
21 - Response to an inquiry (8)

Down
1 - At another time (4)
2 - Examination (6)
3 - Certainly (9)
4 - Shops (6)
6 - Seldom (6)
7 - Well educated (4-4)
11 - Decorative cover (9)
12 - Recent arrival (8)
13 - Shocking experience (6)
14 - Meal course (6)
15 - Moon of the planet Jupiter (6)
17 - Unpleasant smell (4)

No 78

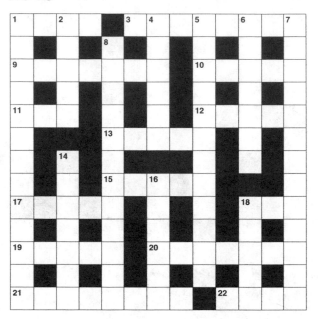

Across
1 - Bay (4)
3 - Early bead calculators (8)
9 - Locks (7)
10 - Rustic (5)
11 - Method of painting (3)
12 - Extreme (5)
13 - Egg-shaped (5)
15 - Spirit (5)
17 - Embarrass (5)
18 - Mixture of gases (3)
19 - Conclude (5)
20 - Non-metallic element (7)
21 - Liquefy in order to reuse (4,4)
22 - Harp (4)

Down
1 - Informal expression (13)
2 - Essential (5)
4 - Eating place (6)
5 - Brusque (12)
6 - Expansive movement (7)
7 - Confidence (4-9)
8 - Pedigree (12)
14 - Weeping (7)
16 - Someone shirking duty (2-4)
18 - Wrathful (5)

No 79

Across

1 - Blunder (6)
7 - Directly (3-2-3)
8 - Cut away (3)
9 - Small firearm (6)
10 - Guts (anag) (4)
11 - Provide (5)
13 - Selfish persons (7)
15 - Dilemma (7)
17 - Short notes (5)
21 - Mace (anag) (4)
22 - Talker (6)
23 - Annoy (3)
24 - Unsteady (8)
25 - Widen (6)

Down

1 - Gently (6)
2 - Flexible (6)
3 - Make void (5)
4 - Comparison (7)
5 - Particular policy taught (8)
6 - Legless larva of certain flies (6)
12 - Words of an opera (8)
14 - Enclosed fortification (7)
16 - Caring (anag) (6)
18 - Dock for small yachts (6)
19 - Curved hand tool (6)
20 - Decreased (5)

No 80

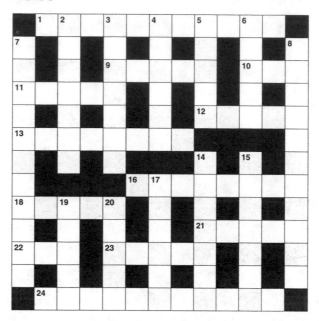

Across
1 - Royalty (11)
9 - Verse form (5)
10 - Negligent (3)
11 - New Zealand aboriginal (5)
12 - Bushy tailed alert mammals (5)
13 - Raised (8)
16 - Exhibiting self-importance (8)
18 - Costa (anag) (5)
21 - Constructed (5)
22 - Hurried (3)
23 - House plant (5)
24 - Needless (11)

Down
2 - Tenth month of the year (7)
3 - Morally right (7)
4 - Person who leaves country (6)
5 - Brusque (5)
6 - Information printer (5)
7 - Degree of hotness (11)
8 - Rigid external covering (11)
14 - Lines of pressure (7)
15 - Military man (7)
17 - Diviner (6)
19 - Body of rules; priest (5)
20 - Fashion (5)

No 81

Across

1 - Lineage (8)
5 - Literary composition (4)
8 - Leers (5)
9 - Rendered (7)
10 - Become less intense (4,3)
12 - Dictators (7)
14 - Run away (7)
16 - Hindered (7)
18 - Republic in South America (7)
19 - Senseless (5)
20 - Vocal music (4)
21 - Moved upwards (8)

Down

1 - Long nerve fiber (4)
2 - Visitor (6)
3 - Halted temporarily (9)
4 - Sounds like (6)
6 - More likely than not (4-2)
7 - Changed (8)
11 - Impressible (9)
12 - Casual shoes (8)
13 - Improvement (6)
14 - Decorates (6)
15 - Forward (6)
17 - A fitting reward (4)

No 82

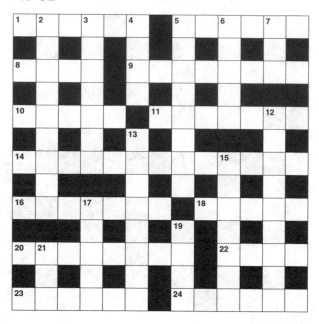

Across
1 - Border (6)
5 - Straying from the right course (6)
8 - On top of (4)
9 - Modern (2-2-4)
10 - Platforms (5)
11 - Lower in value (7)
14 - Forgery (13)
16 - Slender stemlike appendage (7)
18 - Misplaces (5)
20 - The end of a sports match (4-4)
22 - Similar to a frog (4)
23 - Bequest (6)
24 - Fruit tree (6)

Down
2 - Exact copy (9)
3 - Blanks (7)
4 - Antelopes (4)
5 - Well establish (8)
6 - Traveler on horseback (5)
7 - Negative (3)
12 - Single-humped camel (9)
13 - Natural liking for (8)
15 - Ballroom dance (3-4)
17 - River mouth formation (5)
19 - Less than average tide (4)
21 - Apply (3)

No 83

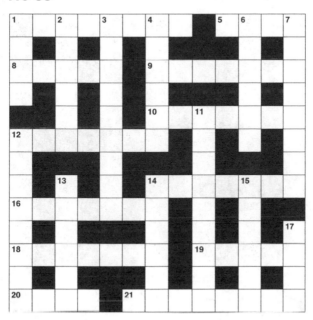

Across

1 - Substitute (8)
5 - Curved shape (4)
8 - Original (5)
9 - Wound dressing (7)
10 - Autumn colors (7)
12 - One that ignites (7)
14 - Eternal (7)
16 - Shuns (7)
18 - Freezing (3-4)
19 - Magical spirits; intellectuals (5)
20 - Days before (4)
21 - Recondite (8)

Down

1 - Dip into coffee (4)
2 - Covering material (6)
3 - Loquacious (9)
4 - Current of air (6)
6 - Sat exams again (6)
7 - Unorthodox beliefs (8)
11 - Position of notoriety (9)
12 - Shore (8)
13 - Plan of action (6)
14 - Stage whispers (6)
15 - Nearer (anag) (6)
17 - Bluish white metallic element (4)

No 84

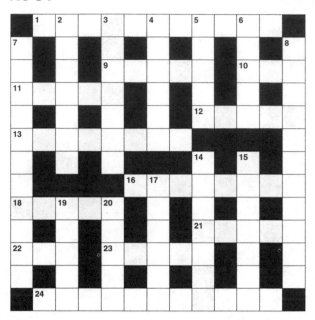

Across
1 - Constructive (11)
9 - Evil spirit (5)
10 - Partly digested animal food (3)
11 - More wan (5)
12 - Dominant theme (5)
13 - Doubter (8)
16 - Light afternoon meal (5,3)
18 - Greek building style (5)
21 - Virtual (5)
22 - Boy (3)
23 - Rice dish (5)
24 - In a random manner (11)

Down
2 - Stuffing (7)
3 - Access (7)
4 - Long-legged rodent (6)
5 - Religious faith of Muslims (5)
6 - Unabridged (5)
7 - Improbably (11)
8 - Enlightenment (11)
14 - Varnish (7)
15 - Green plant fuel (7)
17 - Wheel (6)
19 - Lowest point (5)
20 - Island in the Bay of Naples (5)

No 85

Across

1 - Danger (4)
3 - Insect trap (8)
9 - One more (7)
10 - Supply with new weapons (5)
11 - Become ready to eat (5)
12 - Decaying organic matter (7)
13 - Most pleasant (6)
15 - Medical treatment place (6)
17 - High spirits (7)
18 - Instruct (5)
20 - Boredom (5)
21 - Infantryman (7)
22 - Telegraph message (8)
23 - Image of a god (4)

Down

1 - Repositioning (13)
2 - Condescend (5)
4 - Song words (6)
5 - Civilian fighter (12)
6 - Army squad (7)
7 - Device for operating a TV (6,7)
8 - Prayer expressing gratitude (12)
14 - Water passage (7)
16 - Deficiency of red blood cells (6)
19 - Hankered after (5)

No 86

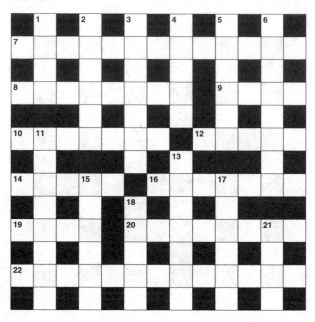

Across
7 - Rebel (13)
8 - Acrobat in free fall (8)
9 - Exclamation of vexation (4)
10 - Plot (7)
12 - Vulgar (5)
14 - Fight (3-2)
16 - Resembling a beast (7)
19 - Official language of Pakistan (4)
20 - Restored (8)
22 - Steadying (13)

Down
1 - Eat like a bird (4)
2 - Saturated (6)
3 - Continue to live (7)
4 - Platforms (5)
5 - Marksman (6)
6 - Judges (8)
11 - Estimate too highly (8)
13 - Circus swing (7)
15 - Thick innermost digits (6)
17 - Spoils (6)
18 - Rapidly alternated notes (5)
21 - English public school (4)

No 87

Across

1 - Fathers (4)
3 - Vehicle with three wheels (8)
9 - Artist (7)
10 - Dangers (5)
11 - Notional (12)
13 - Shouted (6)
15 - Fleet (6)
17 - Repository for misplaced items (4,8)
20 - Once more (5)
21 - Glazed and salted cracker (7)
22 - Equality of measure (8)
23 - Woody plant (4)

Down

1 - Rubbish truck (8)
2 - Elder (5)
4 - Revolve (6)
5 - Mapmaker (12)
6 - Staple food (7)
7 - Not difficult (4)
8 - Jail term without end (4,8)
12 - Dark color (4,4)
14 - Fruit tree (7)
16 - Suitable (6)
18 - Sharp edged tool (5)
19 - The wise men (4)

No 88

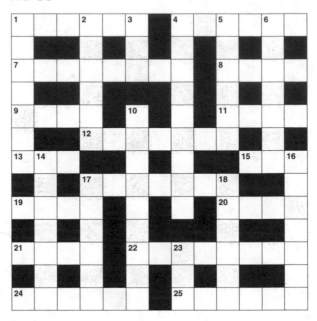

Across
1 - Breakfast food (6)
4 - Scrap (6)
7 - Personal magnetism (8)
8 - Spheres (4)
9 - Monetary unit (4)
11 - Mongrel dog (4)
12 - Affluent (7)
13 - Headgear (3)
15 - Title for a married woman (3)
17 - Where you sleep (7)
19 - Killer whale (4)
20 - Fit of shivering (4)
21 - Pain (4)
22 - Business shipping in goods (8)
24 - Biochemical catalyst (6)
25 - Over there (6)

Down
1 - Tragedy by Shakespeare (7)
2 - Grief (6)
3 - Instinctive impulses (3)
4 - Fungus (9)
5 - Tempestuous (6)
6 - Shellfish (7)
10 - Shuffle (9)
14 - Eg from Ethiopia (7)
16 - Lopper (7)
17 - Scarcely (6)
18 - Married woman (6)
23 - Intrude (3)

No 89

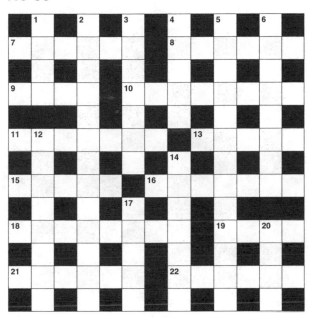

Across

7 - Turmoil (6)
8 - Earthquake (6)
9 - Horse breeding stable (4)
10 - Bleach (8)
11 - Into parts (7)
13 - Rulers (5)
15 - Hawaiian greeting (5)
16 - Poison (7)
18 - Associated with employment (2-3-3)
19 - Set up (4)
21 - Shout (6)
22 - Bath sponge (6)

Down

1 - Small fight (4)
2 - Sausage baked in batter (4-2-3-4)
3 - Cut (7)
4 - Agitates (5)
5 - Subsequent questioning (13)
6 - Consisting of fine particles (8)
12 - Magnificence (8)
14 - Look something over (7)
17 - Sea inlet (5)
20 - Test (4)

No 90

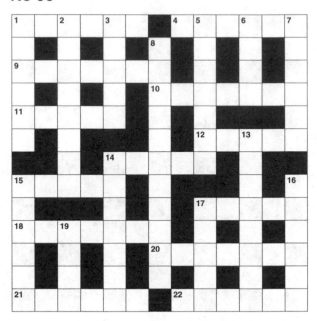

Across
1 - Crude (6)
4 - Race-related (6)
9 - Concealment (5-2)
10 - Delicate fabric (7)
11 - Brownish orange color (5)
12 - Transgressions (5)
14 - Donkeys (5)
15 - Ask for (5)
17 - Artificial waterway (5)
18 - Rare element symbol Y (7)
20 - Put into practical use (7)
21 - Personify (6)
22 - Solicitor (6)

Down
1 - Make empty (6)
2 - Keenly alert person (8)
3 - Range (5)
5 - Particular languages (7)
6 - Noble gas (4)
7 - Seaport in N France (6)
8 - Female representative (11)
13 - Recognize as being (8)
14 - Looked up to (7)
15 - Spirit (6)
16 - Someone who skids (6)
17 - Dried kernel of the coconut (5)
19 - Grave (4)

No 91

Across
1 - To come nearer to (8)
5 - Remark (4)
8 - Accept (5)
9 - German measles (7)
10 - Contends (7)
12 - Hearing range (7)
14 - Bursting (7)
16 - Linguistics (7)
18 - Innocently (7)
19 - Showery (5)
20 - Exercise form (4)
21 - Supporters (8)

Down
1 - From a distance (4)
2 - Luggage carrier (6)
3 - Overcome (9)
4 - Orange vegetable (6)
6 - Except when (6)
7 - Showing support for (8)
11 - Medley (9)
12 - Need (8)
13 - Barking (6)
14 - Entreated; beseeched (6)
15 - Carve or engrave (6)
17 - Farewells (4)

No 92

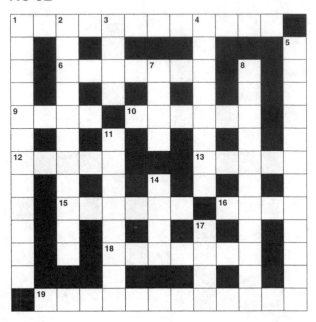

Across
1 - Dispirited (12)
6 - Perform again (7)
9 - TV award (4)
10 - Out of order (6)
12 - Bury (5)
13 - Run away with a lover (5)
15 - Food of love (6)
16 - Performs (4)
18 - Cocktail (7)
19 - Main office of a company (12)

Down
1 - Lowering in estimation (12)
2 - Delectable (11)
3 - Sight organs (4)
4 - Gives a right to (8)
5 - Inertness (12)
7 - Adjoin (4)
8 - Emitting particles (11)
11 - Taken for granted (8)
14 - Ale (4)
17 - Rank (4)

No 93

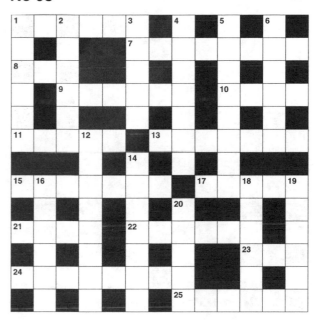

Across

1 - Whispers (6)
7 - Early Spring flowers (8)
8 - Ash (anag) (3)
9 - Small boats (6)
10 - Meat from the calf (4)
11 - Despised (5)
13 - Green gemstone (7)
15 - Opposite of outdoors (7)
17 - Fictitious stories (5)
21 - Produced tones (4)
22 - Reformulate (6)
23 - Ruction (3)
24 - Inopportune (3-5)
25 - Biochemical catalyst (6)

Down

1 - Recycle old material (6)
2 - Symbol (6)
3 - Exclusive story (5)
4 - Absolutely incredible (7)
5 - In a skillful manner (8)
6 - Spread out awkwardly (6)
12 - Lengthen (8)
14 - Phoenician galley (7)
16 - Tidily (6)
18 - Written agreement (6)
19 - Walked quickly (6)
20 - Avoid (5)

No 94

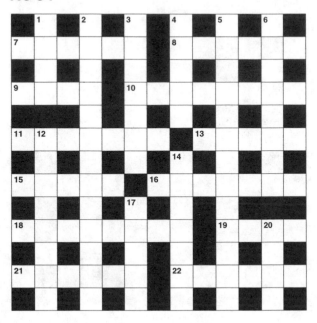

Across
7 - Leg bone (6)
8 - Absolve (6)
9 - Old fashioned harp (4)
10 - Go wrong (8)
11 - Present for acceptance (7)
13 - Animal skins (5)
15 - Love affair (5)
16 - Humiliate (7)
18 - Questions (8)
19 - Skillfully (4)
21 - Misplace (6)
22 - Generic term for a martial art (4,2)

Down
1 - Very small (4)
2 - Excessively (13)
3 - Muddled up (7)
4 - Roost (5)
5 - Self-control (4-9)
6 - Appetizing drink (8)
12 - Amatory (8)
14 - Abandon (7)
17 - Horse carts (5)
20 - Animate existence (4)

No 95

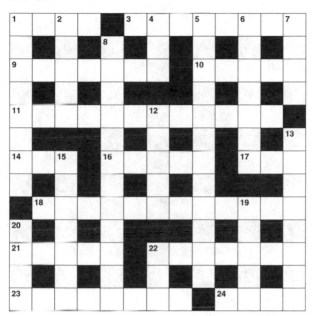

Across
1 - Recedes (4)
3 - Presiding officer (8)
9 - Template (7)
10 - Telephones (5)
11 - Definiteness (12)
14 - Curve (3)
16 - Woodland space (5)
17 - Small green vegetable (3)
18 - Ate too much (12)
21 - River cove; bay (5)
22 - Renovated (7)
23 - Dawn (8)
24 - Catch sight of (4)

Down
1 - Exceptional (8)
2 - Relay device (5)
4 - Female chicken (3)
5 - Unimportant (12)
6 - Coward (7)
7 - Facial feature (4)
8 - Cooling device (12)
12 - Instruct (5)
13 - Frankly (8)
15 - Courteously (7)
19 - Garments (5)
20 - Bound (4)
22 - Long narrow inlet (3)

No 96

Across
1 - Resolving into first principles (8)
6 - Japanese beverage (4)
8 - Set out on (6)
9 - Deadlock (6)
10 - Young newt (3)
11 - Imperial unit (4)
12 - Not moving (6)
13 - Nearly (6)
15 - Guarantee (6)
17 - Equine animals (6)
20 - Presentation (4)
21 - Adam's mate (3)
22 - Characteristic (6)
23 - Apply ointment (6)
24 - Land surrounded by water (4)
25 - Clerical (8)

Down
2 - By name (7)
3 - Reluctant (5)
4 - Extract (4,3)
5 - Young horses (5)
6 - Communicates (7)
7 - Service color of the army (5)
14 - Offensive (7)
15 - Calls for (7)
16 - Republic in SE Europe (7)
18 - Fertile area in a desert (5)
19 - Erect (3,2)
20 - Cathedral (5)

No 97

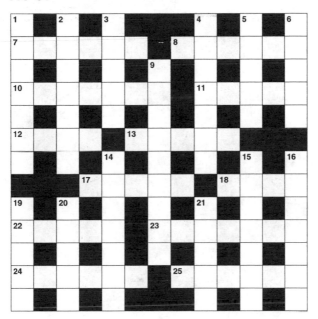

Across

7 - Puma (6)
8 - Colored rings around the sun (6)
10 - More distant (7)
11 - Vast multitude (5)
12 - Sheep (4)
13 - Written test (5)
17 - Animal feet (5)
18 - Toy (2-2)
22 - Rice dish (5)
23 - Equilateral parallelogram (7)
24 - Removes (6)
25 - Stick to (6)

Down

1 - Ate quickly (7)
2 - Four singers (7)
3 - Tortilla topped with cheese (5)
4 - Deity (7)
5 - Penitent (5)
6 - Oscillations in water (5)
9 - Lively interchange (9)
14 - Quantities (7)
15 - Paving stones (7)
16 - Male chicken (7)
19 - Watched secretly (5)
20 - Prayers (5)
21 - Verbose (5)

No 98

Across
1 - Repast (4)
3 - Pasta (8)
9 - Defeat (7)
10 - Short choral composition (5)
11 - Intolerant (6-6)
14 - North American nation (3)
16 - Gasps (5)
17 - Liquid used for washing (3)
18 - Type of cloud (12)
21 - Small farm (5)
22 - Young cats (7)
23 - Getting onto a ship (8)
24 - Lyric poems (4)

Down
1 - Rebellious (8)
2 - Love affair (5)
4 - Primate (3)
5 - Supervise (12)
6 - Porridge ingredient (7)
7 - Small quantity (4)
8 - Formed a business (12)
12 - Explosive hidden devices (5)
13 - Population counts (8)
15 - State in SW United States (7)
19 - Pattern (5)
20 - Protective crust (4)
22 - Sight; boy's name (3)

No 99

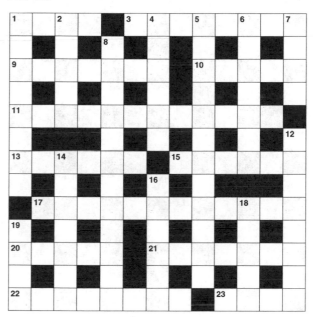

Across
1 - Vale (4)
3 - Scariness (8)
9 - Going away (7)
10 - Precious stone (5)
11 - Very confusing (4-8)
13 - Helps (6)
15 - Tennis player ___ Williams (6)
17 - Jail term without end (4,8)
20 - Service color of the army (5)
21 - A person who alters something (7)
22 - Bouquets (8)
23 - Pace (4)

Down
1 - Many difficult choices (8)
2 - Gain knowledge (5)
4 - Hire (6)
5 - Clever (12)
6 - Obliterate (7)
7 - Dimensions (4)
8 - Doubting (12)
12 - Refer to famous people (8)
14 - Creatures (7)
16 - Irritable (6)
18 - Darkness (5)
19 - Body covering (4)

No 100

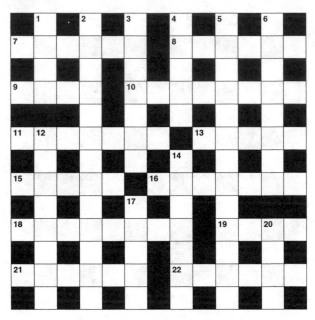

Across
7 - Supported (6)
8 - Number of Apostles (6)
9 - Ammunition (4)
10 - Certain to succeed (4-4)
11 - A flash of light (7)
13 - Neck warmer (5)
15 - Break loose (5)
16 - Examines (7)
18 - Detested person (8)
19 - Intellect (4)
21 - Knocks down opponent (6)
22 - Within a space (6)

Down
1 - Wagon (4)
2 - Food and lodging (13)
3 - Heroic poem (7)
4 - Grim (5)
5 - Purist (13)
6 - Develop across (8)
12 - Fondly (8)
14 - Large Israeli city (3,4)
17 - Curt (5)
20 - Reverse (4)

No 101

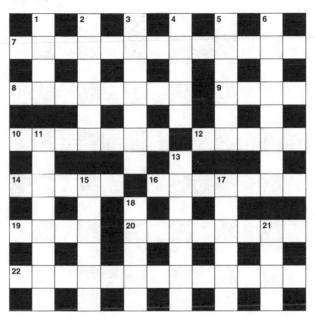

Across

7 - Bias (13)
8 - Portable weather protection (8)
9 - Welsh emblem (4)
10 - Instrumentalist (7)
12 - Dusty remains (5)
14 - Clergyman (5)
16 - Discarded (7)
19 - Remnant (4)
20 - Legible (8)
22 - Sympathy (13)

Down

1 - Metric unit of mass (4)
2 - Disrespects (6)
3 - Shut in (7)
4 - Layer (anag) (5)
5 - Plant stems (6)
6 - Without affection (8)
11 - Flying industry (8)
13 - Business matters (7)
15 - Collections of photos (6)
17 - Full of trivial conversation (6)
18 - Triangular-shaped glass (5)
21 - Plunder; take illegally (4)

No 102

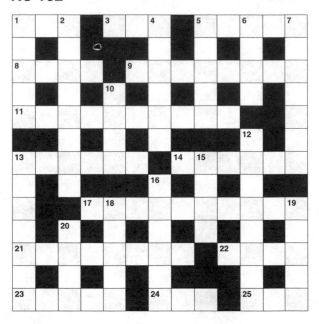

Across
1 - Short sleep (3)
3 - Pro (3)
5 - Tops of head (5)
8 - Vehicles (4)
9 - Appraise (8)
11 - Assignation (10)
13 - Wet with perspiration (6)
14 - Deficient (6)
17 - Opposition (10)
21 - Water (8)
22 - Finish (4)
23 - Remove (5)
24 - Lacking moisture (3)
25 - Cereal grass (3)

Down
1 - Not at all (5)
2 - Self-punishments (8)
4 - Energize (6)
5 - Rice dish (5)
6 - Confine (4)
7 - Lopper (7)
10 - Come across (4)
12 - Sparkling (8)
13 - Tune up (7)
15 - Goes (anag) (4)
16 - Preserved (6)
18 - Period of darkness (5)
19 - Reddish-brown wood (5)
20 - Motivate (4)

No 103

Across

1 - Allow (5)
4 - Modifies (5)
10 - Zealous (7)
11 - Small tuned drum (5)
12 - Monetary unit (4)
13 - Trapped in a small space (8)
16 - Adhesive (6)
17 - Terminate (6)
20 - Embellishment (8)
21 - Continent (4)
23 - Boredom (5)
25 - Eastern governors (7)
26 - Small branches (5)
27 - Porridge (5)

Down

2 - Detour (9)
3 - Small quantity (4)
5 - Suave (8)
6 - Large unit (3)
7 - Mammary glands (6)
8 - Simpleton (5)
9 - River crossing (4)
14 - Restore to use (9)
15 - Reading quickly (8)
18 - Husky (6)
19 - Grind together (5)
20 - Due (4)
22 - Displace (4)
24 - At the present time (3)

No 104

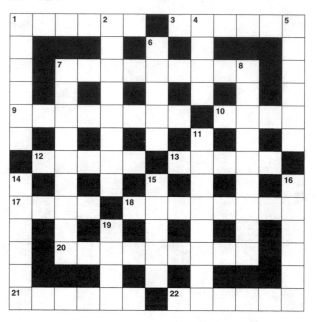

Across
1 - Stylish (6)
3 - Arch of foot (6)
7 - Relative darkness (9)
9 - Military people (8)
10 - TV award (4)
12 - Saying (5)
13 - Search blindly (5)
17 - Chief god of ancient Greece (4)
18 - Increase (8)
20 - Depravity (9)
21 - With hands on hips (6)
22 - Noxious animals (6)

Down
1 - Unrefined (6)
2 - Arrangements (8)
4 - Require (4)
5 - Fruit tree (6)
6 - Ardent (5)
7 - Lack of confidence (4-5)
8 - In an unspecified location (9)
11 - Value greatly (8)
14 - Rhododendron like flower (6)
15 - Up and about (5)
16 - Reduce in worth (6)
19 - Dull (4)

No 105

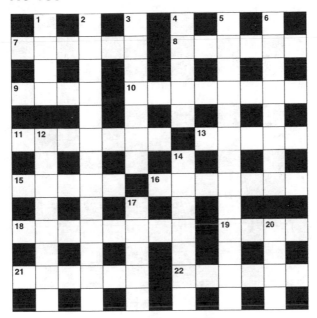

Across

7 - Growing dimmer (6)
8 - Fissures (6)
9 - The south of France (4)
10 - Final teenage year (8)
11 - Pertaining to the stars (7)
13 - Groups of animals (5)
15 - Hiding place (5)
16 - Made a monarch (7)
18 - Wine bottle (8)
19 - Flag lily (4)
21 - Failure (6)
22 - Warm again (6)

Down

1 - Cab (4)
2 - Disenchanted (13)
3 - Plans (7)
4 - Perfume (5)
5 - 126-139 pound boxer (13)
6 - Participant in a meeting (8)
12 - Rocked (8)
14 - Quivers (7)
17 - Lyric writers (5)
20 - Officiating priest of a mosque (4)

No 106

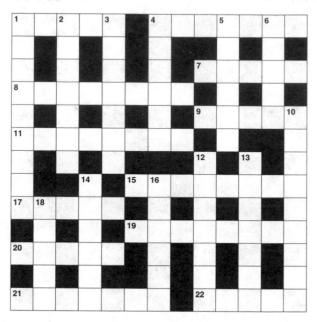

Across
1 - Soft drinks (5)
4 - Go backwards (7)
7 - Halts (5)
8 - Worker (8)
9 - Bore into (5)
11 - Mosque towers (8)
15 - Escape suddenly (5,3)
17 - Cover with liquid (5)
19 - Amateur (8)
20 - Pertaining to birds (5)
21 - A suitor (7)
22 - Pointed projectile (5)

Down
1 - Long narrow flags (9)
2 - Curbing (7)
3 - Temporary stay (7)
4 - Least polite (6)
5 - Complete (6)
6 - Flower-part (5)
10 - The final irritation (4,5)
12 - Medieval name of Wales (7)
13 - Display unit (7)
14 - Adventurous expedition (6)
16 - Lodger (6)
18 - Having a hard surface (5)

No 107

Across
1 - Mexican pancake (8)
6 - Computer memory unit (4)
8 - Solent (anag) (6)
9 - Twisting (6)
10 - Unwell (3)
11 - Continue talking (2,2)
12 - Over there (6)
13 - Agreement (6)
15 - Undergo change (6)
17 - Middle (6)
20 - Boast (4)
21 - Supplement (3)
22 - Capital of Canada (6)
23 - Cut (6)
24 - Dull color (4)
25 - Longing (8)

Down
2 - Trounces (7)
3 - Bird claw (5)
4 - Not strict (7)
5 - Put into service (5)
6 - Knife attached to a rifle (7)
7 - Not relaxed (5)
14 - Body of water (7)
15 - Purplish red (7)
16 - Give as part payment (5,2)
18 - Come in (5)
19 - Not hesitant (5)
20 - Cut of pig meat (5)

No 108

Across
1 - Angrily (8)
5 - Lace collar (4)
9 - Maladroit (5)
10 - Lowest point (5)
11 - Record of heart activity (10)
14 - A wine shop (6)
15 - Spurts (6)
17 - Overawe (10)
20 - Sharp-pointed spike (5)
21 - Smiles radiantly (5)
22 - Fine debris (4)
23 - Uncovered (8)

Down
1 - Person who will inherit (4)
2 - Grows old (4)
3 - Separation (12)
4 - 11th Greek letter (6)
6 - Sell at a lower price (8)
7 - First in importance (8)
8 - Discordant (12)
12 - Done away with (8)
13 - Impressions (8)
16 - Fit for consumption (6)
18 - Howl (4)
19 - Consumed (4)

No 109

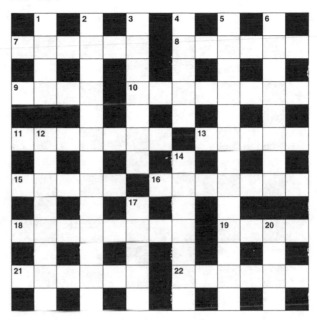

Across
7 - Large saltwater game fish (6)
8 - Person who destroys property (6)
9 - Become dim (4)
10 - Cosmos (8)
11 - Damaged (7)
13 - Area of sand (5)
15 - Chairs (5)
16 - Greyhound (7)
18 - Raised (8)
19 - Ice precipitation (4)
21 - Metal screen or grating (6)
22 - System of cables (6)

Down
1 - Celebration (4)
2 - In place of (13)
3 - Provides financial cover (7)
4 - Preclude (5)
5 - Inadequate publicity (13)
6 - Slaughter (8)
12 - Person with overarching power (8)
14 - Unsubstantial (7)
17 - Spirited horse (5)
20 - Possesses (4)

No 110

Across
1 - Most precipitous (8)
5 - Mother (4)
9 - Primate (5)
10 - Greek writer of fables (5)
11 - Erroneously (10)
14 - Remunerate (6)
15 - Reduce in worth (6)
17 - Characteristic language (10)
20 - Spin (5)
21 - English poet (5)
22 - Toy (2-2)
23 - Shabby (3-5)

Down
1 - Exchange for money (4)
2 - Deciduous trees (4)
3 - Especially (12)
4 - Goblin (6)
6 - Person not present (8)
7 - Putting into practice (8)
8 - Small portable radio link (6-6)
12 - Where you park the car (8)
13 - Bitter manner (8)
16 - Dinner jacket (6)
18 - Show (4)
19 - Employed (4)

No 111

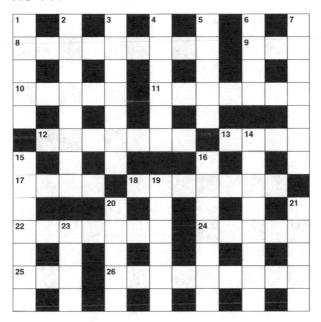

Across

8 - Overshadowing (9)
9 - Bird of prey (3)
10 - Act fraudulently (5)
11 - Provide a substitute for (7)
12 - Mound (7)
13 - Raced (4)
17 - Rent (4)
18 - Spasmodically (7)
22 - From the East (7)
24 - Sorceress (5)
25 - Drink a little (3)
26 - Derived from experience (9)

Down

1 - Two (5)
2 - Intentionally kept concealed (8)
3 - Saliva (7)
4 - Resembling glass (6)
5 - Unconditional love (5)
6 - Soft drink (4)
7 - So soon (7)
14 - Activities of government (8)
15 - Japanese massage technique (7)
16 - Long pins (7)
19 - Diversion (6)
20 - Warhorse (5)
21 - Coyly (5)
23 - Fairies (4)

No 112

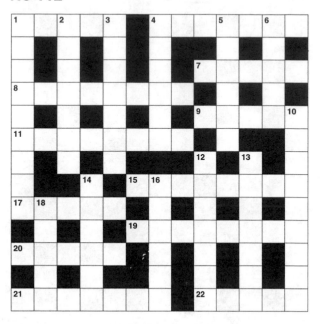

Across
1 - Sticky plant material (5)
4 - Sufficiently (7)
7 - Lines (anag) (5)
8 - Authorized (8)
9 - Believer in God (5)
11 - In a skillful manner (8)
15 - Annoyance (8)
17 - Wet (5)
19 - Dispersion of people (8)
20 - Swerves off course (5)
21 - Take watchful responsibility for (4-3)
22 - Pattern (5)

Down
1 - Rebounded (9)
2 - Make less taut (7)
3 - Subtleties (7)
4 - Request (6)
5 - Banished (6)
6 - Looks after (5)
10 - Cut off (9)
12 - Faint (4,3)
13 - Retaliatory action (7)
14 - Away from the right path (6)
16 - Construe (6)
18 - Classical music (5)

No 113

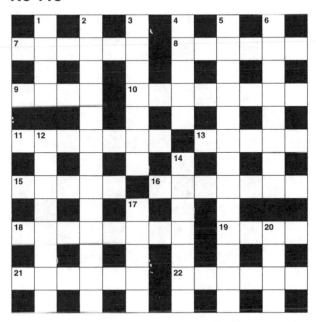

Across
7 - Communicate (6)
8 - Arrogant (6)
9 - Abominable snowman (4)
10 - Small bays (8)
11 - In a series of ledges (7)
13 - Defamation (5)
15 - Senseless (5)
16 - Six sided shape (7)
18 - Edges of roofs (8)
19 - Seventh month of the year (4)
21 - Ski race (6)
22 - Bangle; bracelet (6)

Down
1 - Communicate by gesture (4)
2 - Necessary (13)
3 - Voted in (7)
4 - Thick slices (5)
5 - Playful trick (9,4)
6 - Alternate personality (5,3)
12 - Feeler (8)
14 - Reporter (7)
17 - Sports groups (5)
20 - Told a mistruth (4)

No 114

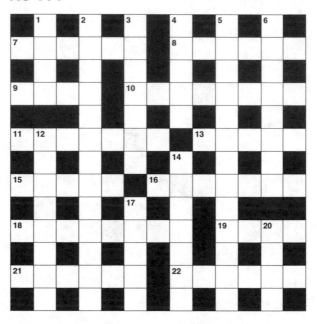

Across
7 - Gun (6)
8 - South African antelope (6)
9 - Entering (4)
10 - Canine (3,5)
11 - Occurrence (7)
13 - One of the United Arab Emirates (5)
15 - Web-footed water birds (5)
16 - Implores (7)
18 - Fatherly (8)
19 - None (anag) (4)
21 - Capital of Russia (6)
22 - Austrian composer (6)

Down
1 - First light (4)
2 - Variability (13)
3 - Plans (7)
4 - Weeps (5)
5 - Transform (13)
6 - Stand in opposition (8)
12 - Animal that hunts (8)
14 - Catch fire (7)
17 - Understands (5)
20 - Unpleasant person (4)

No 115

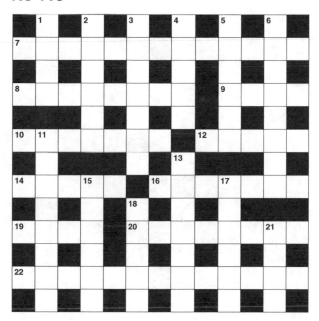

Across
7 - Fastidiousness (13)
8 - Fixtures (8)
9 - Exposes to natural light (4)
10 - Dig shot (7)
12 - Gelatin (5)
14 - Hiding place (5)
16 - Encroach (7)
19 - Extreme point (4)
20 - Terrible (8)
22 - Respectfully (13)

Down
1 - The wise men (4)
2 - Part of motor (6)
3 - Efficiency (7)
4 - Glaze (5)
5 - Gets up (6)
6 - Of striking beauty (8)
11 - Not drawn upon (8)
13 - General pardon (7)
15 - Group of six (6)
17 - Eg from New Delhi (6)
18 - Milk-secreting organ of cows (5)
21 - Unattractive (4)

No 116

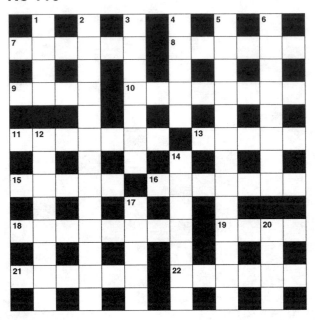

Across
7 - Inside information (3-3)
8 - Playground structure (6)
9 - Musical instrument (4)
10 - Plus points (8)
11 - The act of accumulating (7)
13 - Musical group of eight (5)
15 - Sea creatures with pincers (5)
16 - Informs (7)
18 - Outcry (8)
19 - Deprived of sensation (4)
21 - Joined together (6)
22 - Igneous rock of a lava flow (6)

Down
1 - Prima donna (4)
2 - Similarity (13)
3 - Unconventional (7)
4 - Utilizing (5)
5 - Purism (13)
6 - Title of a newspaper (8)
12 - Soft furnishings (8)
14 - Enclosed fortification (7)
17 - Gets rid of (5)
20 - Flavor a beverage (4)

No 117

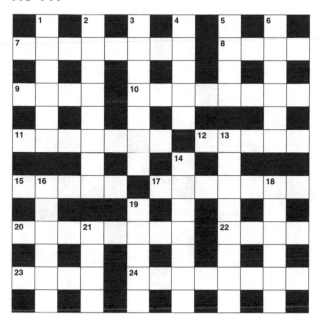

Across
7 - Deficiency (8)
8 - Slippery fish (4)
9 - Dish; cook slowly (4)
10 Light projection device (8)
11 - Frugal (7)
12 - Prices paid (6)
15 - Bring into a line (5)
17 - Extract (4,3)
20 - Inaccurately (8)
22 - Niche (4)
23 - Vale (4)
24 - Kindly (8)

Down
1 - Put an end to (6)
2 - Predatory movement (8)
3 - Measuring device (7)
4 - Series (5)
5 - Hind part (4)
6 - First born (6)
13 - Directed (8)
14 - Fluctuating (7)
16 - Shaped masses of bread (6)
18 - Not purchased (6)
19 - Thin fogs (5)
21 - Quieten down (4)

119

No 118

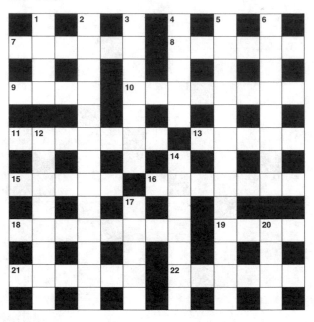

Across

7 - Come forth (6)
8 - Refrigerator (6)
9 - Medicine (4)
10 - Volcano near Naples (8)
11 - Striped (7)
13 - Capable of flowing (5)
15 - English poet (5)
16 - Blessing (7)
18 - Sews (8)
19 - Denote (4)
21 - Exertion (6)
22 - Put in (6)

Down

1 - Arab ruler (4)
2 - Disintegration (13)
3 - Smooth and soft (7)
4 - Initial item; beginning (5)
5 - Confidence (13)
6 - Style of speech (8)
12 - Recognize as being (8)
14 - Forward rotation of ball (7)
17 - Greek letter (5)
20 - Female horse (4)

No 119

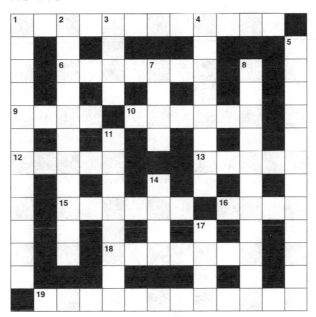

Across
1 - Rarely (12)
6 - Increase (7)
9 - Weapons (4)
10 - Hardened part of the skin (6)
12 - Accustom (5)
13 - Eg hearts and spades (5)
15 - Hinder (6)
16 - Animal sound (4)
18 - Spiny anteater (7)
19 - Enthusiastically (12)

Down
1 - Flattering (12)
2 - Obscene (4-7)
3 - Relaxation (4)
4 - Unnecessary (8)
5 - In an obvious manner (12)
7 - Peruse (4)
8 - Make gestures (11)
11 - Perfectly consistent (8)
14 - Woven fabric (4)
17 - Thought (4)

No 120

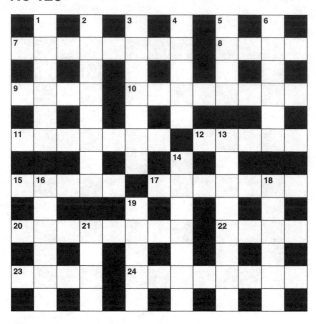

Across
7 - Direction (8)
8 - A single time (4)
9 - The wise men (4)
10 - Herbaceous plant (8)
11 - They enter data (7)
12 - Engages in (5)
15 - Quintessence (5)
17 - Greatest quantity of time (7)
20 - Passenger (8)
22 - Soya beans curd (4)
23 - Ventilates (4)
24 - Wool-clippers (8)

Down
1 - Sweet (6)
2 - Food enhancer (8)
3 - Reveal (7)
4 - Edible fruit (5)
5 - Bedroom (4)
6 - Covers little (6)
13 - Something used to bind (8)
14 - Trucks (7)
16 - Weave (6)
18 - Adventurous expedition (6)
19 - Conflict (5)
21 - Jar (4)

No 121

Across

1 - Tearing (8)
6 - Prejudice (4)
8 - Decorate (6)
0 - Absence of passion (6)
10 - Snow runner (3)
11 - Thaw (anag) (4)
12 - 11th Greek letter (6)
13 - Flee (6)
15 - Possessors (6)
17 - Murderer (6)
20 - Noisy (4)
21 - Creeping vine (3)
22 - Iridaceous plants (6)
23 - Verse pentameter (6)
24 - Cools down (4)
25 - Observing (8)

Down

2 - Segmented worms (7)
3 - Preclude (5)
4 - Annoying (7)
5 - Holy chalice (5)
6 - Ship workers (7)
7 - Greenfly (5)
14 - Chasms (7)
15 - Compliant (7)
16 - Social gathering (7)
18 - Verse form (5)
19 - Ascends (5)
20 - Threshold (5)

No 122

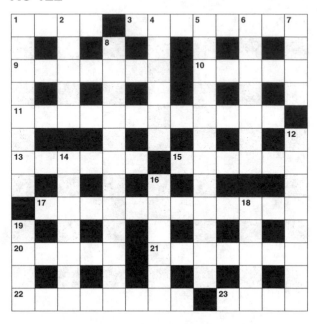

Across
1 - Improve (4)
3 - Sound units (8)
9 - Goals (7)
10 - Run away with a lover (5)
11 - Maintenance of a truce (12)
13 - Calamitous (6)
15 - Debt that remains unpaid (6)
17 - Roughness (12)
20 - Musical times (5)
21 - Square measure (7)
22 - Weakness (8)
23 - Narrow opening (4)

Down
1 - Areas of excess heat (8)
2 - Main artery (5)
4 - Christian festival (6)
5 - Ignorance (12)
6 - Enunciate (7)
7 - Realizes (4)
8 - Animal doctor (12)
12 - Semilunar (8)
14 - Egg white protein (7)
16 - Personal claims (6)
18 - Electronic communication (1-4)
19 - Finish (4)

No 123

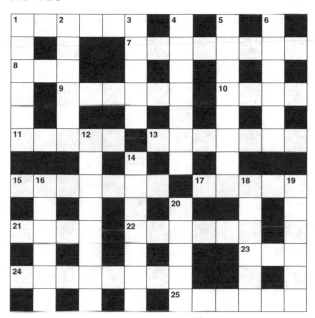

Across
1 - Capital of Canada (6)
7 - Trustworthy (8)
8 - Writing fluid (3)
9 - Reputation (6)
10 - Cloth belt (4)
11 - Japanese dish (5)
13 - Uncertain (7)
15 - Inform (7)
17 - Exorbitant Interest rate (5)
21 - Protective crust (4)
22 - Dog like carnivores (6)
23 - Geologic time (3)
24 - Recently married (8)
25 - Exposed to fine weather (6)

Down
1 - Detestable (6)
2 - Customers (6)
3 - Pains (5)
4 - Agitate (7)
5 - Fish or meat dishes (8)
6 - Part of blood (6)
12 - Perennial plant (8)
14 - Shuns (7)
16 - Demonstrator (6)
18 - Invisible (6)
19 - Took a breath (6)
20 - Conducts (5)

No 124

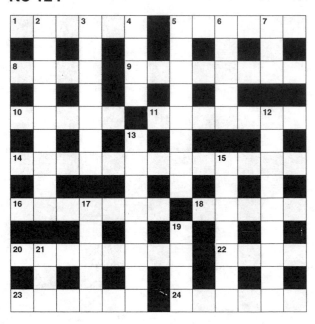

Across
1 - Decrease (6)
5 - Little flap (6)
8 - Center of rotation (4)
9 - Where tents are pitched (8)
10 - Ice house (5)
11 - Attempted; tested (7)
14 - Tirelessly (13)
16 - Student (7)
18 - Lift; elevate (5)
20 - Transporting (8)
22 - Care for (4)
23 - Enclosed recess (6)
24 - Encrypt (6)

Down
2 - Having six sides (9)
3 - Towards the coast (7)
4 - Hit with legs (4)
5 - Parchment from sheep (8)
6 - Staple food (5)
7 - Young newt (3)
12 - Perked up (9)
13 - Liar (8)
15 - Sterile (7)
17 - Female horses (5)
19 - Fever (4)
21 - To be unwell (3)

No 125

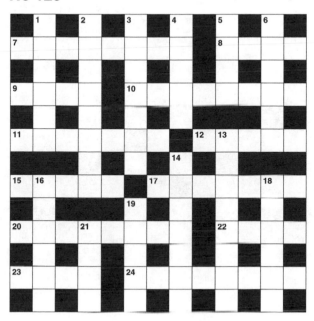

Across
7 - Having a sweet nature (8)
8 - Small land in water (4)
9 - Settee (4)
10 - Annoy (8)
11 - Made irate (7)
12 - Dubious (5)
15 - Greek deity (5)
17 - Go wrong (7)
20 - Trade (8)
22 - Concern (4)
23 - Object (4)
24 - Paunch (8)

Down
1 - Easy victory (4-2)
2 - Elaborately (8)
3 - Causes (7)
4 - Timid (5)
5 - Dirt (4)
6 - Blemish (6)
13 - Septic (8)
14 - Turns attention from (7)
16 - Long legged rodent (6)
18 - Seldom (6)
19 - Vine (5)
21 - Mother (4)

No 126

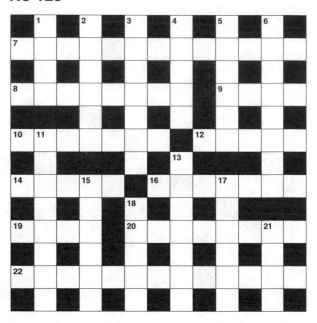

Across
7 - Untrustworthy (13)
8 - Senior court official (8)
9 - ___ Ruth: baseball star (4)
10 - Killers (7)
12 - Yield (5)
14 - Mythical monster (5)
16 - Sinuous (7)
19 - Race (anag) (4)
20 - Dominate (8)
22 - Murder (13)

Down
1 - Release (4)
2 - Aria (6)
3 - Arachnids (7)
4 - Sleep noisily (5)
5 - Liar (6)
6 - Commoner (8)
11 - Writer of song words (8)
13 - Birds of the family Columbidae
15 - Sideways drift (6)
17 - Accounting entries (6)
18 - Put out (5)
21 - Succulent plant (4)

No 127

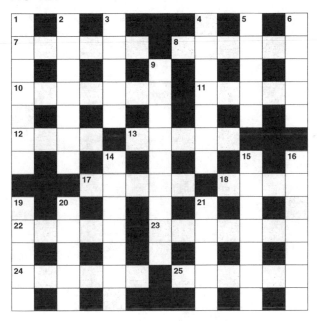

Across

7 - Stupidity (6)
8 - Slovakian monetary unit (6)
10 - Where artwork is displayed (7)
11 - Greek letter (5)
12 - Parched (4)
13 - Travel quickly (5)
17 - Conflict (5)
18 - Drive away (4)
22 - Where tennis is played (5)
23 - 20th letter of the Greek alphabet (7)
24 - Severn (anag) (6)
25 - Cake (6)

Down

1 - Cotton fabric (7)
2 - Having two sets of chromosomes (7)
3 - Land measures (5)
4 - Small crown (7)
5 - External (5)
6 - Artificial waterway (5)
9 - Conference (9)
14 - Slide (7)
15 - Decided against (7)
16 - Exhausted (4,3)
19 - Small rounded cake (5)
20 - Money; revenues (5)
21 - Religious faith of Muslims (5)

No 128

Across
1 - Cabbagelike plant (4)
3 - Strive (8)
9 - Of the surrounding environment (7)
10 - Low value coins (5)
11 - Determined (6-6)
14 - Long-leaved lettuce (3)
16 - Lowest point (5)
17 - Pasture (3)
18 - Working for oneself (4-8)
21 - Sum (5)
22 - Examiner (7)
23 - Ground behind a house (8)
24 - Ruse (anag) (4)

Down
1 - Bag (8)
2 - Childbirth (5)
4 - Very small child (3)
5 - Unrestrained (12)
6 - Polite (7)
7 - Relaxation (4)
8 - Significantly (12)
12 - Polite address for a woman (5)
13 - Traveler (8)
15 - Doubter (7)
19 - Symbols of oppression (5)
20 - Remnant (4)
22 - Mongrel dog (3)

No 129

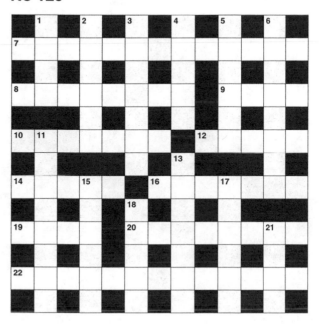

Across
7 - Chances for advancement (13)
0 - Romanticize (8)
9 - Woes (anag) (4)
10 - Renovated (7)
12 - Deceive by mock action (5)
14 - Retains (5)
16 - Competition (7)
19 - Immediately following (4)
20 - Between day and night (8)
22 - Repugnantly (13)

Down
1 - Potato (4)
2 - Revolve (6)
3 - Worker who dyes fabric (7)
4 - Bury (5)
5 - Blow (6)
6 - Behavior (8)
11 - Relating to explanation (8)
13 - Separated (7)
15 - Diminutive (6)
17 - Words of farewell (6)
18 - Hiding place (5)
21 - Frame of a ship (4)

No 130

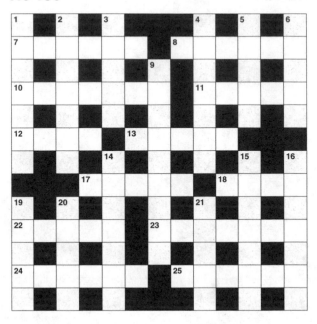

Across
7 - Take or receive (6)
8 - Follows like a ghost (6)
10 - Striped (7)
11 - Hoarded wealth (5)
12 - Christmas (4)
13 - Moist (5)
17 - Ice (5)
18 - Boyfriend (4)
22 - Traditional English breakfast (3-2)
23 - Business venues (7)
24 - Loves dearly (6)
25 - Increases (6)

Down
1 - Imperfection (7)
2 - Examined bags (7)
3 - Flatten on impact (5)
4 - Pertaining to the stomach (7)
5 - Representative (5)
6 - Cinders (5)
9 - Disgust (9)
14 - Let go of (7)
15 - Lectures (7)
16 - Remain alive (7)
19 - Trimmings of meat (5)
20 - Synthetic fiber (5)
21 - Attach (5)

No 131

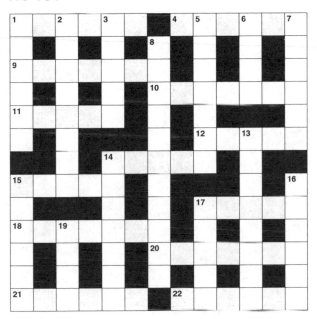

Across
1 - Bread making place (6)
4 - Sword shape shrubs (6)
9 - Connection (7)
10 - Caused by heat (7)
11 - Supply with new weapons (5)
12 - Large quantities of paper (5)
14 - Church instrument (5)
15 - Factual evidence (5)
17 - Remorse (5)
18 - Request earnestly (7)
20 - Passionate (7)
21 - Funny TV show (6)
22 - Steady (anag) (6)

Down
1 - Bell tower (6)
2 - Pouched mammal (8)
3 - Kingdom (5)
5 - Unteach (7)
6 - Bivalve sea creature (4)
7 - Fashions (6)
8 - Informal meeting (3,8)
13 - Natural liking for (8)
14 - Supplied (7)
15 - Communal (6)
16 - Be present at (6)
17 - Coin (5)
19 - Appear (4)

No 132

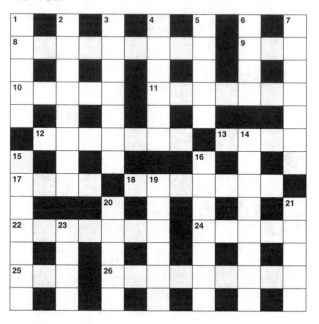

Across
8 - Obsess (9)
9 - Deep anger (3)
10 - Dry red wine (5)
11 - Walks softly (7)
12 - Ruled (7)
13 - Counterfeit (4)
17 - Pitcher (4)
18 - Dead end (7)
22 - Line showing height (7)
24 - Herb (5)
25 - Manx for example (3)
26 - Staleness (9)

Down
1 - Forbear (5)
2 - Flammable hydrocarbon oil (8)
3 - Scrawny (7)
4 - Steal livestock (6)
5 - Graceful young woman (5)
6 - Recreational facility (4)
7 - Ate (7)
14 - Aided (8)
15 - Beautiful bird (7)
16 - Medieval name of Wales (7)
19 - Bog (6)
20 - Annelids (5)
21 - Body of students (5)
23 - Short letter (4)

No 133

Across

1 - Vast (6)
4 - Unconsciousness (6)
7 - Bonhomie (8)
8 - Type of soil (4)
9 - Vocal solo (4)
11 - Gyrate (4)
12 - Prepare food beforehand (7)
13 - Supplement (3)
15 - Aha (anag) (3)
17 - Ancient writers (7)
19 - Finish (4)
20 - Grave (4)
21 - No longer alive (4)
22 - Noble title (8)
24 - Relating to stars (6)
25 - Dairy product (6)

Down

1 - Blood relation (7)
2 - Adventurer; eccentric (6)
3 - Circulating life energy (3)
4 - Lack of confidence (4-5)
5 - Open up (6)
6 - Musical wind instrument (7)
10 - Recovery (9)
14 - Young cats (7)
16 - Natural environment (7)
17 - Arachnid (6)
18 - Powerful (6)
23 - Introverted (3)

No 134

Across
1 - Pain (8)
5 - Pace (4)
9 - Petite (5)
10 - Reads (anag) (5)
11 - Block (10)
14 - Bright color (6)
15 - Freshwater duck (6)
17 - Yield (10)
20 - Synthetic fiber (5)
21 - Mistreat (5)
22 - Prefix meaning beneath (4)
23 - Evaluator (8)

Down
1 - Jumble (4)
2 - Unfortunately (4)
3 - Essential (3,9)
4 - More difficult (6)
6 - Journeyed (8)
7 - Suggesting (8)
8 - Supervise (12)
12 - Bulbous perennial herb (8)
13 - Sandal (4-4)
16 - Feigns (6)
18 - Oust (anag) (4)
19 - Raise (4)

No 135

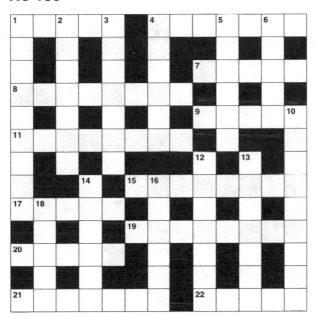

Across

1 - Water vapor (5)
4 - Secured policyholder (7)
7 - Bitterly pungent (5)
8 - Many (8)
9 - Got up (5)
11 - Raging conflagration (8)
15 - Situated on a border (8)
17 - Gets less difficult (5)
19 - Not giving affection (8)
20 - Tropical American tree (5)
21 - Harvesting (7)
22 - Glazed earthenware (5)

Down

1 - At an angle (9)
2 - Hard teeth coverings (7)
3 - Belly (7)
4 - Provider (6)
5 - Skin lesions (6)
6 - Leaves (5)
10 - Type of biologist (9)
12 - Stranded (7)
13 - Rude (7)
14 - Renovate (6)
16 - Canopy (6)
18 - Saying (5)

No 136

Across
1 - Young person (6)
5 - Complainer (6)
8 - System of contemplation (4)
9 - Test (8)
10 - Storage place (5)
11 - Admit (7)
14 - In a tolerant manner (5-8)
16 - Miserly person (7)
18 - Religious table (5)
20 - Round (8)
22 - Futile (4)
23 - Intense fear (6)
24 - Extracting ores (6)

Down
2 - Having equality of measure (9)
3 - Mechanical keyboard (7)
4 - Wander (4)
5 - Center (8)
6 - Indian of Mexico (5)
7 - Personal pride (3)
12 - Breed of dog (9)
13 - Illegal transporter (8)
15 - Stimulate (7)
17 - Take place (5)
19 - Sixteenth of an ounce (4)
21 - Deep anger (3)

No 137

Across

1 - Knowledge (4)
3 - Relating to weather (8)
9 - Erupt suddenly (5,2)
10 - Focused light beam (5)
11 - Laud (5)
12 - Eccentricity (7)
13 - Crazy (6)
15 - Dried grape (6)
17 - Burst inward (7)
18 - Covered with water (5)
20 - Small intestine (5)
21 - Metal similar to platinum (7)
22 - Relinquishing (8)
23 - Configuration (4)

Down

1 - Rigidity (13)
2 - Party (5)
4 - Portable computer (6)
5 - Histrionic (12)
6 - Samplers (7)
7 - Flower (13)
8 - Possessing sound knowledge (4-8)
14 - Paramount (7)
16 - Wound (6)
19 - Spanish friend (5)

No 138

Across
1 - Muscle-developing exercise (12)
6 - Sum of human conditions (7)
9 - Implement (4)
10 - Drill (6)
12 - Milk-secreting organ of cows (5)
13 - Proof of vindication (5)
15 - Worry (6)
16 - Curved shape (4)
18 - Deform under weight (7)
19 - Do something high risk (4,4,4)

Down
1 - Outspoken conceit (12)
2 - Dejection (11)
3 - Male deer (4)
4 - Wash (3,5)
5 - Enduring (12)
7 - Change (4)
8 - Variety of ice cream (5-6)
11 - Coldly (8)
14 - Musical staff sign (4)
17 - Woven fabric (4)

No 139

Across

1 - White water bird (5)
4 - Unpleasant woman (5)
10 - Extraordinary occurrence (7)
11 - Part of the lower body (5)
12 - Metal fastener (4)
13 - Giving out (8)
16 - Seals (6)
17 - Face of a building (6)
20 - In good spirits (8)
21 - Look at amorously (4)
23 - Service color of the army (5)
25 - Plover (7)
26 - Vaulted (5)
27 - Laud (5)

Down

2 - Sprout (9)
3 - Engrave with acid (4)
5 - International waters (4,4)
6 - Self (3)
7 - Changes (6)
8 - Microscopic organisms (5)
9 - A single time (4)
14 - Disguised (9)
15 - Consider (8)
18 - Geneva (anag) (6)
19 - Misgiving (5)
20 - Sweet dessert (4)
22 - Extreme point (4)
24 - Commotion (3)

No 140

Across
1 - Excessively loud (12)
6 - Impresario (7)
9 - A circle (4)
10 - Sharp bend (6)
12 - Trail (5)
13 - Upper part of the leg (5)
15 - Encroachment (6)
16 - The south of France (4)
18 - Lack of movement (7)
19 - Eager (12)

Down
1 - Egalitarian (12)
2 - Reinstatement (11)
3 - Support (4)
4 - Quality of music (8)
5 - Believing in one god (12)
7 - Debatable (4)
8 - Important (11)
11 - Fight (8)
14 - Reputation (4)
17 - Volcano in Sicily (4)

No 141

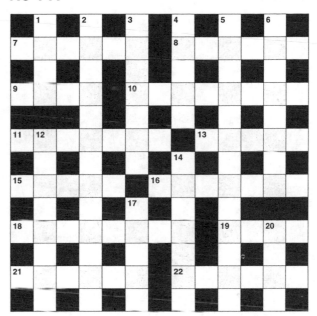

Across

7 - Scented ointment (6)
8 - Expressing regret (6)
9 - Prefix for small (4)
10 - Lock openings (8)
11 - Protection (7)
13 - Single-edged hunting knife (5)
15 - Foam (5)
16 - Provided (7)
18 - Excessively emotional (6,2)
19 - Not functioning properly (4)
21 - Spiritual meeting (6)
22 - Alaric (anag) (6)

Down

1 - Ursine cartoon character (4)
2 - Craft of a joiner (13)
3 - Somewhat hungry (7)
4 - Horse carts (5)
5 - Tough enforcement policy (4,9)
6 - Christmas season (8)
12 - Researched in detail (8)
14 - Fortification (7)
17 - Lazed (5)
20 - Wander (4)

No 142

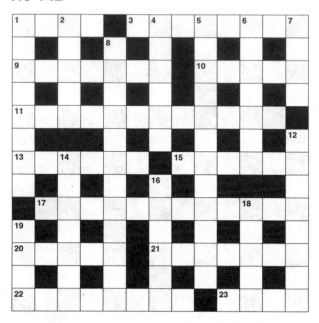

Across
1 - Bone of the forearm (4)
3 - Capital of Uzbekistan (8)
9 - Eg residents of New Delhi (7)
10 - Daisy like flower (5)
11 - Not up to expectations (12)
13 - Occupancy (6)
15 - Pour into another container (6)
17 - Uncertain (12)
20 - School of thought (5)
21 - Sheltered side (7)
22 - Writer (8)
23 - At the top (4)

Down
1 - Being everywhere (8)
2 - Nosed (anag) (5)
4 - Support; help (6)
5 - Depressed (12)
6 - Baltic country (7)
7 - Grass (4)
8 - Study of micro-organisms (12)
12 - Went along (8)
14 - Fourth book of the Old Testamer
16 - Jumbles (6)
18 - Two (5)
19 - Highest level (4)

No 143

Across

1 - Living in trees (8)
6 - Whip (4)
8 - Run fast (6)
9 - Person that owes money (6)
10 - Measure of length (3)
11 - Prefix for small (4)
12 - Continent (6)
13 - Exit (6)
15 - Symbolic figures; shapes (6)
17 - Unhealthy looking (6)
20 - Repeated part of music (4)
21 - Center (3)
22 - Sensation of unease (6)
23 - Happens (6)
24 - Disorder (4)
25 - Resignation (8)

Down

2 - Tearing (7)
3 - Small antelope (5)
4 - Magnitudes (7)
5 - Scoop (5)
6 - Freedom (7)
7 - Condescend (5)
14 - Signs up (7)
15 - Small naval vessel (7)
16 - Upper arm bone (7)
18 - Rouse (5)
19 - Fixed platform by water (5)
20 - Pertaining to the voice (5)

No 144

Across
1 - Bird cry (4)
3 - Reluctant to give (8)
9 - Yield (7)
10 - Completely (5)
11 - Overwhelmingly (12)
14 - Space (3)
16 - Repeat passage (5)
17 - Decease (3)
18 - Administrative (12)
21 - Upright (5)
22 - Channels (7)
23 - Campaigner (8)
24 - Supplements (4)

Down
1 - Political meetings (8)
2 - Academy award (5)
4 - Retire (3)
5 - Demands or needs (12)
6 - Bored (7)
7 - Sheep (4)
8 - Next (12)
12 - Open disrespect (5)
13 - Hermits (8)
15 - Saying (7)
19 - Pinch; squeeze (5)
20 - Improve (4)
22 - Eg oxygen (3)

No 145

Across
1 - Elapse (4)
3 - Submissive to authority (8)
9 - To the same degree (7)
10 - Bags for purchases (5)
11 - Not usual (12)
13 - Water channel (6)
15 - Dwarfed tree (6)
17 - Question closely (5,7)
20 - Army cloth (5)
21 - Expecting a rise in prices (7)
22 - Electric passenger cars (8)
23 - Melt (4)

Down
1 - Anticipate (8)
2 - Vapor bath (5)
4 - Characteristic of a young male (6)
5 - Deceptive (12)
6 - Surpasses (7)
7 - Check (4)
8 - Percussion instrument (12)
12 - Subordinate incident (8)
14 - Cyclone (7)
16 - Weakly (6)
18 - Inhabitants of Ireland (5)
19 - Comedy sketch (4)

No 146

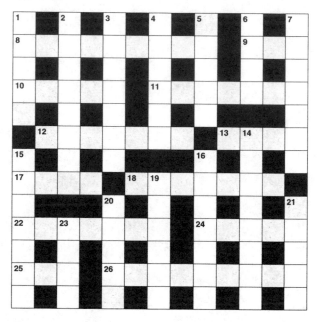

Across
8 - At the beginning (9)
9 - Cheat (3)
10 - Stared into space (5)
11 - Small naval vessel (7)
12 - Group of three (7)
13 - Woodworking tool (4)
17 - Ark builder (4)
18 - Necessity (7)
22 - The beginning of the Universe (3,4)
24 - Bring down (5)
25 - Lacking moisture (3)
26 - Large airplanes (5,4)

Down
1 - Spree (5)
2 - Italian fast food store (8)
3 - Arming (7)
4 - Pledge (6)
5 - Joining together (5)
6 - Reflect (4)
7 - Needleworker (7)
14 - Minute aquatic plant (8)
15 - Anyone (7)
16 - Estate agent (7)
19 - System of rule (6)
20 - Stringed instrument (5)
21 - Written language (5)
23 - Men (4)

No 147

Across

1 - Roman censor (4)
3 - New growth (8)
9 - Elusive (7)
10 - Long ___ owl (5)
11 - Remnant (5)
12 - Excuse (7)
13 - Withstand (6)
15 - Moral guardian (6)
17 - Carry on (7)
18 - Pore of the body (5)
20 - Praise (5)
21 - Wordy (7)
22 - Sprinkling with water (8)
23 - Paradise garden (4)

Down

1 - Feeling of pessimistic sadness (13)
2 - Path to follow (5)
4 - Absolve (6)
5 - Ancestors (12)
6 - Lacking air (7)
7 - Largest inland sea (13)
8 - Inharmoniously (12)
14 - Feel down (7)
16 - Not uniform (6)
19 - Egg-shaped (5)

No 148

Across
1 - Worldly (12)
6 - Fastening rope (7)
9 - Egyptian goddess of fertility (4)
10 - Wild animals (6)
12 - Loathe (5)
13 - Absent from country (5)
15 - Wanted; desired (6)
16 - Seed (4)
18 - Nerve impulses (7)
19 - Difficult to deal with (5-7)

Down
1 - Coordinated sequences (12)
2 - Egotism (11)
3 - Hops kiln (4)
4 - Took in (8)
5 - Sullen in appearance (6-6)
7 - Dice (anag) (4)
8 - Poverty (11)
11 - Preconditions (8)
14 - Abominable snowman (4)
17 - Brass instrument (4)

No 149

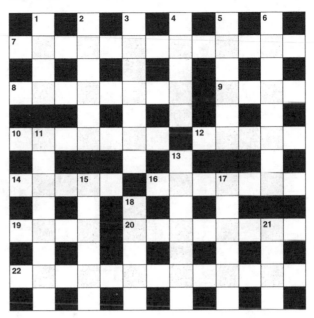

Across
7 - Deprecatingly (13)
8 - Green vegetable (8)
9 - Gangs (4)
10 - Trounces (7)
12 - Parboil (5)
14 - Exchanges (5)
16 - Title of respect (7)
19 - Utilizes (4)
20 - Vertebral pain (8)
22 - Admirably (13)

Down
1 - Coffin stand (4)
2 - Distributed evenly (6)
3 - Not straight (7)
4 - Once more (5)
5 - Lacking energy (6)
6 - Spherical (8)
11 - Foolishly (8)
13 - Supernormal (7)
15 - Nocturnal arboreal marsupial (6)
17 - Seventh planet (6)
18 - Make less active (5)
21 - Leadership (4)

No 150

Across
1 - Wild mountain goat (4)
3 - Very successful businessmen (8)
9 - Places where milk is processed (7)
10 - Gossip (5)
11 - Travel to (5)
12 - Do repeatedly (7)
13 - Disagree (6)
15 - Copyist (6)
17 - Practicing great self-denial (7)
18 - Robbery (5)
20 - Accustom (5)
21 - River in S Africa (7)
22 - Christmas season (8)
23 - Colors (4)

Down
1 - Originality (13)
2 - Modifies (5)
4 - Attack someone (6)
5 - Short poem for children (7,5)
6 - Very large drums (7)
7 - Clandestine (13)
8 - Abuse (12)
14 - Pertaining to actuality (7)
16 - Measured (6)
19 - Form of sarcasm (5)

No 151

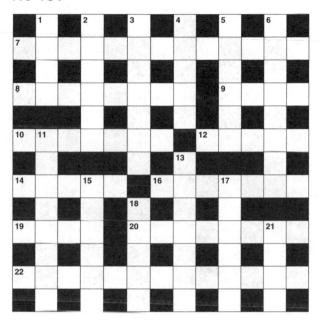

Across

7 - Inclusion (13)
8 - Decorative covering for presents (4,4)
9 - Pieces of cloth (4)
10 - Bordeaux wines (7)
12 - Expression (5)
14 - Lessen (5)
16 - Backside (4,3)
19 - Pace (4)
20 - Paper printout of data (4,4)
22 - Bias (13)

Down

1 - Not in favor (4)
2 - Factory siren (6)
3 - Direct or control (7)
4 - Vine (5)
5 - Gazed (6)
6 - Breed of cattle (8)
11 - Edible marine crustaceans (8)
13 - Worn (7)
15 - Themes (6)
17 - Repeat from memory (6)
18 - Coarse twilled cotton fabric (5)
21 - Short hollow thud (4)

No 152

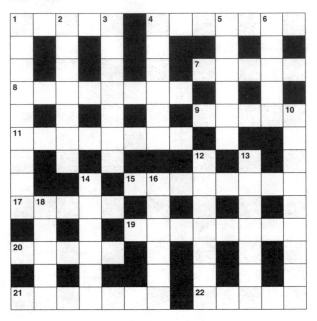

Across
1 - Dried kernel of the coconut (5)
4 - Sells abroad (7)
7 - Cunningly (5)
8 - Grouped together (8)
9 - Representative (5)
11 - Without fortune (8)
15 - Desire to retreat (8)
17 - Recorded (5)
19 - Cohabitant (8)
20 - Hand shovel (5)
21 - Combine with water (7)
22 - Clerk (5)

Down
1 - Clotting agent (9)
2 - Porch (7)
3 - Calls for (7)
4 - Issue forth (6)
5 - Induce (6)
6 - Bird claw (5)
10 - Player of a brass instrument (9)
12 - Powerful dog (7)
13 - Stronghold (7)
14 - Lewder (anag) (6)
16 - Salty (6)
18 - Sufficiently (5)

No 153

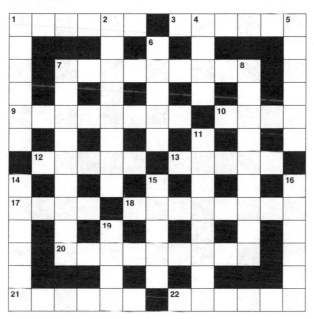

Across
1 - Injure (6)
3 - Eg flat-panel display (6)
7 - Vanquish (9)
9 - Lacking affection (0)
10 - Doubtful (4)
12 - Urges (5)
13 - Repast (5)
17 - Ladder step (4)
18 - Channels of the nose (8)
20 - Sailor (9)
21 - Sensation of unease (6)
22 - Exclusive stories (6)

Down
1 - Establish as valid (4,2)
2 - Wool-clippers (8)
4 - Grass (4)
5 - Irritates (6)
6 - Rotates (5)
7 - Possession of a property (9)
8 - Repast (9)
11 - Of body structure (8)
14 - Parentless child (6)
15 - Castle water pits (5)
16 - Functionaries (6)
19 - Highest level (4)

No 154

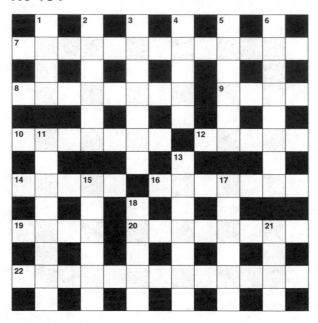

Across
7 - Indefensible (13)
8 - Sparkling (8)
9 - Sickness (4)
10 - Shut with a bang (7)
12 - Spirit in a bottle (5)
14 - High lending practice (5)
16 - Speak haltingly (7)
19 - Lean and sinewy (4)
20 - Virility (8)
22 - Official permission (13)

Down
1 - Cozy (4)
2 - Art movement (6)
3 - Stammer (7)
4 - Burning (5)
5 - Ruler's house (6)
6 - Using indirect references (8)
11 - Luxurious (8)
13 - Use (7)
15 - Musical time (6)
17 - Memorandum (6)
18 - Abrasive material (5)
21 - Mark or blemish (4)

No 155

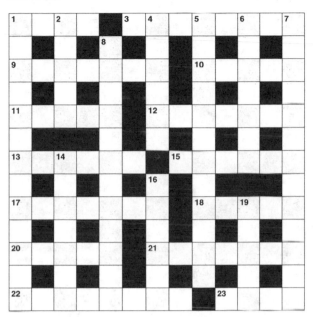

Across

1 - Engrave with acid (4)
3 - Cooking pot (8)
9 - Crucial (7)
10 - Less common (5)
11 - Tortilla topped with cheese (5)
12 - Small guitar (7)
13 - Dark blue dye (6)
15 - Anticipate (6)
17 - Late afternoon (7)
18 - Salt away (5)
20 - Loosened (5)
21 - Have as a part (7)
22 - Reference point (8)
23 - Fast aircraft (4)

Down

1 - Ebullience (13)
2 - Relating to a city (5)
4 - Using maximum effort (3-3)
5 - Fact or event (12)
6 - Unpleasant person (7)
7 - Confidence (10)
8 - Determined (6-6)
14 - Ocean (4-3)
16 - More gruesome (6)
19 - Severe (5)

No 156

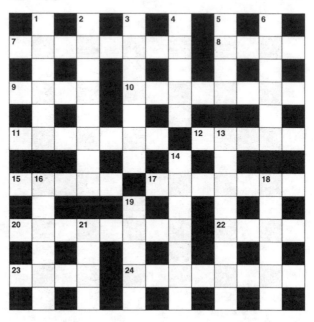

Across
7 - Wine and soda (8)
8 - Deserve (4)
9 - Sixth Greek letter (4)
10 - Make the most of (8)
11 - Set apart (7)
12 - Subdue (5)
15 - Man concerned with dress (5)
17 - Densely (7)
20 - Person with memory loss (8)
22 - Seep; exude (4)
23 - Type of cheese (4)
24 - Dirtily (8)

Down
1 - Pieces of leather (6)
2 - Switched off (8)
3 - Angle of rotation in navigation (7)
4 - Agent (5)
5 - Bacterium (4)
6 - Eats grass (6)
13 - Strip (8)
14 - Confine (7)
16 - Groups of soldiers (6)
18 - Blue semi precious gem (6)
19 - Estates (5)
21 - Lane (anag) (4)

No 157

Across

1 - Burden (4)
3 - Announce one's departure (5,3)
9 - Contrary to (7)
10 - Ruses (anag) (5)
11 - Perfectly (12)
14 - Title of a Turkish noble (3)
16 - Brown earth pigment (5)
17 - In favor (3)
18 - Mournfully (12)
21 - Relinquish (5)
22 - Capital of Nicaragua (7)
23 - Reevaluate (8)
24 - Fervor (4)

Down

1 - Musical wind instruments (8)
2 - Disarm (5)
4 - Headgear (3)
5 - Musical technique (12)
6 - Coincide (7)
7 - Mission (4)
8 - Unethical (12)
12 - Childbirth (5)
13 - Hair style (8)
15 - Fish tanks (7)
19 - Smooth transition (5)
20 - From a distance (4)
22 - Title for a married woman (3)

No 158

Across
1 - Loquacious talker (7)
4 - House plant (5)
7 - Nerve in the eye (5)
8 - Indigenous people (7)
9 - Song by two people (4)
10 - Unit of current (3)
11 - Solely (4)
15 - Villain (9)
17 - Having pains (4)
19 - Ate (anag) (3)
20 - Look at amorously (4)
24 - Inns (7)
25 - Ascend (5)
26 - Swerve (5)
27 - Moved off course (7)

Down
1 - Worry about (5)
2 - Flavored liquor (7)
3 - Scottish lake (4)
4 - Legendary creature (4)
5 - Assembly of witches (5)
6 - Analyst (7)
8 - Proposes (9)
12 - Upper part (3)
13 - Ancient boat (3)
14 - Severe (7)
16 - Convert into wood (7)
18 - Waver (5)
21 - Implant (5)
22 - Spur on (4)
23 - Skin mark (4)

No 159

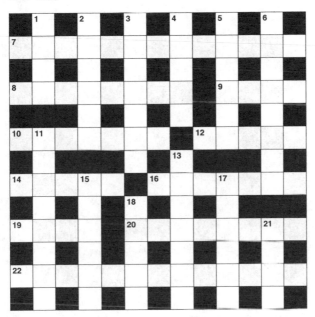

Across

7 - Awfulness (13)
8 - Business shipping in goods (8)
9 - Blunder (4)
10 - Task (7)
12 - Airlike (5)
14 - Attach (5)
16 - Devotedly (7)
19 - Ammunition (4)
20 - Add to (8)
22 - Irrational (13)

Down

1 - Metric unit of mass (4)
2 - Ice buildings (6)
3 - Felt hat (7)
4 - Liquid measure (5)
5 - Mystery; riddle (6)
6 - Marriage ceremony (8)
11 - Shamefully bad (8)
13 - Excessive pride (7)
15 - Pressed (6)
17 - Deficiency of red blood cells (6)
18 - Small sales stand (5)
21 - Not sweet (4)

No 160

Across
1 - Periods of rule (6)
4 - Eagerly (6)
7 - Advocate of democratic principles (8)
8 - Mission (4)
9 - Imperial unit (4)
11 - Animal container (4)
12 - Coat; decorate lavishly (7)
13 - Imitate (3)
15 - Enthusiast (3)
17 - John ___ : tennis player (7)
19 - Domesticated ox (4)
20 - Saltwater fish (4)
21 - Church service (4)
22 - Vaccinate (8)
24 - Stitching (6)
25 - Small gate (6)

Down
1 - Copy (7)
2 - Awkward (6)
3 - Snow blade (3)
4 - Collector of ancient relics (9)
5 - Whole (6)
6 - Baked pasta dish (7)
10 - The showing of a motion picture
14 - Priest (7)
16 - Closest (7)
17 - Breakfast food (6)
18 - Race-related (6)
23 - Cat sound (3)

No 161

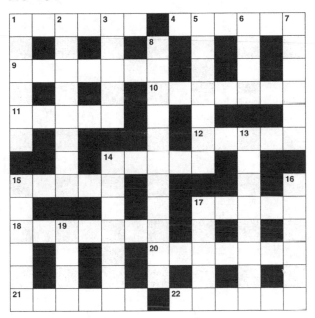

Across
1 - Herb with oil rich seeds (6)
4 - Rowing oars (6)
9 - Assign authority to (7)
10 - Mistreating (7)
11 - Land measures (5)
12 - Circumstance (5)
14 - Guide at a wedding (5)
15 - Greek writer of fables (5)
17 - Not at all (5)
18 - Drinking vessel (7)
20 - Grows larger (7)
21 - Funeral car (6)
22 - Punctuation mark (6)

Down
1 - Monkey (6)
2 - Watchmen (8)
3 - Complains (5)
5 - English poet (7)
6 - Sites (4)
7 - Most secure (6)
8 - Tenant (11)
13 - Coming next after tenth (8)
14 - To a higher position (7)
15 - Join (6)
16 - Place of confinement (6)
17 - Rather cold (5)
19 - Flaring star (4)

No 162

Across
1 - Of practical benefit (6)
5 - Qualities; plus points (6)
8 - Revolve (4)
9 - Untried (8)
10 - Celtic priest (5)
11 - Land depressions (7)
14 - Relating to a legislative body (13)
16 - Cargo (7)
18 - Remains (5)
20 - Single-celled organisms (8)
22 - Musical instrument (4)
23 - Idle (6)
24 - Judge (6)

Down
2 - Exploding star (9)
3 - Swordplay (7)
4 - Ill mannered person (4)
5 - Consider (8)
6 - Unpleasant facial expression (5)
7 - Bind (3)
12 - Annual compendiums of facts (9)
13 - Impress forcefully (8)
15 - Choices (7)
17 - Random number game (5)
19 - Main island of Indonesia (4)
21 - Inform upon (3)

No 163

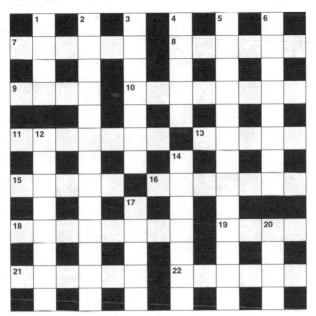

Across
7 - Cake (6)
8 - Malay skirt (6)
9 - Capital of the Ukraine (4)
10 - Main branch of the windpipe (8)
11 - Corridor (7)
13 - Pertaining to the moon (5)
15 - Tactless (5)
16 - Commends (7)
18 - Having few dividing partitions (4-4)
19 - Trim (4)
21 - Stylish (6)
22 - Soft and watery (6)

Down
1 - Republic in W Africa (4)
2 - Confidence (13)
3 - Persistent problem (7)
4 - Famous English racetrack (5)
5 - Preventive (13)
6 - Ripple (8)
12 - Suddenly (8)
14 - A parent's mother (7)
17 - Engages in (5)
20 - Having pains (4)

No 164

Across
1 - Trite remark (6)
5 - Stroke lightly (6)
8 - Double (4)
9 - Proof (8)
10 - Take the place of (5)
11 - Layer of earth (7)
14 - Disloyalty (13)
16 - Orange vegetables (7)
18 - Light blue (5)
20 - Darken completely (5,3)
22 - Give temporarily (4)
23 - Short sightedness (6)
24 - Entertainer (6)

Down
2 - State in the S United States (9)
3 - Guilty person (7)
4 - Pitcher (4)
5 - Socially exclusive (8)
6 - Submerged ridges of rock (5)
7 - Intentionally so written (3)
12 - Protection (9)
13 - Excess (8)
15 - Caresses (7)
17 - Repeat (5)
19 - Remnant (4)
21 - Put down (3)

No 165

Across

7 - Consign (6)
8 - A wine shop (6)
10 - Pit viper (7)
11 - Where tennis is played (5)
12 - Nights before (4)
13 - Unconditional love (5)
17 - Waggish (5)
18 - Small watercourse (4)
22 - Verse form (5)
23 - Levying (7)
24 - Protects (6)
25 - Holding (6)

Down

1 - Disdained (7)
2 - Removed contents (7)
3 - Tablets (5)
4 - General idea (7)
5 - Smooth transition (5)
6 - Manners of walking (5)
9 - Delicacy (9)
14 - Fields (7)
15 - Not analog (7)
16 - Corresponded (7)
19 - Upper part of the leg (5)
20 - Spring tree (5)
21 - Hiding place (5)

No 166

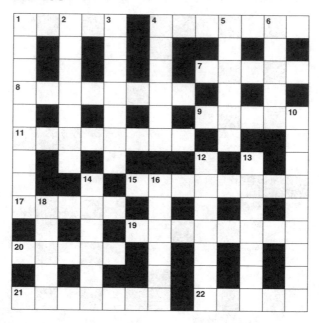

Across
1 - Layer above earth (5)
4 - Commends (7)
7 - Pertaining to birds (5)
8 - Dependable (8)
9 - Squeeze (5)
11 - Available source of wealth (8)
15 - Move to another country (8)
17 - Every 24 hours (5)
19 - Elated (8)
20 - Road information boards (5)
21 - Power (7)
22 - Eater (5)

Down
1 - Fill beyond capacity (9)
2 - Eye specialist (7)
3 - Mistake (7)
4 - Communal (6)
5 - Reverse (6)
6 - Tests (5)
10 - Transport device for the sick (9)
12 - Intellectual (7)
13 - Sheikdom in the Persian Gulf (7)
14 - Fall (6)
16 - Garrulous (6)
18 - Spanish friend (5)

No 167

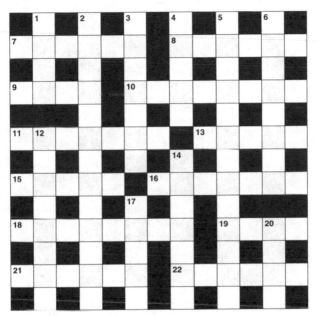

Across
7 - Disgust (6)
8 - After third (6)
9 - Smoke passage (4)
10 - Supporters (8)
11 - Stanza of two lines (7)
13 - Capital of France (5)
15 - Red bodily fluid (5)
16 - Lacking (7)
18 - Oppose (8)
19 - Aspiring to creativity (4)
21 - Deceives; fakes (6)
22 - Law enforcers (6)

Down
1 - Mineral gem (4)
2 - Impermeable coating (10)
3 - Reddened (7)
4 - Currently in progress (5)
5 - Considerably (13)
6 - Area of the zodiac (4,4)
12 - Observer (8)
14 - Portable computers (7)
17 - Trunk of body (5)
20 - Short nail (4)

No 168

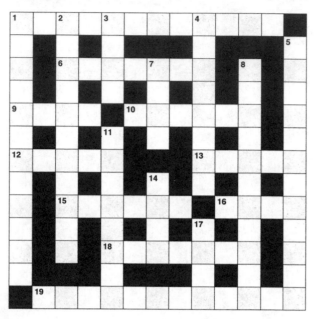

Across
1 - Awesomely (12)
6 - Tidies (7)
9 - Baseball glove (4)
10 - Slender (6)
12 - Once more (5)
13 - Tiny piece (5)
15 - Sarcastic (6)
16 - Soft mineral (4)
18 - Dry red table wine of Italy (7)
19 - Encouragingly (12)

Down
1 - Immeasurably (12)
2 - Piercing (11)
3 - Lane (anag) (4)
4 - Immensity (8)
5 - Occasionally (12)
7 - Northern deer (4)
8 - Musing (11)
11 - Financial statements (8)
14 - Prefix for small (4)
17 - Not in favor (4)

No 169

Across

1 - Quantity of money (3)
3 - Popular beverage (3)
5 - Inspire anew (5)
8 - Register (4)
9 - Short film (8)
11 - Sets of circumstances (10)
13 - Surge (6)
14 - Hunting dogs (6)
17 - Uncontrollable attack (10)
21 - Adjacent (8)
22 - South American Indian (4)
23 - Distributed (5)
24 - Female sheep (3)
25 - Donkey (3)

Down

1 - Goes through carefully (5)
2 - Official force (8)
4 - Pertaining to vinegar (6)
5 - Ascended (5)
6 - Welsh emblem (4)
7 - Eg primrose and lemon (7)
10 - Sailors (4)
12 - Badge (8)
13 - Not inward (7)
15 - Look at amorously (4)
16 - Geneva (anag) (6)
18 - Group of eight (5)
19 - Approaches (5)
20 - Insect stage (4)

No 170

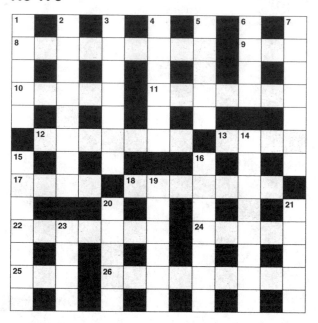

Across

8 - Not connected by kinship (9)
9 - Legume (3)
10 - Impersonator (5)
11 - Perfectly (7)
12 - Anti-aircraft missile (7)
13 - Not in favor (4)
17 - Imperial unit (4)
18 - Tentacled sea animal (7)
22 - Small detail (7)
24 - Period of time (5)
25 - Long-leaved lettuce (3)
26 - Misguide (9)

Down

1 - Delicious (5)
2 - Theatrical (8)
3 - Positioning (7)
4 - Walk with long steps (6)
5 - Ticked over (5)
6 - Gemstone (4)
7 - Take watchful responsibility for (4-?)
14 - Mental disorders (8)
15 - Novelty (7)
16 - Garden flower (7)
19 - Carriage (6)
20 - Plant supports (5)
21 - Small quantities of liquor (5)
23 - Fit together (4)

No 171

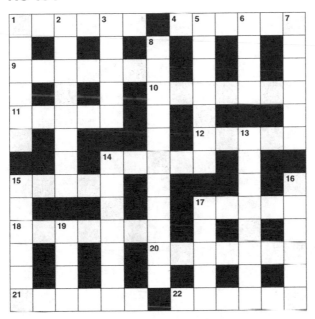

Across
1 - Inability to relate to others (6)
4 - Wall painting; mural (6)
9 - Quivering voice (7)
10 - Stealing (7)
11 - Synthetic fiber (5)
12 - Consumed (5)
14 - Blemishes (5)
15 - Traditional English breakfast (3-2)
17 - Hankered after (5)
18 - Eg from Ethiopia (7)
20 - Universal remedy (4-3)
21 - Heavy and starchy (6)
22 - Engaged in (6)

Down
1 - Serving temporarily (6)
2 - Divinity (8)
3 - Piece of cutlery (5)
5 - Walks for pleasure (7)
6 - Foreign dress (4)
7 - Northwestern State (6)
8 - Tolerance (11)
13 - Unstable (3-5)
14 - Flavoring (7)
15 - Eg falling snow (6)
16 - Mixed up or confused (6)
17 - Fourth month (5)
19 - Remake; remodel (4)

No 172

Across
1 - Corpulent (5)
4 - Inquired (5)
10 - General (7)
11 - Pay for (5)
12 - Indicate by signs (4)
13 - Reveal (4,4)
16 - Sounds (6)
17 - Style of slanting letters (6)
20 - ___ stone: means of progress (8)
21 - Raced (4)
23 - Car; machine (5)
25 - Regeneration (7)
26 - Soar; rush (5)
27 - Intensely ardent (5)

Down
2 - Food queue (5,4)
3 - Stone block (4)
5 - Disbelieves (8)
6 - Adam's mate (3)
7 - Old plodding horse (6)
8 - Hair style (5)
9 - Nervy (4)
14 - Self-control (9)
15 - Children's game (8)
18 - Huggable (6)
19 - Sleep noisily (5)
20 - Adds (4)
22 - Not in favor (4)
24 - Nineteenth Greek letter (3)

No 173

Across

1 - Sticks to (6)
5 - Curve (3)
7 - Toll off (5)
8 - Lasted longer than expected (7)
9 - Young sheep (5)
10 - Deceptive maneuver (8)
12 - Large pebbles (6)
14 - Marks of repetition (6)
17 - Live performances of music (8)
18 - Dollars (5)
20 - Pertaining to the stars (7)
21 - Prose (anag) (5)
22 - Gear (3)
23 - Horse groom (6)

Down

2 - Young hare (7)
3 - Animals with long necks (8)
4 - Move by rotating (4)
5 - Inflexible (7)
6 - Traverses (7)
7 - Quick meal (5)
11 - Baseball players (8)
12 - Difficulty (7)
13 - Discarded (7)
15 - Atrocious act (7)
16 - Free (5)
19 - Display (4)

No 174

Across
1 - Greek letter (3)
3 - Annoy (3)
5 - Come down on (5)
8 - Animate existence (4)
9 - In an even manner (8)
11 - Shortened by omitting notes (10)
13 - South African antelope (6)
14 - Poetic (6)
17 - Historic British document (5,5)
21 - Announce publicly (8)
22 - Presentation (4)
23 - Borders (5)
24 - Female sheep (3)
25 - Salt water (3)

Down
1 - Regulations (5)
2 - Criminal (8)
4 - Backpack (6)
5 - Someone in servitude (5)
6 - State of USA (4)
7 - Supernormal (7)
10 - Crazy (4)
12 - Unscented (8)
13 - Return (7)
15 - Curved shape (4)
16 - Stimulate (6)
18 - Collection of maps (5)
19 - Hawaiian greeting (5)
20 - At length (4)

No 175

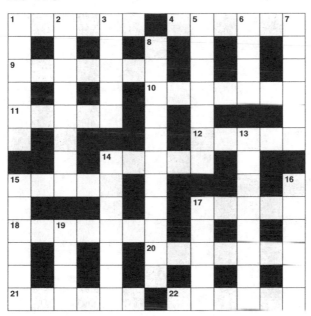

Across
1 - Money coming in (6)
4 - Engaged in (6)
9 - Resemble (7)
10 - Visitor (7)
11 - Desires (5)
12 - Pond dwelling amphibians (5)
14 - Sticky (5)
15 - Angry (5)
17 - Less common (5)
18 - Light-hearted musical movements (7)
20 - Doubter (7)
21 - Top quality (6)
22 - Entices (6)

Down
1 - Water ice (6)
2 - Seed (8)
3 - Pecuniary interests (5)
5 - Melt (7)
6 - Abominable snowman (4)
7 - Marks of repetition (6)
8 - Philosophical theory (11)
13 - Go beyond a limit (8)
14 - Transmission (7)
15 - Distributed (6)
16 - Manners (6)
17 - Pass a rope through (5)
19 - Form of precipitation (4)

No 176

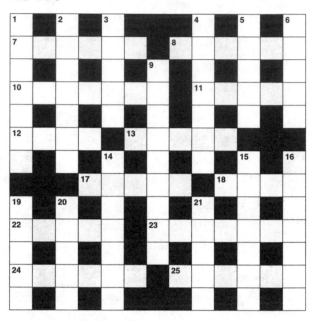

Across
7 - Seldom (6)
8 - German astronomer (6)
10 - State (7)
11 - Scone (anag) (5)
12 - Attic (4)
13 - Large wading bird (5)
17 - Pier (5)
18 - Upswept hairdo (4)
22 - Anxiety (5)
23 - Pledged to marry (7)
24 - Adjusting a musical instrument (6)
25 - Fastenings (6)

Down
1 - In a brutal manner (7)
2 - Deterioration (4-3)
3 - Outer garment (5)
4 - Swordplay (7)
5 - Baked custard desserts (5)
6 - Touch lightly (5)
9 - Tacit (9)
14 - Examining (7)
15 - Witty saying (7)
16 - Least warm (7)
19 - Ceases (5)
20 - Active cause (5)
21 - Semiprecious quartz (5)

No 177

Across

1 - Collide with (4)
3 - Brought into a country (8)
9 - Appropriately (7)
10 - Peers (5)
11 - Canoe (5)
12 - Release (7)
13 - Most pleasant (6)
15 - Fight (6)
17 - Thinks curiously (7)
18 - Layabout (5)
20 - Thoughts (5)
21 - Warning (7)
22 - Fragrant toiletries (8)
23 - Verge (4)

Down

1 - Lacking hue (5-3-5)
2 - Unite in matrimony (5)
4 - Blunder (6)
5 - Unnecessarily careful (12)
6 - Menaces (7)
7 - Vanishing (13)
8 - Representative (12)
14 - Admit to (7)
16 - Spirit (6)
19 - Scottish landholder (5)

No 178

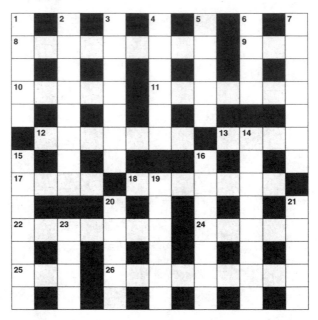

Across
8 - Person basking (9)
9 - Came across (3)
10 - Recycle (5)
11 - Military force (7)
12 - Liberty; freedom (7)
13 - Engrave with acid (4)
17 - Chickens lay them (4)
18 - Fear of heights (7)
22 - Participate (7)
24 - Proportion (5)
25 - Snare (3)
26 - Trickery (9)

Down
1 - Take the place of (5)
2 - Guaranteeing (8)
3 - Skipped about (7)
4 - Hits hard (6)
5 - Tremulous sound (5)
6 - Leave out (4)
7 - Briefcase (7)
14 - Simultaneously (8)
15 - Rise again (7)
16 - Endless (7)
19 - Excitingly strange (6)
20 - Cost (5)
21 - Capital of Japan (5)
23 - Natural fertilizer (4)

No 179

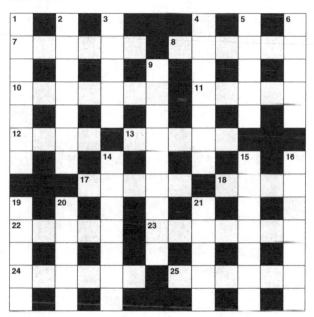

Across
7 - Periodicals (6)
8 - Liar (6)
10 - A parent's mother (7)
11 - Acquires (5)
12 - Vex (4)
13 - Base part of tree (5)
17 - Avoid (5)
18 - Volcano in Sicily (4)
22 - Machine (5)
23 - Child's room (7)
24 - Guarantee (6)
25 - Scholars (6)

Down
1 - Digits (7)
2 - Attack (7)
3 - Small and round and shiny (5)
4 - State of uncertainty (7)
5 - Stop mission suddenly (6)
6 - Rub out (5)
9 - Halting (9)
14 - Movers on ice (7)
15 - Bodies of water (7)
16 - Look after children (4-3)
19 - Old coin (5)
20 - Humiliate (5)
21 - Sardonically (5)

No 180

Across
1 - Ceases living (4)
3 - Moving location (8)
9 - Soldiers (7)
10 - Spoil (5)
11 - Fact or event (12)
14 - Residue; tree (3)
16 - Moist (5)
17 - Turn upside down (3)
18 - Accessible (12)
21 - Ostentatious glamor (5)
22 - Bring an accusation against (7)
23 - Finely chopped (8)
24 - Writing implements (4)

Down
1 - Dart come (anag) (8)
2 - Fault (5)
4 - Ash (anag) (3)
5 - Popular takeaway food (4,3,5)
6 - Unlawful (7)
7 - Men (4)
8 - Without official sanction (12)
12 - Brazilian dance (5)
13 - Orations (8)
15 - More cheerful (7)
19 - Part of an ice skate (5)
20 - Chickens lay them (4)
22 - Frozen water (3)

No 181

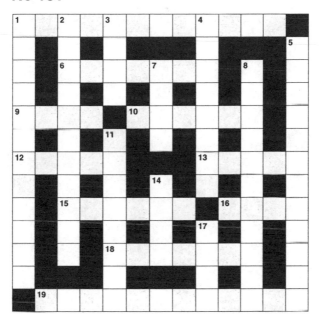

Across
1 - Very strong athlete (12)
6 - Insensitive (7)
9 - Giant (4)
10 - Cuts off (6)
12 - Seabird (5)
13 - Remove (5)
15 - Dutch spring flowers (6)
16 - Capital of Norway (4)
18 - Yield (7)
19 - Reevaluation (12)

Down
1 - Belligerence (12)
2 - Wrongly (11)
3 - Aura (4)
4 - Restraint (8)
5 - Person employed in an office (12)
7 - Indebted (4)
8 - Unnecessary (11)
11 - Hermits (8)
14 - Poem (4)
17 - Curse (4)

No 182

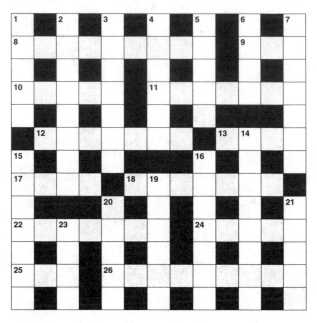

Across

8 - Unhurried (9)
9 - Eggs (3)
10 - Covers with gold (5)
11 - Unpredictable (7)
12 - Joint of a finger (7)
13 - Performs (4)
17 - Lightness (4)
18 - Emits loud sound (7)
22 - Furtiveness (7)
24 - Customary (5)
25 - Enemy (3)
26 - Waviness (9)

Down

1 - Verse form (5)
2 - Hatmaker (8)
3 - Tuft of grass (7)
4 - Say again (6)
5 - Aromatic resin (5)
6 - Inn-keeper (4)
7 - Type of humor (7)
14 - College grounds (8)
15 - Fake (7)
16 - Redwood tree (7)
19 - Roman band of people (6)
20 - Bird sound (5)
21 - Bottle (5)
23 - At any time (4)

No 183

Across
1 - Supersede (4)
3 - Went before (8)
9 - Sharply (7)
10 - Not at all (5)
11 - Contagiously (12)
14 - Mother of the ancient Irish gods (3)
16 - Surface of a diamond (5)
17 - Small legume (3)
18 - Terrified (6-6)
21 - Public square (5)
22 - Habitable (7)
23 - Having a spinal column (8)
24 - Makes brown (4)

Down
1 - Musical wind instruments (8)
2 - Roughen surface (5)
4 - Beam of light (3)
5 - Giving advice (12)
6 - Bring to fruition (7)
7 - Bedroom (4)
8 - From this time (12)
12 - Make subject to (5)
13 - Lacking a rear part (8)
15 - Edible fruit (7)
19 - Shadow (5)
20 - Poem (4)
22 - Allow (3)

No 184

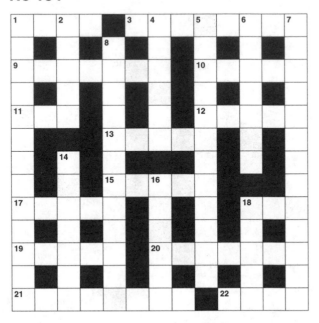

Across

1 - Knowledge (4)
3 - Settler (8)
9 - Cautious (7)
10 - Outdoor shelters (5)
11 - Sap (anag) (3)
12 - Health professional (5)
13 - Unsuitable (5)
15 - River cove; bay (5)
17 - Tropical American tree (5)
18 - Public transport (3)
19 - Releases on payment (5)
20 - Minced meat in casing (7)
21 - All people (8)
22 - Requests (4)

Down

1 - Unfeasible (13)
2 - Flop (5)
4 - Best conditions (6)
5 - Intended to attract notice (12)
6 - Internal organs (7)
7 - Blandness (13)
8 - Deceitfully (12)
14 - Apparatus (7)
16 - Diminish (6)
18 - Conquers (5)

No 185

Across
1 - Hinder (6)
4 - Morally pure (6)
9 - Island in the West Indies (7)
10 - Mischief (7)
11 - Rocks beneath the water (5)
12 - Trap (5)
14 - Walks awkwardly (5)
15 - Warming drink (5)
17 - Long walk (5)
18 - Scale; French mathematician (7)
20 - London district (4,3)
21 - Hold close (6)
22 - Hardens (6)

Down
1 - Damage (6)
2 - Over indulged (8)
3 - Water droplets (5)
5 - The sky; celestial area (7)
6 - Spirit (4)
7 - Biochemical catalyst (6)
8 - Perversely irritable (3-8)
13 - Supervisor (8)
14 - Expressive (7)
15 - Inn (6)
16 - Protects from heat (6)
17 - Bricklayer; worker (5)
19 - Clarets (4)

No 186

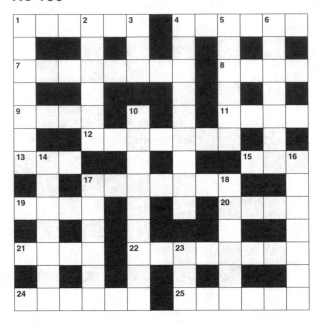

Across
1 - Comic superhero (6)
4 - Ornament (6)
7 - Restorative (4-2-2)
8 - Golf shot (4)
9 - You (archaic) (4)
11 - Confined (4)
12 - Chickens (7)
13 - Male offspring (3)
15 - Edge of cup (3)
17 - Judge (7)
19 - Soup (anag) (4)
20 - Affirm with confidence (4)
21 - Wire lattice (4)
22 - Eastern (8)
24 - Holding (6)
25 - Body organ (6)

Down
1 - Momentum (7)
2 - Invent (4,2)
3 - Born (3)
4 - Divided into two portions (9)
5 - Hold position (6)
6 - Dry red table wine of Italy (7)
10 - Small compartment (9)
14 - Fish hawks (7)
16 - Ethically (7)
17 - Respiratory illness (6)
18 - Showered (6)
23 - Annoy (3)

No 187

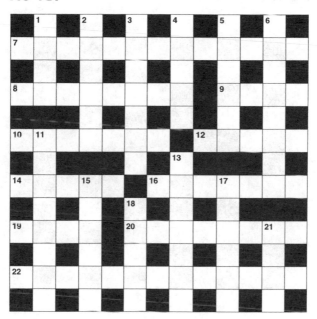

Across
7 - Prone to steal (5-8)
8 - Dead end (3,2,3)
9 - Skirt worn by ballerinas (4)
10 - Coast (7)
12 - Protective garment (5)
14 - Scorch (5)
16 - Organization (7)
19 - Capital of Italy (4)
20 - Explain using words (8)
22 - Correct to the last detail (6-7)

Down
1 - Role; stead (4)
2 - Protects from heat (6)
3 - Illegally in advance of the ball (7)
4 - Bump (5)
5 - Attacked (4-2)
6 - Liquefy in order to reuse (4,4)
11 - Serial parts (8)
13 - Amplifier (7)
15 - Hotel patrons (6)
17 - Clean water (6)
18 - Dress (5)
21 - Stream or small river (4)

No 188

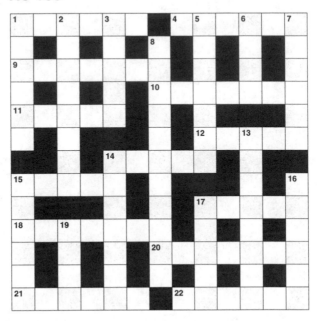

Across
1 - Neatly (6)
4 - Hay cutting tool (6)
9 - Feminine (7)
10 - Ring or echo (7)
11 - Ice hockey buildings (5)
12 - Domains (5)
14 - In what place (5)
15 - Camel like animal (5)
17 - Annoy (5)
18 - Red (7)
20 - Hindered (7)
21 - Reflects (6)
22 - Decayed (6)

Down
1 - In the direction of (6)
2 - Loss of intellectual functions (8)
3 - Breathing organs (5)
5 - Tablet (7)
6 - You (old English) (4)
7 - Gets away (6)
8 - Relating to fireworks (11)
13 - Planned (8)
14 - Road margin (7)
15 - Small compartment or chamber
16 - Married (6)
17 - A written document (5)
19 - Imperial unit (4)

190

No 189

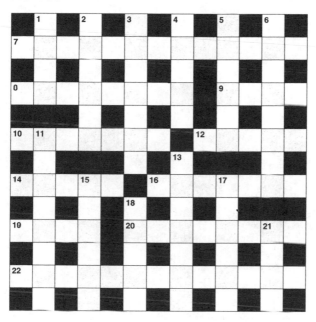

Across

7 - Acrobat (13)
8 - Guiltily (8)
9 - Land map (4)
10 - Inclined (7)
12 - Smash into (5)
14 - Eat quickly (5)
16 - Quantity in a math operation (7)
19 - Strategy (4)
20 - Prevail over (8)
22 - Consideration for others (13)

Down

1 - Soya bean curd (4)
2 - Increase (4,2)
3 - Material worn around the sleeve (7)
4 - Republic in N Africa (5)
5 - Marksman (6)
6 - Trained killer (8)
11 - Specific place or area (8)
13 - Lift up (7)
15 - Swordsman (6)
17 - Caring (anag) (6)
18 - Agile ruminants (5)
21 - Type of perfume (4)

No 190

Across
1 - Trap; ensnare (3)
3 - Athletic facility (3)
5 - Bunches (5)
8 - Edible fruit (4)
9 - Person with memory loss (8)
11 - Elegance (10)
13 - Leads (6)
14 - Obliterate (6)
17 - Without arm covering (10)
21 - Deluge (8)
22 - Correctional institution (4)
23 - Excavate (5)
24 - Degenerate (3)
25 - Terminate (3)

Down
1 - Looked (5)
2 - Pertaining to ships (8)
4 - Acting; simulating (6)
5 - Lock of hair (5)
6 - Show (4)
7 - Isolate (7)
10 - Displace (4)
12 - Cut skin irregularly (8)
13 - Surface layer (7)
15 - Ran away (4)
16 - Middle (6)
18 - Scoop (5)
19 - Of definite shape (5)
20 - Skirt worn by ballerinas (4)

No 191

Across
1 - Fractional monetary unit (5)
4 - Looks (5)
10 - Wearing away (7)
11 - Word of farewell (5)
12 - Adjoin (4)
13 - Morally compel (8)
16 - Little bottles (6)
17 - Turbulence (6)
20 - Table tennis (4-4)
21 - Heavenly body (4)
23 - New Zealand aboriginal (5)
25 - Yield (7)
26 - Saying (5)
27 - Journeys (5)

Down
2 - Gradual change (9)
3 - Metal fastener (4)
5 - Avoidances (8)
6 - Hip (anag) (3)
7 - Move out (6)
8 - Disagreeable persons (5)
9 - Remedy (4)
14 - Filled with wonder (9)
15 - Applauding (8)
18 - Pulsates (6)
19 - Grind together (5)
20 - Wildcat (4)
22 - Skin mark (4)
24 - Eccentric (3)

No 192

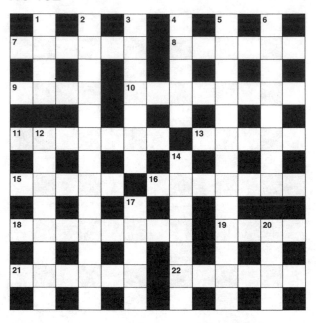

Across
7 - Troublemaker (6)
8 - Disrespects (6)
9 - Sound equipment (2-2)
10 - Polyhedra (8)
11 - Respects (7)
13 - Round handles (5)
15 - Attach (5)
16 - Confident (7)
18 - Least old (8)
19 - Partly open (4)
21 - Lost out (6)
22 - Using maximum effort (3-3)

Down
1 - Lens distances (4)
2 - Showing off (13)
3 - Religious person (7)
4 - High lending practice (5)
5 - Proportionate (13)
6 - Unfit for consumption (8)
12 - Yellow flower (8)
14 - Receptacle for smoke residue (7)
17 - Destitute (5)
20 - Chemical salt (4)

No 193

Across
1 - Someone who debates (6)
4 - Reach destination (6)
7 - Impaired reading (8)
8 - Animal pelts (4)
9 - Stylish (4)
11 - Greasy residue (4)
12 - Impromptu public singing (7)
13 - Hit into the air (3)
15 - Space (3)
17 - Silver-white metal (7)
19 - Celestial body (4)
20 - Volcano in Sicily (4)
21 - Forcible impact (4)
22 - Not appropriate (8)
24 - Spreads out (6)
25 - Yodel (6)

Down
1 - Enthusiasts (7)
2 - Open up (6)
3 - King (3)
4 - Absence of oxygen (9)
5 - Safe place (6)
6 - Porch (7)
10 - Groups of three books (9)
14 - Spicy tomato sauce (7)
16 - Tract of grassland (7)
17 - Black Sea peninsular (6)
18 - Autobiography (6)
23 - Bench (3)

No 194

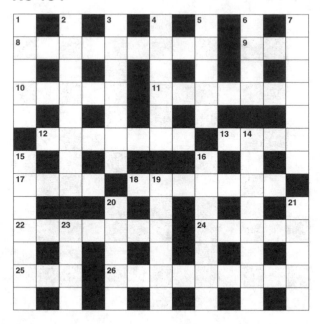

Across

8 - Sink (9)
9 - Young dog (3)
10 - Approaches (5)
11 - Residence of the Pope (7)
12 - Largeness (7)
13 - Lazy (4)
17 - Resistance units (4)
18 - Sudden inclination to act (7)
22 - Hyperpigmentation (7)
24 - Oar (5)
25 - In favor (3)
26 - Rigidly (9)

Down

1 - Active cause (5)
2 - Resignation (8)
3 - Sibilant (7)
4 - Divides in two (6)
5 - Annoying insects (5)
6 - Long poem (4)
7 - Swabs (7)
14 - Upsets (8)
15 - Speaks (7)
16 - Twilights (7)
19 - Capital of Bahrain (6)
20 - Ring thrown in a game (5)
21 - Heavy soils (5)
23 - Midday (4)

No 195

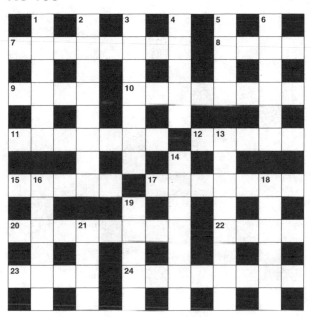

Across
7 - Collection of tunes (8)
8 - Part of the eye (4)
9 - Presentation (4)
10 - Manner of speaking (8)
11 - Shock with wonder (7)
12 - Express (5)
15 - Receptacles (5)
17 - Sinister (7)
20 - Trouble maker (8)
22 - Unwell (4)
23 - Woody plant (4)
24 - Senior court official (8)

Down
1 - Rustic types (6)
2 - Branch of agriculture (8)
3 - Clutching (7)
4 - Ability (5)
5 - Capital of the Ukraine (4)
6 - Perforate (6)
13 - Finance department (8)
14 - Soldier's hut (7)
16 - Shakings of the body (6)
18 - Male relatives (6)
19 - Keep (5)
21 - Affectedly dainty (4)

No 196

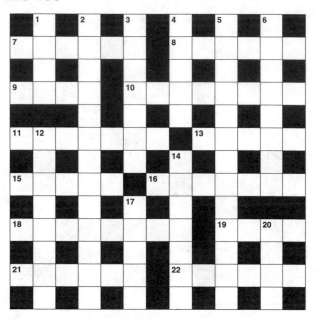

Across
7 - Lethargic (6)
8 - Perennial flowering plant (6)
9 - Sound equipment (2-2)
10 - Discoverer of America (8)
11 - Common (7)
13 - Turns down (5)
15 - Terse (5)
16 - Supplying (7)
18 - Summer squash (8)
19 - Vipers (4)
21 - Lanes (6)
22 - Praise (6)

Down
1 - Lens distances (4)
2 - A young person (6,7)
3 - Instruct (7)
4 - Skin on top of head (5)
5 - Proportionate (13)
6 - Residential (8)
12 - Distinctively (8)
14 - Hopes to achieve (7)
17 - In the middle of (5)
20 - Swine (4)

No 197

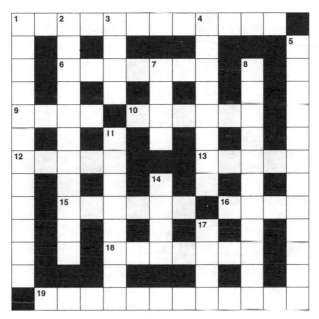

Across
1 - Evening dress for men (6,6)
6 - Unfurls (7)
9 - Reflect (4)
10 - In abundance (6)
12 - Non-standard speech (5)
13 - Senior person (5)
15 - Decayed (6)
16 - Vocal music (4)
18 - Following (7)
19 - Extortionately (12)

Down
1 - Doubting (12)
2 - Disobedience (11)
3 - Makes mistakes (4)
4 - Patron (8)
5 - Honestly (12)
7 - Jump (4)
8 - Battleship (11)
11 - Business shipping in goods (8)
14 - Penultimate round (4)
17 - ___ Minnelli: US actress (4)

No 198

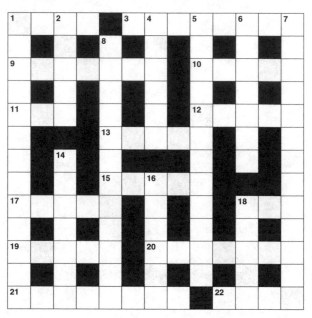

Across
1 - Doubtful (4)
3 - Friendly (8)
9 - Fell (7)
10 - Leavening fungus (5)
11 - Unit of energy (3)
12 - Leg bone (5)
13 - Coarse twilled cotton fabric (5)
15 - Individualist (5)
17 - Start of (5)
18 - Long narrow inlet (3)
19 - Bury (5)
20 - Rattish (anag) (7)
21 - Suspenseful adventure story (8)
22 - Associate (4)

Down
1 - Painter (13)
2 - Hurled (5)
4 - Maximum values (6)
5 - Science of deciphering codes (12)
6 - Indiscreet person (7)
7 - Wastefully (13)
8 - Relating to farming (12)
14 - Guest or caller (7)
16 - Invalidate (6)
18 - Rustic (5)

No 199

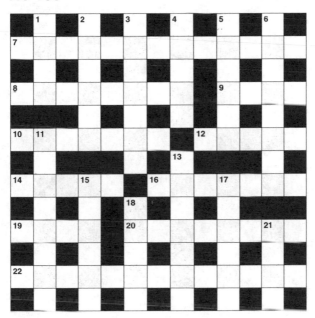

Across
7 - Eternally (13)
8 - Of many different kinds (8)
9 - Breezy (4)
10 - Laughing loudly (7)
12 - Gait (5)
14 - Written test (5)
16 - Requests forcefully (7)
19 - Ruler (4)
20 - Ripple (8)
22 - Zoologist who studies birds (13)

Down
1 - Nights before (4)
2 - Fashionably attractive (6)
3 - Clogs (7)
4 - Ornaments (5)
5 - Whole (6)
6 - In every respect (3-5)
11 - Culinary herb (8)
13 - Willingly (7)
15 - Of a large artery (6)
17 - Assert (6)
18 - Japanese dish (5)
21 - Check (4)

No 200

Across
1 - Remove (4)
3 - Weary (8)
9 - Become less intense (4,3)
10 - Specific location (5)
11 - Dole out (5)
12 - Unwelcome person (7)
13 - Embarrassing mistake (3-3)
15 - Increase (4,2)
17 - Idea (7)
18 - Agreeable sound (5)
20 - Egg-shaped (5)
21 - Start (7)
22 - Certain to succeed (4-4)
23 - Commendably (4)

Down
1 - Excessively striving (13)
2 - Plant fiber (5)
4 - Amorous relationship (6)
5 - Criminality (12)
6 - Release (7)
7 - Rude (13)
8 - Amateur work (2-2-8)
14 - Outdoor (4-3)
16 - Tobacco user (6)
19 - Land near water (5)

No 201

Across

1 - Render (5)
4 - Ice home (5)
10 - Dense mass of trees (7)
11 - Later (5)
12 - Flag lily (4)
13 - Bias (8)
16 - Segregated district (6)
17 - Quantity (6)
20 - Data entry device (8)
21 - Curves (4)
23 - Woody plant (5)
25 - Developed gradually (7)
26 - Tactical maneuvers (5)
27 - Sorrowful (5)

Down

2 - Secretly (9)
3 - Otherwise (4)
5 - Majesty (8)
6 - Choose (3)
7 - Near future (6)
8 - Religious faith of Muslims (5)
9 - Confine (4)
14 - Person who drives a taxi (9)
15 - A lawyer (8)
18 - Live in (6)
19 - Liberates (5)
20 - Thousand (4)
22 - Finished (4)
24 - Friend (3)

No 202

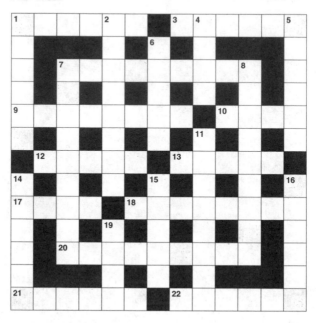

Across
1 - Race-related (6)
3 - Bandage (6)
7 - Abrasive (9)
9 - Activities of government (8)
10 - Egyptian goddess of fertility (4)
12 - Increase in size (5)
13 - Bacteria (informal) (5)
17 - Small particle (4)
18 - Cordially (8)
20 - News journalists (9)
21 - Literary ridicule (6)
22 - Wealthy businessman (6)

Down
1 - Unless (6)
2 - Intrinsically (8)
4 - Cried (4)
5 - Self interest (6)
6 - Seasoning (5)
7 - Brine (9)
8 - Looks like (9)
11 - Manner of speaking (8)
14 - Strikes (6)
15 - Outdated fashion (5)
16 - Dangerous snake (6)
19 - Box lightly (4)

No 203

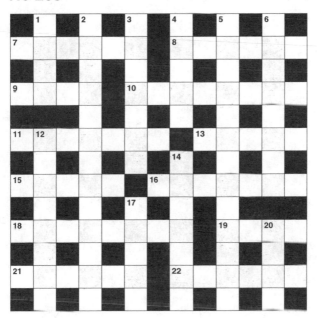

Across

7 - Collapsible shelter (6)
8 - Arrived by plane (6)
9 - Brave person (4)
10 - Mishap (8)
11 - Method of raising money (7)
13 - Pretend (5)
15 - Work spirit (5)
16 - Samplers (7)
18 - Military unit (8)
19 - Travel at speed (4)
21 - Verse (6)
22 - Cross one's eyes (6)

Down

1 - English monk (4)
2 - Distribution (13)
3 - Mends (7)
4 - Assemblage of animals (5)
5 - Lacking in boldness (13)
6 - Juvenile (8)
12 - Conventional (8)
14 - Regret (7)
17 - Join together (5)
20 - Exposes to natural light (4)

No 204

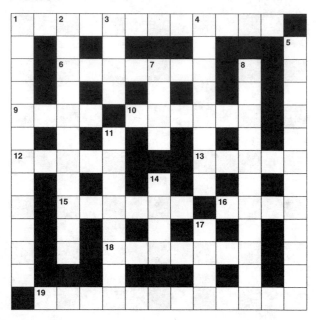

Across
1 - Wellspring (12)
6 - Of the surrounding environment (7)
9 - Recreational facility (4)
10 - Well-being (6)
12 - Deer (5)
13 - Acquires (5)
15 - Sarcastic (6)
16 - Immobilize (4)
18 - Eg from Moscow (7)
19 - Presiding officer of a school (12)

Down
1 - Stupid (6-6)
2 - Promising (2-3-6)
3 - Hollow conduit (4)
4 - Hotel-keeper (8)
5 - Murders (12)
7 - Fencing sword (4)
8 - Birthright (11)
11 - Ate greedily (8)
14 - Lubricants (4)
17 - Fabric (4)

No 205

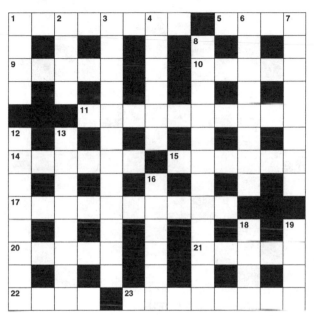

Across

1 - Tall (4-4)
5 - Logical division (4)
9 - Social ban (5)
10 - Savor (5)
11 - Relating to conduct (10)
14 - Raise up (6)
15 - Stingy hoarders (6)
17 - Parakeet bred as a pet (10)
20 - Armature (5)
21 - Part of small intestine (5)
22 - Thread (4)
23 - Intoxicated person (8)

Down

1 - Head coverings (4)
2 - Taunt (4)
3 - Large Brazilian city (3,2,7)
4 - Sequential (6)
6 - Wounds (6)
7 - Monarchist (6)
8 - Proof (12)
12 - Fruit tree (8)
13 - Animal that hunts (8)
16 - Form of address for a man (6)
18 - Bate (anag) (4)
19 - Among (4)

207

No 206

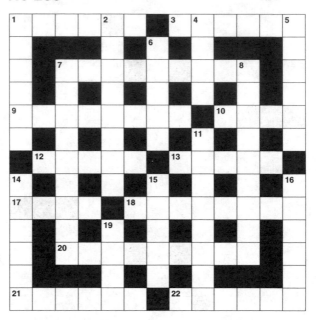

Across
1 - Starlike object (6)
3 - Frightens (6)
7 - Toy dwelling (9)
9 - Improves quality (8)
10 - Box lightly (4)
12 - Linear unit (5)
13 - Low value coins (5)
17 - Stated (4)
18 - Chess move (8)
20 - Extensive (9)
21 - Deceive (6)
22 - Female giant (6)

Down
1 - Waiting lines (6)
2 - Without law (8)
4 - Group action (4)
5 - Majestic (6)
6 - Absolute (5)
7 - Large rodent with sharp bristles (9)
8 - Be understanding of (9)
11 - Boiling (8)
14 - Go up (6)
15 - Pigment and liquid mixture (5)
16 - Exit (6)
19 - Raced (4)

No 207

Across
1 - Curved shape (4)
3 - Military people (8)
9 - Pertaining to the heart (7)
10 - Woody plant (5)
11 - Cheated (5-7)
14 - Primary color (3)
16 - Ingenuous (5)
17 - Definite article (3)
18 - Rump (12)
21 - Doctor (5)
22 - Spices (7)
23 - Finance department (8)
24 - Exercise venues (4)

Down
1 - Lineage (8)
2 - Freight (5)
4 - Mythical monster (3)
5 - Break up (12)
6 - Serious (7)
7 - Cries (4)
8 - Defenseless victims (7,5)
12 - Verse form (5)
13 - Continues obstinately (8)
15 - Diminish (7)
19 - All (5)
20 - Release (4)
22 - And not (3)

No 208

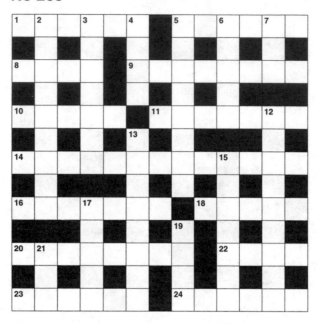

Across
1 - Takes by theft (6)
5 - Groups of eight (6)
8 - Driving shaft (4)
9 - Containing many inhabitants (8)
10 - Savor (5)
11 - Imprecise (7)
14 - Impudently (13)
16 - Tool for the Arctic (3-4)
18 - Line of people (5)
20 - Toward the posterior end (8)
22 - Republic in SW Asia (4)
23 - Removes outer skin (6)
24 - Repeated (6)

Down
2 - Related to classification (9)
3 - Solvent; adhesive (7)
4 - Exhausts (4)
5 - Adversary (8)
6 - Information printer (5)
7 - Nineteenth Greek letter (3)
12 - Compute (9)
13 - Insistent person (8)
15 - Sustain with food (7)
17 - Lever (5)
19 - Stimulate (4)
21 - Beer (3)

No 209

Across
1 - Board game (5)
4 - Iron alloy (5)
10 - Elevate (7)
11 - Small egg (5)
12 - Harsh (4)
13 - Soldiers (8)
16 - Visit informally (4,2)
17 - Young swan (6)
20 - Juvenile (8)
21 - Look at amorously (4)
23 - Spiritual leader (5)
25 - Participate (7)
26 - Wears (5)
27 - Implant (5)

Down
2 - Animal that only eats plants (9)
3 - Move in water (4)
5 - Electric passenger cars (8)
6 - Flightless bird (3)
7 - Severe (6)
8 - Worthiness (5)
9 - Noble gas (4)
14 - Zoo (9)
15 - Energy (8)
18 - Earthquake (6)
19 - Thighbone (5)
20 - Web-footed aquatic bird (4)
22 - First man (4)
24 - Prevent (3)

No 210

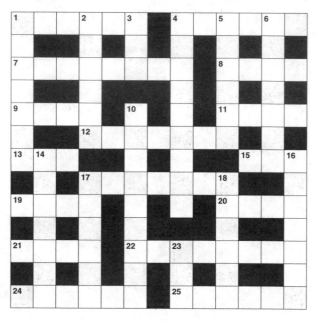

Across
1 - Cowardly (6)
4 - Disavowal (6)
7 - Slower than sound (8)
8 - Officiating priest of a mosque (4)
9 - Ashen (4)
11 - Successor (4)
12 - Medicinal worms (7)
13 - Nineteenth Greek letter (3)
15 - Popular beverage (3)
17 - Riding the waves (7)
19 - Rapscallion (4)
20 - Sound equipment (2-2)
21 - Elapsed time (4)
22 - Place (8)
24 - Thickset (6)
25 - Bodyguards (6)

Down
1 - Site of sewage disposal (7)
2 - Ship (6)
3 - Grandmother (3)
4 - Folding seat (9)
5 - Equine sounds (6)
6 - Greed (7)
10 - Anxiously (9)
14 - Alongside each other (7)
16 - French town (7)
17 - Unmoving (6)
18 - Segregated district (6)
23 - Bashful (3)

No 211

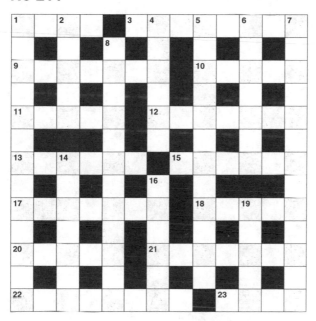

Across
1 - Small quantity (4)
3 - And so on (2,6)
9 - Clad (7)
10 - Borders (5)
11 - Prune (5)
12 - Expressed (7)
13 - Take as an affront (6)
15 - Lively Spanish dance (6)
17 - With courage (7)
18 - Legendary creatures (5)
20 - Seawater (5)
21 - Time off (7)
22 - Christmas season (8)
23 - Mocks (4)

Down
1 - Ineffably (13)
2 - Sheet (anag) (5)
4 - Boredom (6)
5 - Chemical decomposition (12)
6 - Swallow greedily (7)
7 - Constant diligence (13)
8 - Separation (12)
14 - Sporting dog (7)
16 - Eye protector (6)
19 - Solid blow (5)

No 212

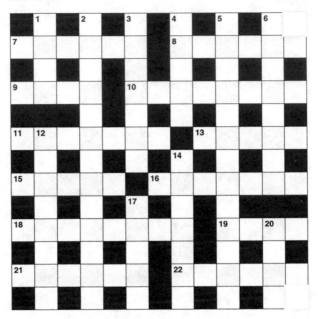

Across
7 - Affectionate (6)
8 - Severe (6)
9 - Expose to warmth (4)
10 - Disregards (8)
11 - Current measuring device (7)
13 - Express mirth (5)
15 - Once more (5)
16 - Crying or screaming loudly (7)
18 - Knapsack (8)
19 - Immediately following (4)
21 - Closer (6)
22 - Sycophant (3-3)

Down
1 - Unconsciousness (4)
2 - Boots with pointed toes (6-7)
3 - Sufferings (7)
4 - Narcotics (5)
5 - Pleasantness (13)
6 - 7 sided polygon (8)
12 - Very successful businessmen (8)
14 - Domestic beasts of burden (7)
17 - Property owner (5)
20 - Electromagnetic radiation (1-3)

No 213

Across
1 - Currently in progress (5)
4 - Location (5)
10 - Floral (7)
11 - Saying (5)
12 - Fairies (4)
13 - Saltiness (8)
16 - Rut (6)
17 - Input device (6)
20 - Separately issued article (8)
21 - Abound (4)
23 - Avoid (5)
25 - Snobbish (7)
26 - Involuntary muscle contraction (5)
27 - Engross oneself in (5)

Down
2 - Never-failing (9)
3 - Woes (anag) (4)
5 - Grouped together (8)
6 - Negative (3)
7 - Near future (6)
8 - Local authority rule (5)
9 - Cunning (4)
14 - Inexact (9)
15 - Abroad (8)
18 - Reduce to a lower grade (6)
19 - Attach to (5)
20 - Comply (4)
22 - Public disturbance (4)
24 - Unit of current (3)

No 214

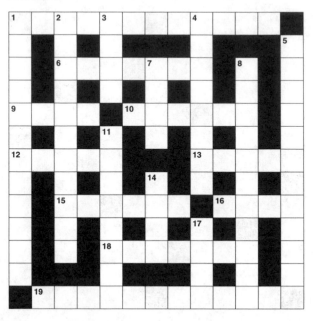

Across

1 - Invigoratingly (12)
6 - Republic in W Africa (7)
9 - Egg-shaped (4)
10 - Comic book superhero (6)
12 - Undo; loosen (5)
13 - Badgers' homes (5)
15 - Club (6)
16 - Cab (4)
18 - Paper folding (7)
19 - Preservative (12)

Down

1 - Duplicate (12)
2 - Strange (11)
3 - Nervy (4)
4 - Narrowly avoided accident (4,4)
5 - Overrate (12)
7 - Cereal grass (4)
8 - Promptness (11)
11 - Vertical space available (8)
14 - Abominable snowman (4)
17 - Go out with (4)

No 215

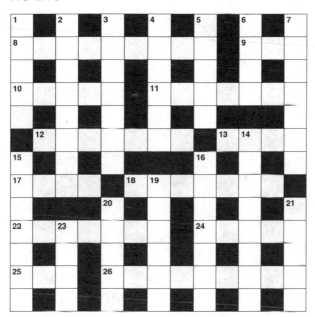

Across

8 - Not named (9)
9 - Flightless bird (3)
10 - Army rank (5)
11 - Eye specialist (7)
12 - Plans (7)
13 - Smell (4)
17 - Nothing (4)
18 - Explain again (7)
22 - Walk with difficulty (7)
24 - Sound (5)
25 - Gone by (3)
26 - Depravity (9)

Down

1 - Molten rock (5)
2 - Pertaining to marriage (8)
3 - Plumbing fixture (7)
4 - Rings around the sun (6)
5 - Important question (5)
6 - Penultimate round (4)
7 - Those who catch prey (7)
14 - Debris (8)
15 - Uncommon (7)
16 - Template (7)
19 - Mistakes (6)
20 - Semiprecious quartz (5)
21 - Effluent system (5)
23 - Moat (anag) (4)

No 216

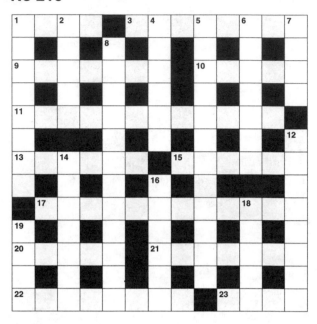

Across
1 - Flat circular plate (4)
3 - Ascent (8)
9 - Bundles of corn (7)
10 - Book leaves (5)
11 - Relating to an age group (12)
13 - Increase in size (6)
15 - A wine shop (6)
17 - Profitable (12)
20 - Toss (5)
21 - Discharge (7)
22 - Create an account deficit (8)
23 - Football boot grip (4)

Down
1 - Made with purpose (8)
2 - Shininess (5)
4 - Suggests (6)
5 - Thick-skinned herbivorous anima
6 - Improve (7)
7 - Throw away (4)
8 - Ate too much (12)
12 - Note (4,4)
14 - Proposition (7)
16 - Tennis player ___ Williams (6)
18 - Unsuitable (5)
19 - Capital of Norway (4)

No 217

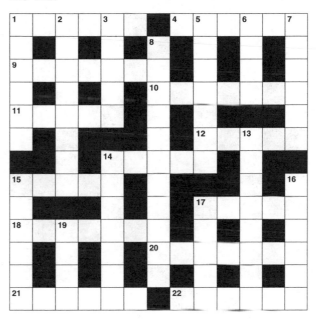

Across
1 - Repudiate (6)
4 - Maid (6)
9 - Jet fighter seat (7)
10 - Farms (7)
11 - Protective cover (5)
12 - Approaches (5)
14 - Break loose (5)
15 - Desires (5)
17 - Sediment (5)
18 - Move (7)
20 - Wanting (7)
21 - Slants (6)
22 - Examines (6)

Down
1 - Visions (6)
2 - Detective (8)
3 - Sorceress (5)
5 - Unintelligent (7)
6 - Take a breath (4)
7 - Occupies temporarily (6)
8 - Undeniable (11)
13 - Candied stalks (8)
14 - Title of respect (7)
15 - Shelves (6)
16 - A guess (anag) (6)
17 - Ships floors (5)
19 - Wrestling sport (4)

No 218

Across
1 - Weakness (7)
4 - Teenage rebel (5)
7 - Insane (5)
8 - Walking stick cap (7)
9 - Small watercourse (4)
10 - Decease (3)
11 - Kink in road (4)
15 - Potable (9)
17 - Message symbols (4)
19 - Ancient boat (3)
20 - Entry document (4)
24 - Prosper (7)
25 - Enlighten (5)
26 - Sardonically (5)
27 - Grammatical constructions (7)

Down
1 - Thighbone (5)
2 - Worm (7)
3 - Device for securing (4)
4 - Solid (4)
5 - Thin out (5)
6 - Rendered (7)
8 - Flashed momentarily (9)
12 - Ease into chair (3)
13 - Fall back (3)
14 - Tool used for cutting metal (4,3)
16 - Potions (7)
18 - Denounce (5)
21 - Chasm (5)
22 - Wet with condensation (4)
23 - Greek cheese (4)

No 219

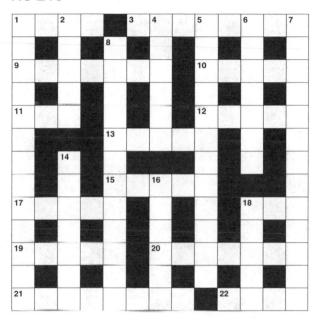

Across
1 - Republic in the Caribbean (4)
3 - Policy of direct action (8)
9 - Chats (7)
10 - Dole out (5)
11 - Form (3)
12 - Malevolence (5)
13 - Supple (5)
15 - Prejudiced person (5)
17 - Protective covering (5)
18 - Exclamation of surprise (3)
19 - Relative by marriage (2-3)
20 - Fires (7)
21 - In the adjacent residence (4,4)
22 - Ones (4)

Down
1 - Thought (13)
2 - Dye with wax (5)
4 - Coffin (6)
5 - Accident (12)
6 - Eg Bermuda and Skye (7)
7 - Mutation (13)
8 - Sullen in appearance (6-6)
14 - Complicated (7)
16 - Small summerhouse (6)
18 - Loft (5)

No 220

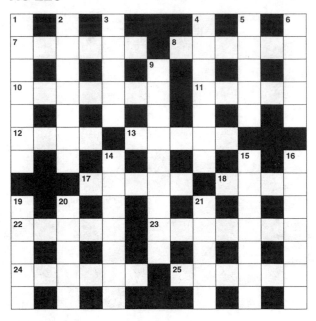

Across
7 - Perennial flowering plant (6)
8 - Cell centers (6)
10 - Weeping (7)
11 - Roost (5)
12 - Welsh emblem (4)
13 - Fruit of oak (5)
17 - Computer memory units (5)
18 - Gull-like bird (4)
22 - Insect larva (5)
23 - Put out (7)
24 - Large military unit (6)
25 - Imperial capacity measure (6)

Down
1 - Coal bucket (7)
2 - Found (7)
3 - Rides waves (5)
4 - Imply (7)
5 - Extreme (5)
6 - Dubious (5)
9 - Weakened (9)
14 - Tropical cyclone (7)
15 - Incomplete (7)
16 - Garishly (7)
19 - Went down on one knee (5)
20 - Last Greek letter (5)
21 - Class (5)

No 221

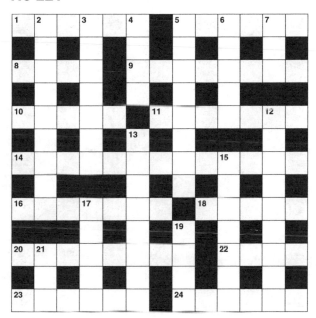

Across
1 - Revises (6)
5 - Diviner (6)
8 - Official language of Pakistan (4)
9 - Researched in detail (8)
10 - Green citrus fruits (5)
11 - Assign (7)
14 - Disputation (13)
16 - Lines of equal pressure (7)
18 - Dairy products (5)
20 - Immediately after this (8)
22 - First man (4)
23 - More likely than not (4-2)
24 - Small in amount (6)

Down
2 - Shrove Tuesday (5,4)
3 - Recently created (7)
4 - Raced (4)
5 - Diametric (8)
6 - Love affair (5)
7 - Sheltered side (3)
12 - Indiscriminate slaughter (9)
13 - Turtle (8)
15 - Tidal wave (7)
17 - Makes beer (5)
19 - Burden (4)
21 - Terminate (3)

No 222

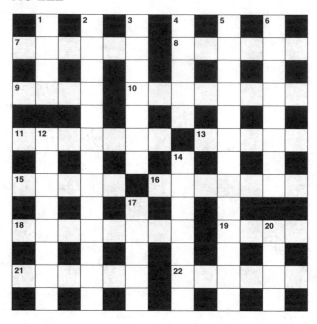

Across
7 - Electric generator (6)
8 - Repressed (4-2)
9 - Geological periods (4)
10 - Resonating with sound (8)
11 - Duped (7)
13 - Content words (5)
15 - Stomach exercise (3-2)
16 - Vacation (7)
18 - Move out the way of (8)
19 - Declare frankly (4)
21 - Eating place (6)
22 - Exclusively (6)

Down
1 - Someone who colors cloth (4)
2 - State in the NE United States (13
3 - Amplifier (7)
4 - Smack (5)
5 - Actively (13)
6 - Residential district (8)
12 - Inflammation of the nose (8)
14 - Make up (7)
17 - Small seat (5)
20 - Birds of prey (4)

No 223

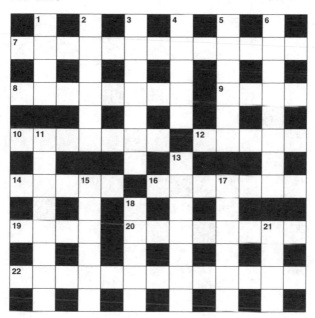

Across
7 - Involvement (13)
8 - Yellow flower (8)
9 - Prying (4)
10 - Bodies of water (7)
12 - Small boat (5)
14 - Polite address for a woman (5)
16 - Suggest (7)
19 - Read quickly (4)
20 - Living (8)
22 - Self-analyzing (13)

Down
1 - Individual facts (4)
2 - Choke (6)
3 - Learning institution (7)
4 - Opaque gems (5)
5 - Lines of a poem (6)
6 - Areas of excess heat (8)
11 - Expressing gratitude (8)
13 - Reaches a destination (7)
15 - Collection of resources (6)
17 - Diminutive (6)
18 - Wild animal (5)
21 - Fleet (4)

No 224

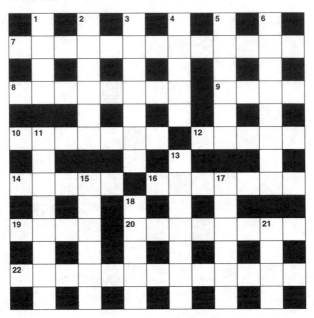

Across
7 - Immediate (13)
8 - Advocate (8)
9 - Primary color (4)
10 - Covered with icing (7)
12 - Horse race (5)
14 - Renown (5)
16 - Enchanting (7)
19 - Inner hand surface (4)
20 - Inclination (8)
22 - Type of surveillance system (6-7)

Down
1 - Chalcedony (4)
2 - Chairs (6)
3 - Exhales violently (7)
4 - Lasts (anag) (5)
5 - Frail (6)
6 - Residential district (8)
11 - Dependable (8)
13 - Legal proceedings (7)
15 - Neglectful (6)
17 - Stupidity (6)
18 - Vertebrates that have feathers (
21 - A brief piece of film (4)

No 225

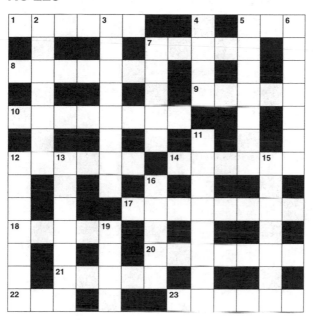

Across
1 - Jewish spiritual leaders (6)
5 - Variety (3)
7 - Vends (5)
8 - Small crown (7)
9 - References (5)
10 - Catastrophe (8)
12 - Instigate (6)
14 - Freshwater duck (6)
17 - Wrecker (8)
18 - All (5)
20 - Brought forth (7)
21 - Advised (5)
22 - Taste (3)
23 - Hurts (6)

Down
2 - Fruit tree (7)
3 - Embarrassment (8)
4 - Coalition (4)
5 - Form of a chemical element (7)
6 - Male relative (7)
7 - Government (5)
11 - Oil-based flooring (8)
12 - Wooded areas (7)
13 - Perplexed (5-2)
15 - Affluent (7)
16 - Held in breath (5)
19 - System of contemplation (4)

No 226

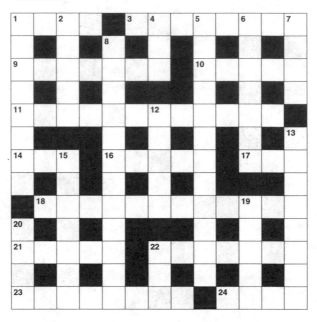

Across
1 - Look at amorously (4)
3 - Unscathed (8)
9 - Intellectual (7)
10 - River cove; bay (5)
11 - Preservative (12)
14 - Mythical monster (3)
16 - Armistice (5)
17 - Dove sound (3)
18 - Consecutively (12)
21 - Mythical monster (5)
22 - Boastful behavior (7)
23 - Amateur (8)
24 - Linger (4)

Down
1 - Run over (8)
2 - Beer (5)
4 - Agreement motion (3)
5 - Relating to numeric calculations (1
6 - Tuneful (7)
7 - Be foolish (4)
8 - Punctiliously (12)
12 - Percussive instruments (5)
13 - Plump (4-4)
15 - Unit of electric charge (7)
19 - Play (5)
20 - Irritation (4)
22 - Public transport (3)

228

No 227

Across

1 - Gigantic statue (8)
6 - Performs (4)
8 - Draw off (6)
9 - Player's turn at the table (6)
10 - Fish (3)
11 - Secure boat (4)
12 - Substitute (6)
13 - On the beach; on land (6)
15 - With affection (6)
17 - Parsimoniously (6)
20 - Give off smoke (4)
21 - Not well (3)
22 - Building for horses (6)
23 - Of the eye (6)
24 - Farewells (4)
25 - Organ stop (8)

Down

2 - Foreboding (7)
3 - Opposite one of two (5)
4 - Genuine (7)
5 - Slip (5)
6 - Loss of memory (7)
7 - Dogma (5)
14 - Public transport vehicle (7)
15 - Certificate (7)
16 - Back pain (7)
18 - Written record (5)
19 - Provide (5)
20 - All animal life (5)

No 228

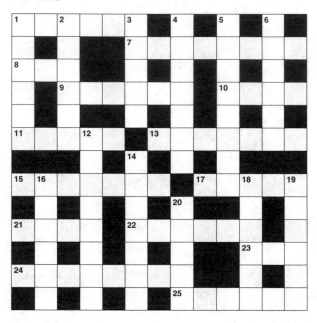

Across
1 - Slovakian monetary unit (6)
7 - Climbing (8)
8 - Put down (3)
9 - Mist (6)
10 - Disfigure (4)
11 - Receiving system (5)
13 - Costs (7)
15 - Musical composition (7)
17 - Saying (5)
21 - Not sweet (4)
22 - Type of hat (6)
23 - Scarf of feathers or fur (3)
24 - Technical vocabulary of the law (8)
25 - Ill (6)

Down
1 - Orderliness (6)
2 - Had corresponding sounds (6)
3 - Astonish (5)
4 - Melodious (7)
5 - Tripped up (8)
6 - Distinct being (6)
12 - Period of time (8)
14 - Filled completely (7)
16 - Declared (6)
18 - Fit for cultivation (6)
19 - Impose or require (6)
20 - Word of farewell (5)

No 229

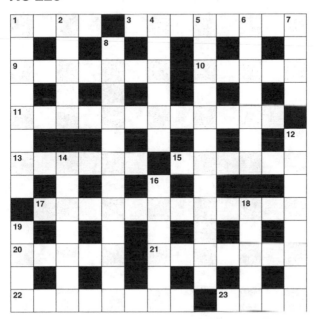

Across
1 - Reflection of sound (4)
3 - Vertebral pain (8)
9 - Group of drivers (3,4)
10 - Smallest quantity (5)
11 - Creator of movie scripts (12)
13 - Equine sounds (6)
15 - Absolute values (6)
17 - In a lawless manner (12)
20 - Clean (5)
21 - Pertaining to marriage (7)
22 - Catastrophe (8)
23 - Sight organs (4)

Down
1 - Letting off (8)
2 - Employer (5)
4 - Permits (6)
6 - Children's toy (12)
6 - Country house (7)
7 - Consumes (4)
8 - Fellowship (12)
12 - Two wheeled vehicles (8)
14 - Internal organs (7)
16 - Possibility (6)
18 - People not ordained (5)
19 - Potato (4)

No 230

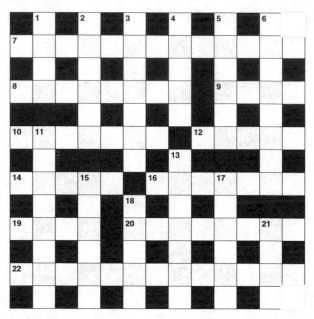

Across

7 - Worldly-wise (13)
8 - Type of sweater (4-4)
9 - Merriment (4)
10 - Burdens (7)
12 - Propose (5)
14 - Glad (5)
16 - Outlast (7)
19 - Ale (4)
20 - Contrasts (8)
22 - Supplementary part in music (13)

Down

1 - Company symbol (4)
2 - Crowd (6)
3 - Characteristics (7)
4 - Fur coats (5)
5 - Victim (6)
6 - Loss of intellectual functions (8)
11 - Fade away (8)
13 - Increase (7)
15 - Individual (6)
17 - Devastating blow (6)
18 - Capes (anag) (5)
21 - Sea eagle (4)

No 231

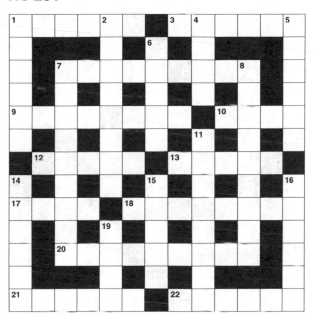

Across
1 - Extract meaning from (6)
3 - Unpleasant people (6)
7 - Highness (9)
9 - Young male singer (8)
10 - Paw (4)
12 - Brown oval nut (5)
13 - Punch (5)
17 - Perception (4)
18 - Dig out (8)
20 - Traditional type of cake (9)
21 - Sculpture (6)
22 - Two channel audio (6)

Down
1 - Machine or component (6)
2 - Delay (8)
4 - Retain (4)
5 - Crouches down (6)
6 - Metric weight units (5)
7 - With removable pages (9)
8 - Incite (9)
11 - Agreeable (8)
14 - Precludes (6)
15 - Leaves (5)
16 - Rough shelter (4-2)
19 - African antelope (4)

No 232

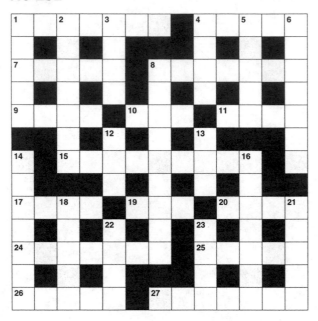

Across
1 - Imagined at night (7)
4 - Sound (5)
7 - Small gnome (5)
8 - Auburn haired (7)
9 - Flightless birds (4)
10 - Louse egg (3)
11 - Smell (4)
15 - Researching in detail (9)
17 - Prepare for holiday (4)
19 - Sap (anag) (3)
20 - Legendary creature (4)
24 - Sharply (7)
25 - Bird droppings (5)
26 - Excess (5)
27 - Thus (7)

Down
1 - Evade (5)
2 - Person moved from danger (7)
3 - Vex (4)
4 - Helps (4)
5 - Extreme fear (5)
6 - Well-behaved (7)
8 - Disastrously (9)
12 - Curative mineral water (3)
13 - Upper part of an apron (3)
14 - Small cake (7)
16 - Small explosive bomb (7)
18 - Top layer (5)
21 - Shade of white (5)
22 - Greek cheese (4)
23 - Giant (4)

No 233

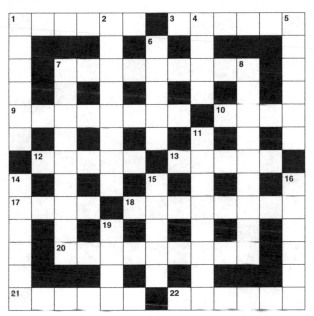

Across
1 - Arm muscles (6)
3 - Dark spotted wildcat (6)
7 - Fungus (9)
9 - Percussion sound (8)
10 - Chickens lay them (4)
12 - Cluster (5)
13 - Middle of the body (5)
17 - Suggestion (4)
18 - Changing a title (8)
20 - Exhaustion (9)
21 - Resentment (6)
22 - Distort (6)

Down
1 - Staple foods (6)
2 - Reproduce recorded sound (4,4)
4 - Overfill (4)
5 - Desire for water (6)
6 - Customary (5)
7 - Belligerent (9)
8 - Planning an operation (9)
11 - Eg from Tokyo (8)
14 - Assisting (6)
15 - Small and round and shiny (5)
16 - Images (anag) (6)
19 - Sailing ship (4)

No 234

Across
1 - Shacks (5)
4 - Twisted to one side (5)
10 - Costing less than usual (3-4)
11 - Fanatical (5)
12 - Breezy (4)
13 - Line joining corners of a square (8)
16 - Someone who skids (6)
17 - Fowled (anag) (6)
20 - Boiling (8)
21 - Pairs (4)
23 - Sharp-pointed spike (5)
25 - Earnings (7)
26 - Opposite of white (5)
27 - Senseless (5)

Down
2 - Existence after death (9)
3 - Drama (4)
5 - Strive (8)
6 - Decline (3)
7 - Bodies of water (6)
8 - Danger (5)
9 - Hero (4)
14 - Female journalist (9)
15 - Person who repairs cars (8)
18 - Cease (6)
19 - Reversed (5)
20 - Hardens (4)
22 - Examine quickly (4)
24 - Bird of prey (3)

No 235

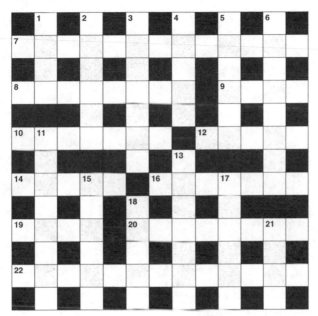

Across

7 - Vanishing (13)
8 - Portend (8)
9 - City in NW France (4)
10 - Green plant fuel (7)
12 - Dullness (5)
14 - Live by (5)
16 - Properly formed (7)
19 - Food options (4)
20 - Closeness (8)
22 - Crude (5-3-5)

Down

1 - Abstract Spanish artist (4)
2 - Heavy mineral (6)
3 - Appropriately (7)
4 - Titled (5)
5 - Face of a building (6)
6 - Choosing from various sources (8)
11 - Work surface (8)
13 - Sends back into custody (7)
15 - Work hard (6)
17 - Provided money (6)
18 - Manipulate bread (5)
21 - Foam (4)

No 236

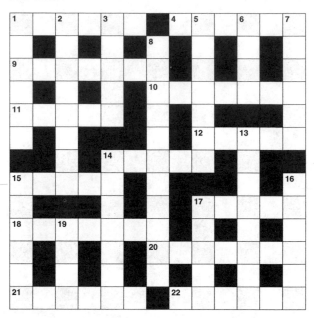

Across
1 - Raiser (6)
4 - Missing (6)
9 - River in S Africa (7)
10 - Freshness (7)
11 - Hungarian composer (5)
12 - Surpass (5)
14 - Pellucid (5)
15 - More mature (5)
17 - Rescued (5)
18 - Pattern (7)
20 - Compares (7)
21 - Spatter (6)
22 - Within this context (6)

Down
1 - Idly (6)
2 - Starved (8)
3 - Circumstance (5)
5 - Fighter (7)
6 - Relaxation (4)
7 - Adornment (6)
8 - Benevolent (4-7)
13 - Maneuverable warship (8)
14 - Makes (7)
15 - Keyboard instruments (6)
16 - More likely than not (4-2)
17 - Food relish (5)
19 - Fixing; make tight (4)

No 237

Across
1 - Short crisp curl (7)
4 - Pile of stones as marker (5)
7 - Less narrow (5)
8 - Eg resident of Rome (7)
9 - Move by rotating (4)
10 - Recede (3)
11 - Footwear (4)
15 - Blowing up (9)
17 - Depart from (4)
19 - Entirely (3)
20 - Young sheep (4)
24 - Flute (7)
25 - Time being (5)
26 - Country in NE Africa (5)
27 - Slipped (7)

Down
1 - Less (5)
2 - Supply gratuitously (7)
3 - Nothing (4)
4 - Cover (4)
5 - Inhabitants of Ireland (5)
6 - Convent (7)
8 - Misunderstanding (9)
12 - Secret agent (3)
13 - Point of pen (3)
14 - Tower (7)
16 - Granulated (7)
18 - Scratchy (5)
21 - Mix smoothly (5)
22 - Habit (4)
23 - Not in favor (4)

No 238

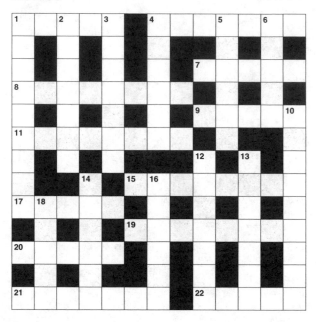

Across
1 - Self-indulgence (5)
4 - Guilty person (7)
7 - Removes moisture (5)
8 - Expressions (8)
9 - Flop (5)
11 - Diligence (8)
15 - Light afternoon meal (5,3)
17 - Lukewarm (5)
19 - Coldly (8)
20 - Grim (5)
21 - Well-behaved (7)
22 - Teams (5)

Down
1 - Quickest (9)
2 - Informs (7)
3 - Speak excitedly of (7)
4 - Orifice of a volcano (6)
5 - Shade between blue and red (6)
6 - Small intestine (5)
10 - Inability to move (9)
12 - Nocturnal mammals (7)
13 - Analyzed (7)
14 - Violent in force (6)
16 - Seldom (6)
18 - Come in (5)

No 239

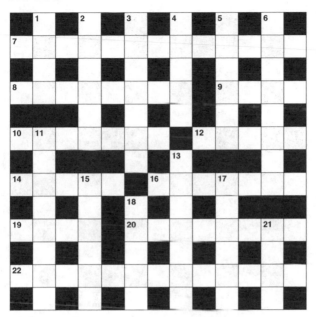

Across
- 7 - Originality (13)
- 8 - Self-centered (8)
- 9 - At that time (4)
- 10 - Stirring (7)
- 12 - Head up (5)
- 14 - Attack on all sides (5)
- 16 - From beginning to end (7)
- 19 - Fit of shivering (4)
- 20 - Noteworthy (8)
- 22 - Crude (5-3-5)

Down
- 1 - Cozy (4)
- 2 - Calls on (6)
- 3 - Hears (7)
- 4 - Masculine in appearance (5)
- 5 - Malfunction (6)
- 6 - Navigating (8)
- 11 - Develop across (8)
- 13 - Burial clothes (7)
- 15 - Force (6)
- 17 - Speaks publicly (6)
- 18 - Military unit (5)
- 21 - Veinlike deposit (4)

No 240

Across

1 - Dove sound (3)
3 - Decease (3)
5 - Decay (5)
8 - Singer (4)
9 - Fastest (8)
11 - Stability (10)
13 - Line of equal pressure (6)
14 - Spread out awkwardly (6)
17 - Offensive action (10)
21 - Copied (8)
22 - Not in favor (4)
23 - Enlighten (5)
24 - Nevertheless (3)
25 - Residue; tree (3)

Down

1 - Sea creatures with pincers (5)
2 - Associated with employment (2-3-
4 - Resembling a horse (6)
5 - Garments for the feet (5)
6 - Comply (4)
7 - Towards the side (7)
10 - Thought (4)
12 - Large estate (8)
13 - Identify (7)
15 - Mail delivery (4)
16 - Avaricious (6)
18 - Meat juices (5)
19 - Horse's cry (5)
20 - Sound equipment (2-2)

No 241

Across

7 - King's son (6)
8 - Relating to a leg bone (6)
10 - Showy solo passage (7)
11 - This date (5)
12 - Admirable (4)
13 - Utilizing (5)
17 - Small fruit used for oil (5)
18 - Torch (4)
22 - Under (5)
23 - Migratory grasshoppers (7)
24 - High ground (6)
25 - Calm (6)

Down

1 - Colored bands of light (7)
2 - Keepers (7)
3 - Perfume (5)
4 - Designated meal time (7)
5 - Covers with gold (5)
6 - Tactical maneuvers (5)
9 - Enormously (9)
14 - Clutching (7)
15 - Astronomical units (7)
16 - Occurrence (7)
19 - Concerning (5)
20 - Cunningly (5)
21 - Coldly (5)

No 242

Across
1 - Hire (6)
4 - Sayings (6)
9 - Plunder (7)
10 - Ranks (7)
11 - Tropical American tree (5)
12 - Disturbed (5)
14 - Promotional wording (5)
15 - More pleasant (5)
17 - Stadium (5)
18 - Go back over (7)
20 - Distributes (7)
21 - Trapped (6)
22 - Layered cake (6)

Down
1 - Anticipate (6)
2 - Inconceivably large (8)
3 - Sea bird deposit (5)
5 - Move (7)
6 - Continue talking (2,2)
7 - Perceived (6)
8 - Gravity (11)
13 - Set free (8)
14 - Width (7)
15 - Scandinavian (6)
16 - Capital of the Bahamas (6)
17 - Major artery (5)
19 - Second person pronoun (archaic

No 243

Across

1 - Infallible (8)
5 - Cobras (4)
8 - Run away with a lover (5)
9 - Quivering voice (7)
10 - Ran into (7)
12 - Search (7)
14 - Transport by plane (3-4)
16 - Opposes (7)
18 - Elevate (7)
19 - Begin (5)
20 - Otherwise (4)
21 - Echinoderm (8)

Down

1 - Employed (4)
2 - Self interest (6)
3 - Having inflamed joints (9)
4 - See (6)
6 - Comfort (6)
7 - Bulbous plant (8)
11 - Assailant (9)
12 - Determined (8)
13 - Glacial inlets (6)
14 - Characteristic (6)
15 - American state (6)
17 - Irritation (4)

No 244

Across
1 - Cushions (4)
3 - Indolent (8)
9 - Contends (7)
10 - Lowest point (5)
11 - Dreamy (12)
13 - Demands (6)
15 - Dormant state (6)
17 - Improbable (12)
20 - Media (anag) (5)
21 - Malady (7)
22 - Random selection process (5,3)
23 - Sound (4)

Down
1 - Single-celled microscopic animals
2 - Extent (5)
4 - Someone shirking duty (2-4)
5 - In a final way (12)
6 - Cater for (7)
7 - Deserve (4)
8 - Easy to operate (4-8)
12 - Peacemaker (8)
14 - Fast moving (7)
16 - Swimsuit (6)
18 - Common tree (5)
19 - Pull (4)

No 245

Across
1 - Flaccid (6)
4 - Rushes suddenly (6)
7 - Sleep disorder (8)
8 - Demonstrative pronoun (4)
9 - Curd (4)
11 - Effigy (4)
12 - Content (7)
13 - Lacking moisture (3)
15 - Exclamation of surprise (3)
17 - Pertaining to the skull (7)
19 - Partly open (4)
20 - Long nerve fiber (4)
21 - Soap deposit left in bath (4)
22 - Prospering (8)
24 - Pieces of writing (6)
25 - Increase (6)

Down
1 - Chatted playfully (7)
2 - Add details to (4,2)
3 - Longing (3)
4 - Suit worn by astronauts (9)
5 - Place a larger otter (6)
6 - Mechanical keyboard (7)
10 - Inflammation of the liver (9)
14 - Refutes (7)
16 - Pistol (7)
17 - Black Sea peninsular (6)
18 - Immature insects (6)
23 - Primary color (3)

No 246

Across
1 - Hotel (3)
3 - Limb (3)
5 - Acer (5)
8 - Large village (4)
9 - Speaks in response (8)
11 - Regular (10)
13 - Cooks over boiling water (6)
14 - Barriers (6)
17 - Accurate historical records (10)
21 - Cultivated tufted grass (8)
22 - ___ Minnelli: US actress (4)
23 - Live by (5)
24 - Ease into chair (3)
25 - Wander aimlessly (3)

Down
1 - Bury (5)
2 - Recently married (8)
4 - Short sightedness (6)
5 - Ray (5)
6 - Look (4)
7 - Guarantees (7)
10 - Fraud (4)
12 - Reprimanding (8)
13 - Spanish beverage (7)
15 - Bad (4)
16 - Abodes (6)
18 - Stallion (5)
19 - Green turf (5)
20 - Abominable snowman (4)

No 247

Across

1 - Fills up (6)
5 - Jumped on one leg (6)
8 - Curved (4)
9 - Happy ___ (card game) (8)
10 - Practice (5)
11 - Title of respect (7)
14 - Unique (13)
16 - Chose (7)
18 - Group of shots (5)
20 - Needlework (8)
22 - Particles (4)
23 - Stylish (6)
24 - Season (6)

Down

2 - Cherished (9)
3 - Tiredness (7)
4 - Settee (4)
5 - Unhappy at being away (8)
6 - Rice dish (5)
7 - Supplement (3)
12 - Pertinence (9)
13 - Dozily (8)
15 - Recurrence (7)
17 - Golf shots on green (5)
19 - Sage (anag) (4)
21 - Nothing (3)

No 248

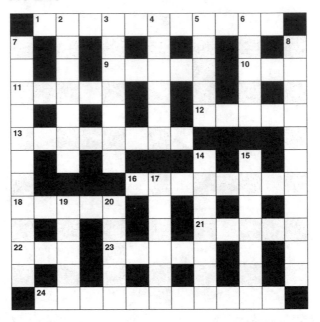

Across
1 - According to the facts (11)
9 - Steer(anag) (5)
10 - Life energy (3)
11 - Principle of conduct (5)
12 - Eyelash or short hair (5)
13 - Muttered (8)
16 - Advance (8)
18 - Less common (5)
21 - Simpleton (5)
22 - Signal agreement (3)
23 - ___ acid: protein building block (5)
24 - Showy (11)

Down
2 - Potions (7)
3 - Injurious (7)
4 - Guarantee (6)
5 - Diversion (5)
6 - Nearby (5)
7 - Recalling (11)
8 - Broken down (11)
14 - Established in advance (1,6)
15 - Martial art (7)
17 - Apportion (6)
19 - Aircraft detection system (5)
20 - Cook joint of meat (5)

No 249

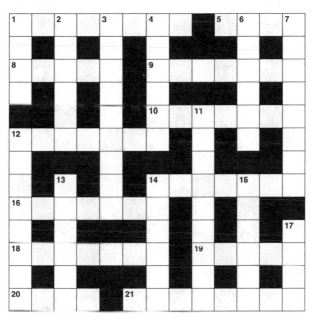

Across
1 - Chant (8)
5 - Coalition (4)
8 - Chopping (5)
9 - Rebuttal (7)
10 - Guarantees (7)
12 - Curative (7)
14 - Laughs (7)
16 - Deer (7)
18 - Lost pen (anag) (7)
19 - Fish (5)
20 - Engrossed (4)
21 - Rigidly; sternly (8)

Down
1 - Republic in SW Asia (4)
2 - Three-legged support (6)
3 - Disco (9)
4 - Bone (6)
6 - Opposite of winners (6)
7 - Gigantic statue (8)
11 - Pasta (9)
12 - Brawny (8)
13 - Cover (4,2)
14 - Chain mail (6)
15 - Plan (6)
17 - Linger (4)

251

No 250

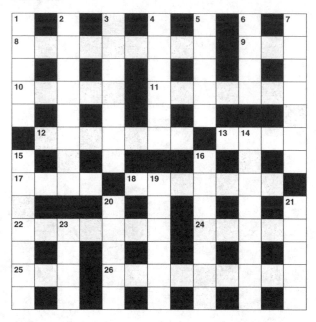

Across
8 - Selection (anag) (9)
9 - Liveliness (3)
10 - Kinswoman (5)
11 - Argument (7)
12 - Studio (7)
13 - Skin problem (4)
17 - Thin batons (4)
18 - Baked pasta dish (7)
22 - Japanese military caste (7)
24 - Go forth (5)
25 - Title for a married woman (3)
26 - Fawning parasite (9)

Down
1 - Tactical maneuver (5)
2 - Abandoned (8)
3 - Totally (7)
4 - Muslim temple (6)
5 - Religious faith of Muslims (5)
6 - Box lightly (4)
7 - Puts into use (7)
14 - Musical forms (8)
15 - Expect (7)
16 - Rides horse quickly (7)
19 - Each (6)
20 - Spore (anag) (5)
21 - End of life (5)
23 - Unmarried woman (4)

No 251

Across
1 - Surge forwards (6)
4 - Bear witness (8)
7 - Formerly Ceylon (3,5)
8 - Having pains (4)
9 - Musical staff sign (4)
11 - Belonging to us (4)
12 - Prepare for printing (7)
13 - Inflated feeling of pride (3)
15 - Hair style (3)
17 - Raising (7)
19 - Continent (4)
20 - English public school (4)
21 - Guitar chord (4)
22 - Influenced positively (8)
24 - Struck by overwhelming shock (6)
25 - Hat (6)

Down
1 - Small bone (7)
2 - Elevation (6)
3 - Female chicken (3)
4 - Ancestral (9)
5 - Brewing vessel (6)
6 - Fast movement (7)
10 - Common garden herb (9)
14 - Young goose (7)
16 - Without any moisture (4-3)
17 - Fiber for making mats (6)
18 - Third sign of the zodiac (6)
23 - Posed (3)

No 252

Across

1 - About to take place (8)
6 - Smooth cloth (4)
8 - Stretches (6)
9 - Simpletons (6)
10 - Metal; can (3)
11 - Crude person (4)
12 - Sporting dog (6)
13 - Immature (6)
15 - Promotional materials (6)
17 - Slushy (6)
20 - Flag lily (4)
21 - Utilize (3)
22 - True statement (6)
23 - Crude (6)
24 - Precious metal (4)
25 - Christmas season (8)

Down

2 - Suppress (3,4)
3 - Possessor (5)
4 - Install (7)
5 - Smiles (5)
6 - Japanese massage technique (7)
7 - Supple (5)
14 - Hinted at (7)
15 - Treat cruelly (7)
16 - Armed thief (7)
18 - Slow piece of music (5)
19 - Delicious (5)
20 - River cove; bay (5)

No 253

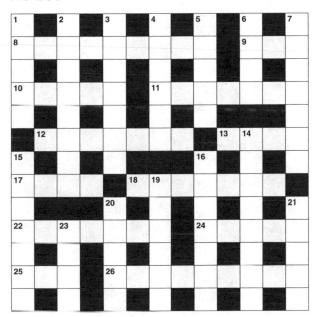

Across

8 - Supplying (9)
9 - Nineteenth Greek letter (3)
10 - South American animal (5)
11 - Simple song for baby (7)
12 - Coating with gold (7)
13 - Otherwise (4)
17 - Tuna (anag) (4)
18 - Junction between nerve cells (7)
22 - Quasi (7)
24 - Eyelash or short hair (5)
25 - Posed (3)
26 - Avowed (9)

Down

1 - Put into service (5)
2 - Short note (8)
3 - Long-bodied reptiles (7)
4 - Fiddle (6)
5 - Nimble (5)
6 - Volcano in Sicily (4)
7 - Court panelists (7)
14 - Languid (8)
15 - The gathering of crops (7)
16 - Observes (7)
19 - Primary color (6)
20 - Small hills (5)
21 - Late (5)
23 - Commit to memory (4)

No 254

Across
1 - Portion of medicine (4)
3 - Adequate (8)
9 - Waterer (7)
10 - Customary (5)
11 - Lover of Juliet (5)
12 - Strong woven fabric (7)
13 - Irritable (6)
15 - Imperative (6)
17 - Relating to open waters (7)
18 - Synthetic fiber (5)
20 - Love (5)
21 - Patronage (7)
22 - Class of small freeholders (8)
23 - Change (4)

Down
1 - Not earmarked (13)
2 - Play the guitar (5)
4 - Projectiles (6)
5 - Obstinacy (12)
6 - Source of aluminum (7)
7 - Understanding (13)
8 - Valetudinarianism (12)
14 - Quivering (7)
16 - Cream puff (6)
19 - Scottish landholder (5)

No 255

Across
1 - Ingenuous (5)
4 - Alter (5)
10 - Fastening rope (7)
11 - Extent (5)
12 - Great show or display (4)
13 - Recollect (8)
16 - Stop (4,2)
17 - Small cavity (6)
20 - Impudent (8)
21 - Current (4)
23 - Spore-producing plants (5)
25 - Import barrier (7)
26 - Small branches (5)
27 - Aromatic resin (5)

Down
2 - Brings together (9)
3 - Blood vessel (4)
5 - Relating to the Middle Ages (8)
6 - Short sleep (3)
7 - Very good meal; a treat (4-2)
8 - Leers (5)
9 - Singe (4)
14 - Incompetent person (9)
15 - Stadium (8)
18 - In any case (6)
19 - Conclude (5)
20 - Doubtful (4)
22 - Skillfully (4)
24 - Of recent origin (3)

No 256

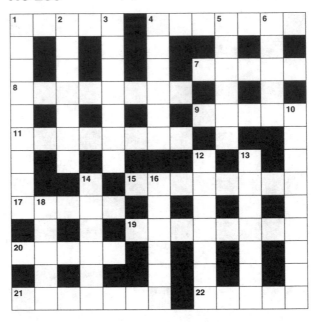

Across
1 - Cease being awake (5)
4 - Wearing away (7)
7 - Republic in S Europe (5)
8 - Engravings (8)
9 - Surface of a diamond (5)
11 - Rain tree (anag) (8)
15 - Of many different kinds (8)
17 - Small sales stand (5)
19 - Formerly Ceylon (3,5)
20 - Natural elevation (5)
21 - Causing laughter (7)
22 - Purchaser (5)

Down
1 - Distract (9)
2 - Murder (7)
3 - Large ocean (7)
4 - Person who leaves country (6)
5 - Governor in the east (6)
6 - One-way flow structure (5)
10 - High quality (3-6)
12 - Unit of electric charge (7)
13 - Substitute (7)
14 - A guess (anag) (6)
16 - Malay skirt (6)
18 - Expression (5)

No 257

Across
1 - Garments (6)
5 - Cobra (3)
7 - Showered with love (5)
8 - Area of ground (7)
9 - Food grain (5)
10 - Nut (8)
12 - Panted (anag) (6)
14 - Contemporary (6)
17 - Resembling a fork (8)
18 - Strength of a solution (5)
20 - Witty saying (7)
21 - Compact masses (5)
22 - Young male (3)
23 - Causes (6)

Down
2 - Square measure (7)
3 - Kingdom in SE Asia (8)
4 - Dish; cook slowly (4)
5 - In an opposing direction (7)
6 - Template (7)
7 - First appearance (5)
11 - Hitting hard (8)
12 - Agitate (7)
13 - Sordidly (7)
15 - Perform again (7)
16 - Liberates (5)
19 - Edges (4)

No 258

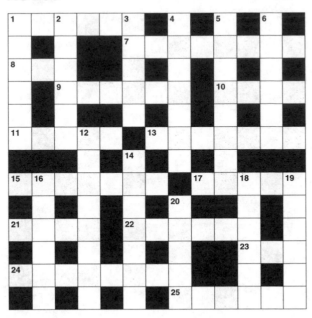

Across
1 - Archimedes' insight (6)
7 - Comes into flower (8)
8 - Cry (3)
9 - Supported (6)
10 - Suggest (4)
11 - Circumstance (5)
13 - Plaited (7)
15 - Slopes (7)
17 - Softly radiant (5)
21 - Pull (4)
22 - Blush (6)
23 - Female kangaroo (3)
24 - Midwestern state of USA (8)
25 - A generous gift (6)

Down
1 - Guarantee (6)
2 - Debris (6)
3 - Taken ___ : surprised (5)
4 - Resembling dust (7)
5 - Presumptuous (8)
6 - Person who leaves country (6)
12 - Unnecessary (8)
14 - Breastbone (7)
16 - Structures (6)
18 - Capital of England (6)
19 - To a great degree (6)
20 - Perform without preparation (2-3

No 259

Across

1 - Square measure (4)
3 - Desserts (8)
9 - Arm coverings (7)
10 - Brilliant (5)
11 Vertical part of a step (5)
12 - Nihilistic art movement (7)
13 - Arthropod (6)
15 - Breed of hound (6)
17 - Prototype; model (7)
18 - Ballroom dance (5)
20 - Borders (5)
21 - Fabulous stories (7)
22 - Sprinkling with water (8)
23 - Dairy product (4)

Down

1 - Aggressive self-assurance (13)
2 - Rushes (5)
4 - Top; potential for gain (6)
5 - Drawback (12)
6 - Table linen (7)
7 - Deliciously (13)
8 - In a greedy manner (12)
14 - Anti-aircraft missile (7)
16 - Former name of Sri Lanka (6)
19 - One divided by nine (5)

No 260

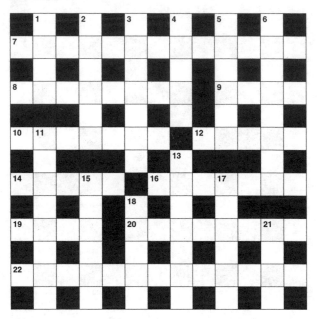

Across

7 - Congratulations (13)
8 - Space rock (8)
9 - Read quickly (4)
10 - Divide into three parts (7)
12 - Gelatin (5)
14 - Religious faith of Muslims (5)
16 - Occurs (7)
19 - Unravel (4)
20 - Fence of stakes (8)
22 - Flawlessness (13)

Down

1 - Gets married (4)
2 - Swimmers (6)
3 - Separate (7)
4 - Female servants (5)
5 - Locks lips with (6)
6 - Cut (8)
11 - Resounding (8)
13 - Small kangaroo (7)
15 - Without ethics (6)
17 - Stone tool (6)
18 - Competently (5)
21 - Government tax (4)

No 261

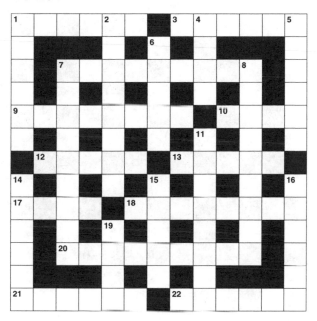

Across

1 - Make whiter (6)
3 - Continent (6)
7 - Commentator (9)
9 - In a bold mannor (8)
10 - Sickness (4)
12 - Middle (5)
13 - Prices paid (5)
17 - Brass instrument (4)
18 - Tidiness (8)
20 - Young racehorses (9)
21 - Lived by (6)
22 - Take as true (6)

Down

1 - Inclined to sit on eggs (6)
2 - Declare to be a saint (8)
4 - Seizures (4)
5 - Entertained (6)
6 - Coral reef (5)
7 - In an enjoyable manner (9)
8 - Correctness (9)
11 - Evil omens (8)
14 - System of social perfection (6)
15 - Transactions (5)
16 - On the beach; on land (6)
19 - Obscurity (4)

No 262

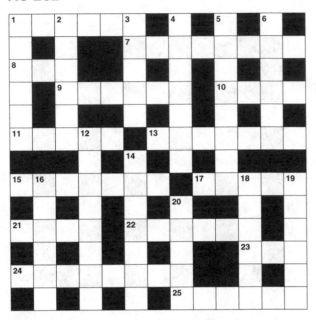

Across
1 - Prawns (6)
7 - Bonhomie (8)
8 - In favor (3)
9 - Highly seasoned stew (6)
10 - Immediately following (4)
11 - Garden tools (5)
13 - Supreme military leader (7)
15 - Eaten at cinema (7)
17 - Confuse (5)
21 - Reflection of sound (4)
22 - Doze (6)
23 - Penultimate Greek letter (3)
24 - Explosive device (8)
25 - Robust (6)

Down
1 - Army engineer (6)
2 - Jacket (6)
3 - Ice dwelling (5)
4 - Manservant (7)
5 - Sparkled (8)
6 - Potion (6)
12 - Surrounds (8)
14 - Farm vehicle (7)
16 - Flowering plant (6)
18 - Spruce (6)
19 - Without difficulty (6)
20 - Remains (5)

No 263

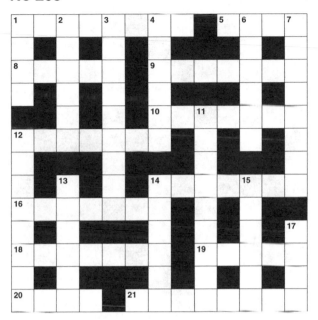

Across
1 - Pleasing (8)
5 - Cut (4)
8 - Half note (5)
9 - Come out on top (7)
10 - Goods (7)
12 - Noted (7)
14 - Improve (7)
16 - Continue talking (5,2)
18 - Millionths of a meter (7)
19 - Moved by air (5)
20 - Harsh sound (4)
21 - Worship (8)

Down
1 - Mels (anag) (4)
2 - Large seabird (6)
3 - Collection of novelties (9)
4 - Seized with teeth (6)
6 - Subtle variation (6)
7 - Fence of stakes (8)
11 - Absent-minded (9)
12 - Recent arrival (8)
13 - Lorries (6)
14 - In mint condition (6)
15 - Aimlessly drifting (6)
17 - Solely (4)

No 264

Across
1 - Residence of the Pope (7)
4 - Extreme (5)
7 - Visual representation (5)
8 - Absolves (7)
9 - Japanese beverage (4)
10 - Cooking utensil (3)
11 - Variety; sort (4)
15 - Harsh (9)
17 - Official language of Pakistan (4)
19 - Divine transgression (3)
20 - Skillfully (4)
24 - Pleasure (7)
25 - Softly radiant (5)
26 - Verse (5)
27 - Periods of ten years (7)

Down
1 - Blood vessels (5)
2 - Expressed gratitude (7)
3 - City in NW France (4)
4 - Consumed (4)
5 - Slightly intoxicated (5)
6 - Severely simple (7)
8 - Biologist studying the environment
12 - Dab (anag) (3)
13 - Protective cover (3)
14 - Quiver (7)
16 - Bitten (7)
18 - Small replica person; toy (5)
21 - Opens the mouth wide (5)
22 - Look at amorously (4)
23 - Bathtime mineral (4)

No 265

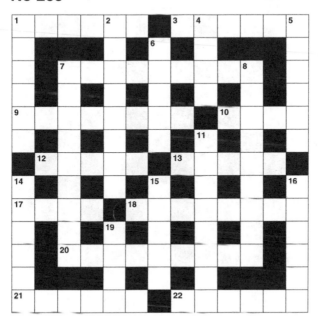

Across
1 - Flour and water mixes (6)
3 - Symbolize (6)
7 - Bearable (9)
9 - Make the most of (8)
10 - Soft cheese (4)
12 - Amends (5)
13 - Flat paving stones (5)
17 - Female child (4)
18 - Secret affairs (8)
20 - Desires (9)
21 - Slander (6)
22 - Jewels (6)

Down
1 - Visions (6)
2 - Partner (8)
4 - Gangland (4)
5 - Native of the northern US (6)
6 - Award (5)
7 - Art of stuffing animals (9)
8 - Flagrant (9)
11 - Coalition (8)
14 - Shining (6)
15 - Legal claims (5)
16 - Steers (anag) (6)
19 - Canine tooth (4)

No 266

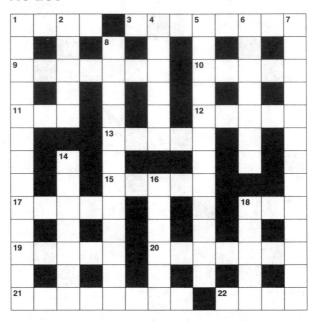

Across
1 - One part (4)
3 - Militant reformer (8)
9 - Widens (7)
10 - Republic in S Asia (5)
11 - Spectral color (3)
12 - Garments for the feet (5)
13 - Common form of glue (5)
15 - Gelatin (5)
17 - Greek building style (5)
18 - Soak up (3)
19 - Reason for innocence (5)
20 - Japanese dish of raw fish (7)
21 - Scariness (8)
22 - Fastened with cotton (4)

Down
1 - Underrate (13)
2 - Lazed (5)
4 - Gambling den (6)
5 - Eccentricity (12)
6 - Brought forth (7)
7 - Musical arrangement (13)
8 - Overwhelming amazement (12)
14 - More amusing (7)
16 - Arithmetic operators (6)
18 - Cereal grass (5)

No 267

Across
1 - Exertion (6)
5 - Small house (6)
8 - Plunder; take illegally (4)
9 - Peacemaker (8)
10 - Fire a weapon (5)
11 - Lacking vitality (7)
14 - Full of sorrow (13)
16 - Traveling by bike (7)
18 - Facial expression (5)
20 - Modern (2-2-4)
22 - Elan (anag) (4)
23 - European country (6)
24 - Local church (6)

Down
2 - Reckless (9)
3 - Defensive structure (7)
4 - Knocks lightly (4)
5 - Plant (8)
6 - Dreadful (5)
7 - First woman (3)
12 - How words are written (9)
13 - Deluge (8)
15 - Walker (7)
17 - Let go of (5)
19 - Army automobile (4)
21 - Level golf score (3)

No 268

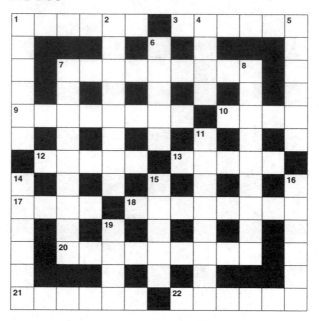

Across

1 - After seventh (6)
3 - Epic (6)
7 - Toughness (9)
9 - Problems (8)
10 - Cut (4)
12 - Asian pepper plant (5)
13 - Upright (5)
17 - African antelope (4)
18 - Consignment (8)
20 - Authoritative direction (9)
21 - Had corresponding sounds (6)
22 - Exit (6)

Down

1 - Defense (6)
2 - Endanger (8)
4 - Days before (4)
5 - Brittle and tender (6)
6 - Hazardous (5)
7 - Reckless (9)
8 - Protective skin cream (9)
11 - Stumbling (8)
14 - Ice mover (6)
15 - In front (5)
16 - Holds one's ground (6)
19 - Square measure (4)

No 269

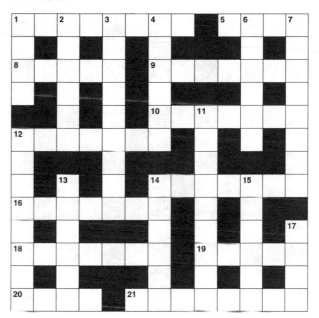

Across
1 - Affectation (8)
5 - Smear (4)
8 - Garments for the feet (5)
9 - Of great size (7)
10 - Attempted; tested (7)
12 - Outdoor (4-3)
14 - Wealthy businessman (7)
16 - Showy (7)
18 - Visible (2,5)
19 - Army unit (5)
20 - Facial feature (4)
21 - Write hastily (8)

Down
1 - Flower arrangement (4)
2 - Flee (6)
3 - Toward the Orient (9)
4 - Poser (6)
6 - Irritates (6)
7 - Make effective earlier (8)
11 - Pasta (9)
12 - Oversight (8)
13 - Bangs (6)
14 - Believer in the occult (6)
15 - Accumulate liquid (6)
17 - Fencing sword (4)

No 270

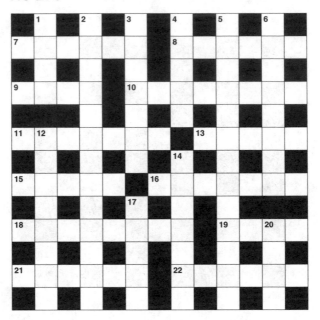

Across
7 - Extracting ores (6)
8 - Award (6)
9 - Paper money (4)
10 - Enter unlawfully (8)
11 - Admit to (7)
13 - Enraged (5)
15 - Tease or pester (5)
16 - Birds of the family Columbidae (7)
18 - Pavement (8)
19 - Makes brown (4)
21 - Identifying tags (6)
22 - Size or style (6)

Down
1 - ___ Minnelli: US actress (4)
2 - Prone to steal (5-8)
3 - Conceit (7)
4 - Quintessence (5)
5 - Costing nothing (13)
6 - Actor (8)
12 - Musical wind instruments (8)
14 - Start (7)
17 - Break (5)
20 - Less than average tide (4)

No 271

Across
1 - Examines (5)
4 - Soft and comfortable (5)
10 - Fell (7)
11 - Piece of furniture (5)
12 - Related by blood (4)
13 - Pupils (8)
16 - Chess piece (6)
17 - Put away (6)
20 - Kennel (8)
21 - Unwrap present (4)
23 - Crouch (5)
25 - Fled (7)
26 - Steer(anag) (5)
27 - Dress (5)

Down
2 - Uniting (9)
3 - Nothing (4)
5 - Modern (2-2-4)
6 - Center (3)
7 - Offense (6)
8 - Modifies (5)
9 - Weds (anag) (4)
14 - Gazette (9)
15 - Strangle (8)
18 - Make bare (6)
19 - Willow twig (5)
20 - Storage medium (4)
22 - Decorated a cake (4)
24 - Purpose (3)

No 272

Across

1 - Hard to please (6)
4 - Dormant state (6)
9 - Colonized (7)
10 - Coatings (7)
11 - All (5)
12 - Towering (5)
14 - Copse on a prairie (5)
15 - Star sign (5)
17 - Train tracks (5)
18 - Nymph; moon of Saturn (7)
20 - Sudden increase (7)
21 - Club (6)
22 - Eg Athenians (6)

Down

1 - American general (6)
2 - Associated with employment (2-3-3)
3 - Saline (5)
5 - Rod holding a bobbin (7)
6 - Overhanging lower edge of a roof (5)
7 - Home for pigs (6)
8 - Daring (11)
13 - A lace-like ornamental work (8)
14 - Mayday totem (7)
15 - Relating to milk (6)
16 - Cinema guides (6)
17 - Vertical part of a step (5)
19 - Titled peer (4)

274

No 273

Across

1 - Small portable computer (8)
5 - Flightless birds (4)
9 - Venomous snake (5)
10 - Islands (5)
11 - Vague (10)
14 - Aimlessly drifting (6)
15 - Cause resentment (6)
17 - Extremely dark (5-5)
20 - Headgear of a monarch (5)
21 - Coral reef (5)
22 - Hops kiln (4)
23 - Guesthouse (8)

Down

1 - Slight cut (4)
2 - Vessels (4)
3 - Forcible indoctrination (12)
4 - Supplanted (6)
6 - Hatmaker (8)
7 - Hangs (8)
8 - Germicide (12)
12 - Soup (8)
13 - Army units (8)
16 - Having colorless skin (6)
18 - Gyrate (4)
19 - Satiate (4)

No 274

Across
1 - Precludes (6)
3 - Black Sea peninsular (6)
7 - Misrule (9)
9 - Power to float (8)
10 - Hunted animal (4)
12 - Vegetation (5)
13 - Rice dish (5)
17 - Dull resonant sound (4)
18 - Liveliness (8)
20 - Meditate (9)
21 - Boring (6)
22 - Disfigure (6)

Down
1 - With hands on hips (6)
2 - Gives up any hope (8)
4 - Ostrichlike bird (4)
5 - Lanes (6)
6 - Compel (5)
7 - Open country (9)
8 - Account of events (9)
11 - Contest at law (8)
14 - Utterly senseless (6)
15 - Happen (5)
16 - Revolve (6)
19 - Read (anag) (4)

No 275

Across
1 - Ashen (4)
3 - Gossip (8)
9 - Large waves (7)
10 - Strong lightweight wood (5)
11 - Surpass (5)
12 - Comes forth (7)
13 - Railway vehicles (6)
15 - Flag (6)
17 - Burdensome (7)
18 - Giraffes have long ones (5)
20 - Non-standard speech (5)
21 - Radio pioneer (7)
22 - Wanders (8)
23 - Related by blood (4)

Down
1 - Purism (13)
2 - Sweet scented shrub (5)
4 - Inn (6)
5 - Accepted behavior whilst dining (5,7)
6 - Non-metallic element (7)
7 - Violation of a law (13)
8 - Possessing sound knowledge (4 8)
14 - United States (7)
16 - Is more (anag) (6)
19 - Block (5)

No 276

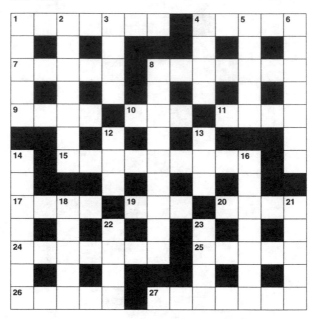

Across
1 - Iron lever (7)
4 - Prices paid (5)
7 - Swift (5)
8 - Wine merchant (7)
9 - Fat used in stuffing (4)
10 - Measure of length (3)
11 - Stolen goods (4)
15 - Wading bird (9)
17 - Dandies (4)
19 - Conifer (3)
20 - Sound reflection (4)
24 - Attack (7)
25 - New Zealand aboriginal (5)
26 - Render (5)
27 - Contend for (7)

Down
1 - Apple centers (5)
2 - Fish hawks (7)
3 - Sleeping furniture (4)
4 - Motion picture (4)
5 - Connective tissue (5)
6 - Scrawny (7)
8 - Sweetheart (9)
12 - Male cat (3)
13 - Adult male (3)
14 - In a friendly manner (7)
16 - Milk sugar (7)
18 - Ski trail (5)
21 - Expect; think that (5)
22 - Obscene (4)
23 - Officiating priest of a mosque (4)

No 277

Across

1 - Unknown person (8)
6 - Exclamation of mild dismay (4)
8 - Cult worship (6)
9 - Deadly (6)
10 - Sorrowfulness (3)
11 - Mark or blemish (4)
12 - Make a hole (6)
13 - Small pieces of land (6)
15 - Stroke fondly (6)
17 - Parch with heat (6)
20 - Stylish (4)
21 - Not on (3)
22 - Wealth (6)
23 - Simpletons (6)
24 - Cunning (4)
25 - Decisive (8)

Down

2 - Groups of actors (7)
3 - Method of accounting (5)
4 - Stares (7)
5 - Governed (5)
6 - Tenth month of the year (7)
7 - Jewel from oyster (5)
14 - Terrestrial (7)
15 - Close in (7)
16 - Crazy about (7)
18 - Coarse twilled cotton fabric (5)
19 - Party organizers (5)
20 - Animal sound (5)

No 278

Across
1 - Drunkard (3)
3 - Pouch (3)
5 - Republic in S Asia (5)
8 - Large wading bird (4)
9 - Midwestern state of USA (8)
11 - Amazed (6-4)
13 - Deer horn (6)
14 - American inventor (6)
17 - Temperate (10)
21 - Exhibiting self-importance (8)
22 - Remain (4)
23 - Country bumpkin (5)
24 - Gear (3)
25 - Decease (3)

Down
1 - Toss (5)
2 - Rear door on car (8)
4 - Created money (6)
5 - Important question (5)
6 - Medicine (4)
7 - French town (7)
10 - Succulent plant (4)
12 - Of many different kinds (8)
13 - In a friendly manner (7)
15 - Concave roof (4)
16 - Hit (6)
18 - Asian pepper plant (5)
19 - Fashion (5)
20 - Access illegally (4)

No 279

Across
1 - Coup (12)
6 - Musical entertainers (7)
9 - Imperfection (4)
10 - Stamps (6)
12 - Easy undertaking (5)
13 - Connections (5)
15 - Trinket (6)
16 - Lens distances (4)
18 - Singleness (7)
19 - Working for oneself (4-8)

Down
1 - Maker (12)
2 - Supportable (11)
3 - Sea eagle (4)
4 - Resounding (8)
5 - Antique (3,9)
7 - Deserve (4)
8 - With persistence (11)
11 - Disregard (5,3)
14 - Ice mass (4)
17 - Transaction (4)

No 280

Across

1 - Retorted (7)
4 - Lumberjack (5)
7 - Body part (5)
8 - Insult (7)
9 - Three feet length (4)
10 - Recede (3)
11 - Cry of derision (4)
15 - Young racehorses (9)
17 - Commitment (4)
19 - Seventh Greek letter (3)
20 - From a distance (4)
24 - Restricted pieces of information (7)
25 - Belief in God (5)
26 - Plant fiber (5)
27 - Rushes (7)

Down

1 - Tattered and torn (5)
2 - Depict in words (7)
3 - Hero (4)
4 - Blow loudly (4)
5 - Tower (anag) (5)
6 - Slows down (7)
8 - Walks (9)
12 - Deviate; way (anag) (3)
13 - Unit (3)
14 - Selfish people (7)
16 - Be enough (7)
18 - Folds (5)
21 - Ascending ledges (5)
22 - Fixing; make tight (4)
23 - Chances of winning (4)

No 281

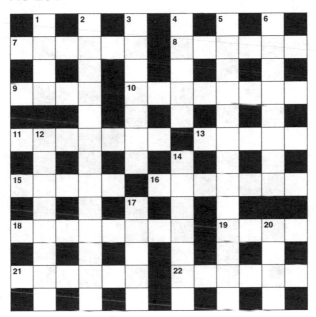

Across
7 - Strand (6)
8 - Female spirits (6)
9 - Glass ornament (4)
10 - Religious travelers (8)
11 - Broke into pieces (7)
13 - Parboil (5)
15 - Valuable item (5)
16 - Walk aimlessly (7)
18 - Religion originated in India (8)
19 - Skills (4)
21 - Republic in E Africa (6)
22 - Sweltering (6)

Down
1 - Ashen (4)
2 - Patronizing (13)
3 - Fragment (7)
4 - Ring (5)
5 - Unfeasible (13)
6 - Scene of destruction (8)
12 - Be wrong about someone (8)
14 - Proposition (7)
17 - Clergyman (5)
20 - Ripped; rote (anag) (4)

No 282

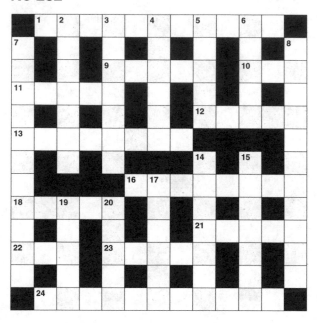

Across
1 - Causing bafflement (11)
9 - Sweet scented shrub (5)
10 - Exclamation of contempt (3)
11 - Two (5)
12 - Infectious disease (5)
13 - Written record (8)
16 - Bias (8)
18 - Nick (5)
21 - New Zealand aboriginal (5)
22 - Grip with teeth (3)
23 - Republic in S Asia (5)
24 - Revive (11)

Down
2 - Ban or halt (7)
3 - Health concern (7)
4 - Erase (6)
5 - Repeat (5)
6 - Area in South Africa (5)
7 - Causing (11)
8 - Asset of special worth (6,5)
14 - Inflexible (7)
15 - Performer of gymnastic feats (7)
17 - Sour to the taste (6)
19 - Native American tent (5)
20 - Verse form (5)

No 283

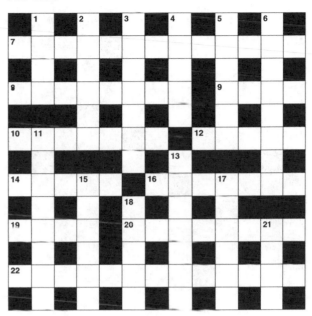

Across

7 - Proportionate (13)
8 - Levying (8)
9 - Traveled by horse (4)
10 - Surfing wave (7)
12 - Tasting of sugar (5)
14 - Bitterly pungent (5)
16 - Expect (7)
19 - Vex (4)
20 - Keep at a distance (8)
22 - Consideration (13)

Down

1 - Garment of ancient Rome (4)
2 - African antelope (6)
3 - Provokes (7)
4 - Rotates (5)
5 - Litter of pigs (6)
6 - Short heavy club (8)
11 - A receptacle (8)
13 - Passionate (7)
15 - Occupy (6)
17 - Particles of sand (6)
18 - Animal skins (5)
21 - Current of air (4)

No 284

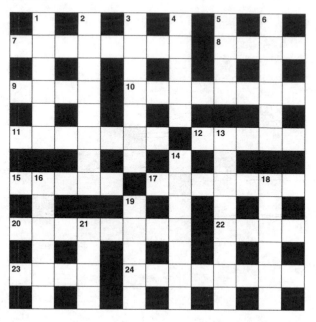

Across
7 - Bodily exertion (8)
8 - Protective cover (4)
9 - Toothed implement for the hair (4)
10 - Energy generators (8)
11 - Buildings for horses (7)
12 - Soup; liquid meal (5)
15 - Yearns for (5)
17 - Plot (7)
20 - Reservoir for sewage (8)
22 - Travel on foot (4)
23 - Stylish (4)
24 - Observant (4-4)

Down
1 - Distribute overseas (6)
2 - Likely to occur (8)
3 - Laughs (7)
4 - Wild animal (5)
5 - Group of three (4)
6 - Bony hollow (6)
13 - Famous (8)
14 - Pursues (7)
16 - Nursery (6)
18 - Material; fabric (6)
19 - Variety of coffee (5)
21 - Draw by suction (4)

No 285

Across
1 - Giant (4)
3 - Find (8)
9 - Slabs (7)
10 - View (5)
11 - Exorbitant (12)
14 - Clumsy person (3)
16 - Chopping (5)
17 - Noise (3)
18 - Author of screenplays (12)
21 - Decorate (5)
22 - Coincide (7)
23 - Happened; became of (8)
24 - Consumed (4)

Down
1 - Associated with employment (2-3-3)
2 - Refute by evidence (5)
4 - Instinctive impulses (3)
5 - District in London (6,6)
6 - Toured (7)
7 - Not imaginary (4)
8 - Pleasurable (12)
12 - Simpleton (5)
13 - Dauntless (8)
15 - Hostile disagreement (4-3)
19 - Leans (5)
20 - Smear (4)
22 - Lyric poem (3)

No 286

Across
1 - Double (3)
3 - Nervous twitch (3)
5 - Effaced (5)
8 - Specks (4)
9 - Hour for eating (8)
11 - Restructure (10)
13 - Give satisfaction (6)
14 - Chief journalist (6)
17 - Feelings (10)
21 - New growth (8)
22 - Coffin stand (4)
23 - Intense love (5)
24 - Inform upon (3)
25 - Deviate (3)

Down
1 - English royal house (5)
2 - Conclusions (8)
4 - Washes (6)
5 - Ballroom dance (5)
6 - Vessel (4)
7 - Vessel to remove debris (7)
10 - Goes (anag) (4)
12 - Inhumane act (8)
13 - Predatory South American fish (
15 - Individual facts (4)
16 - Hot spring (6)
18 - Clerk (5)
19 - Rotate (5)
20 - Precious metal (4)

No 287

Across

1 - Conceal (4)
3 - Curved sword (8)
9 - Print anew (7)
10 - Set piece in rugby (5)
11 - Relating to penmanship (12)
13 - Seabird (6)
15 - Deep pit (6)
17 - Not intoxicating (12)
20 - Spore-producing plants (5)
21 - Without interruption (7)
22 - Impoliteness (8)
23 - Continent (4)

Down

1 - Paper printout of data (4,4)
2 - Bore into (5)
4 - Enlivening (6)
5 - Wrongly interpret (12)
6 - Twisting (7)
7 - Inclined plane (4)
8 - Absorption (12)
12 - Seed (8)
14 - Expressed disapproval facially (7)
16 - Views (6)
18 - Stringed instruments (5)
19 - From a distance (4)

No 288

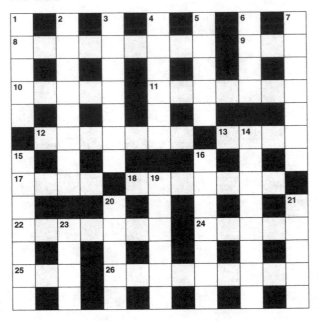

Across

8 - The masses (3,6)
9 - Nineteenth Greek letter (3)
10 - Behaved (5)
11 - Stirred (7)
12 - Unconscious (7)
13 - Goulash (4)
17 - Curved shape (4)
18 - Confident (7)
22 - Occidental (7)
24 - Not a winner (5)
25 - Steel bar (3)
26 - Rodent catcher (9)

Down

1 - Food grain (5)
2 - In the prevailing musical key (8)
3 - Information (3-4)
4 - Cutting machine (6)
5 - Confusion (3-2)
6 - Surprise (4)
7 - Suppress (3,4)
14 - Finance department (8)
15 - Out of control (7)
16 - Made of layers of fabric (7)
19 - Wicked (6)
20 - Steering systems (5)
21 - Hang with cloth (5)
23 - Carbonated drink (4)

No 289

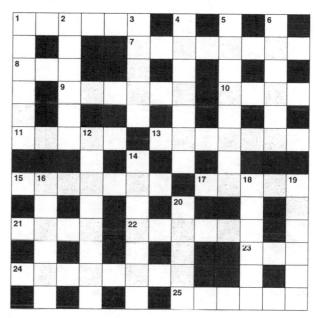

Across
1 - Descend down rock face (6)
7 - State of USA (8)
8 - Pronoun (3)
9 - Shun (6)
10 - Display (4)
11 - Sea duck (5)
13 - Costs (7)
15 - Tall quadruped (7)
17 - Gardening tool (5)
21 - Recess (4)
22 - Poetic (6)
23 - Naturally disposed toward (3)
24 - Renounce (8)
25 - North-polar region (6)

Down
1 - Stick to (6)
2 - Strip of plaster (6)
3 - Scottish lakes (5)
4 - Weapon firing darts (7)
5 - Made a high pitched sound (8)
6 - Symbolize (6)
12 - Fade away (8)
14 - Unconventional (7)
16 - Make worse (6)
18 - Small racing car (2-4)
19 - Country person (6)
20 - Stage play (5)

No 290

Across
1 - Piece of cotton wool (4)
3 - Having a striking hue (8)
9 - Lived (7)
10 - Dwelling (5)
11 - Benevolence (12)
13 - Nerve cell (6)
15 - Near the upper surface (6)
17 - Construction of vessels (12)
20 - Angry (5)
21 - Unlawful (7)
22 - Ice masses (8)
23 - Electromagnetic radiation (1-3)

Down
1 - Concentrating (8)
2 - Reason for innocence (5)
4 - Eccentricity (6)
5 - Dreamy (12)
6 - Mistake; blunder (4,3)
7 - Welsh emblem (4)
8 - Atmospheric layer (12)
12 - To a small degree (8)
14 - Lift up (7)
16 - Throughout (6)
18 - Make subject to (5)
19 - Sound equipment (2-2)

No 291

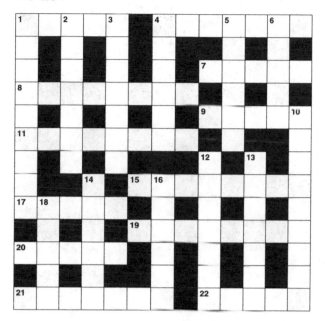

Across
1 - Motorbike (5)
4 - Malleable (7)
7 - Lyres (5)
8 - Slender coiling leaves (8)
9 - Feelings and emotions (5)
11 - Having few dividing partitions (4-4)
15 - Toilet (8)
17 - Put off (5)
19 - Large vehicle driver (8)
20 - Relishes (5)
21 - Promises (7)
22 - Graded (5)

Down
1 - Made reference to (9)
2 - Computer output device (7)
3 - Decipher (7)
4 - Garden flower (6)
5 - Brewing vessel (6)
6 - Fat like compounds (5)
10 - Jointed (9)
12 - Examiner (7)
13 - Sleeping (7)
14 - Resembling a bird's mouth (6)
16 - Precludes (6)
18 - Electronic communication (1-4)

No 292

Across
1 - Having a specified border (5)
4 - Fourth month (5)
10 - Sell by bidding (7)
11 - Garden tools (5)
12 - A corpse (4)
13 - Pliably (8)
16 - Accounts (6)
17 - Chief journalist (6)
20 - Expulsion (8)
21 - Sleeping furniture (4)
23 - Take off (5)
25 - Finding a solution (7)
26 - Wrong (5)
27 - Paralysis (5)

Down
2 - Moral degeneration (9)
3 - Expel (4)
5 - Bleach (8)
6 - Annoy (3)
7 - 11th Greek letter (6)
8 - Leg joint (5)
9 - Catch sight of (4)
14 - Electric cells (9)
15 - Monotreme (8)
18 - Step down (6)
19 - Large deer (5)
20 - Relaxation (4)
22 - Bone of the forearm (4)
24 - Strong drink (3)

No 293

Across

1 - Destroy (4)
3 - Of many different kinds (8)
9 - Mysterious (7)
10 - Underwater apparatus (5)
11 - Set of wives (5)
12 - Hearing range (7)
13 - Polite detail (6)
15 - Without pattern (6)
17 - Return (7)
18 - Norwegian dramatist (5)
20 - Eve gave one to Adam (5)
21 - Below (7)
22 - Class of small freeholders (8)
23 - Confine (4)

Down

1 - Crude (5-3-5)
2 - Lesion (5)
4 - Fashioned (6)
5 - Perceptions (12)
6 - Came into contact with (7)
7 - Artistry (13)
8 - Use of words that mimic sounds (12)
14 - Caribbean dance (7)
16 - One who belongs to a group (6)
19 - Step (5)

No 294

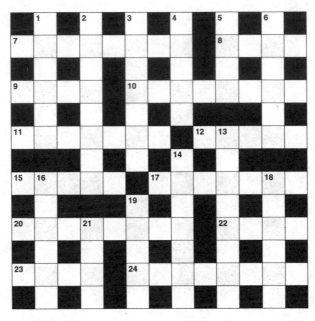

Across
7 - Unit of measure (8)
8 - Woody plant (4)
9 - Idol (4)
10 - Booklet (8)
11 - Beaten (7)
12 - Collection of maps (5)
15 - Tortilla topped with cheese (5)
17 - Without any moisture (4-3)
20 - Person who advocates change (8)
22 - Beams (4)
23 - Ran away (4)
24 - Moved to tears (8)

Down
1 - Breakfast foodstuff (6)
2 - Amaze (8)
3 - Mechanical device (7)
4 - Foe (5)
5 - Skin irritation (4)
6 - Taxonomic categories (6)
13 - Concepts (8)
14 - Deteriorate (7)
16 - Ancient (3-3)
18 - Had corresponding sounds (6)
19 - Wrong (5)
21 - Not evens (4)

No 295

Across
1 - Center (3)
3 - Umpire (3)
5 - Wander aimlessly (5)
8 - Indication (4)
9 - Filter (8)
11 - Juveniles (10)
13 - Summer month (6)
14 - British currency (plural) (6)
17 - Make similar (10)
21 - Small pincers (8)
22 - Wither (4)
23 - Reports (5)
24 - Darken (3)
25 - Man or boy (3)

Down
1 - Beastly (5)
2 - Reluctant to give (8)
4 - After third (6)
5 - Less moist (5)
6 - Part of the eye (4)
7 - Root vegetables (7)
10 - Grows old (4)
12 - Surreptitious (8)
13 - Attentively (7)
15 - Roman poet (4)
16 - Set in layers (6)
18 - Dimensions (5)
19 - Beginning (5)
20 - Ale (4)

No 296

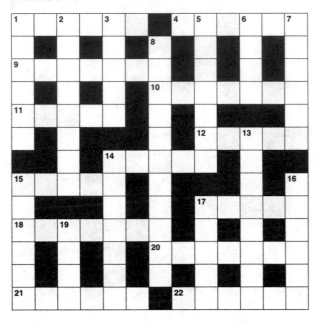

Across
1 - Seize a vehicle (6)
4 - Ski race (6)
9 - Short-legged flightless bird (7)
10 - Speediest (7)
11 - Titles (5)
12 - Sheltered places (5)
14 - Confronts (5)
15 - Ice house (5)
17 - Grounds (5)
18 - Japanese warriors (7)
20 - Irritated; wore off (7)
21 - Fire irons (6)
22 - Protects from heat (6)

Down
1 - Wishing (6)
2 - Unwanted post (4,4)
3 - Hints (5)
5 - Slackens (7)
6 - Reside (4)
7 - Buccal cavities (6)
8 - Having power (11)
13 - Biased (3-5)
14 - Griever (7)
15 - Arch of foot (6)
16 - Remarks (6)
17 - Time when life begins (5)
19 - Type of perfume (4)

No 297

Across
1 - Easy victory (4-2)
5 - Portable computer (6)
8 - Indian dress (4)
9 - Undiscriminating eater (6)
10 - Relax on water (5)
11 - Liquor (7)
14 - Maverick (13)
16 - Supply (7)
18 - Picture border (5)
20 - Abnormally self-absorbed (8)
22 - Aura (4)
23 - Third sign of the zodiac (6)
24 - Fleshy edible root (6)

Down
2 - Star (9)
3 - Paper folding (7)
4 - Cranny (4)
5 - A time-consuming flight (4,4)
6 - Sets (5)
7 - Used to steer a boat (3)
12 - Groups of performers (9)
13 - Musical scripts (8)
15 - Moved suddenly (7)
17 - Hot pepper (5)
19 - Blemish (4)
21 - Purpose (3)

No 298

Across
1 - Obtains (4)
3 - Circular representation of data (3,5)
9 - Range (7)
10 - Facial protuberances (5)
11 - Obscurely (12)
14 - Seed (3)
16 - Abode of the dead (5)
17 - What you hear with (3)
18 - Combination of companies (12)
21 - Concerning (5)
22 - Ate quickly (7)
23 - Showing support for (8)
24 - Parched (4)

Down
1 - Shining (8)
2 - Uses keyboard (5)
4 - Cool down (3)
5 - Adventurer (12)
6 - Forgive (7)
7 - Check (4)
8 - Inflammation of the brain (12)
12 - Republic in S Asia (5)
13 - Father of your parent (8)
15 - Lottery (7)
19 - Reason out (5)
20 - Distort (4)
22 - Star (3)

No 299

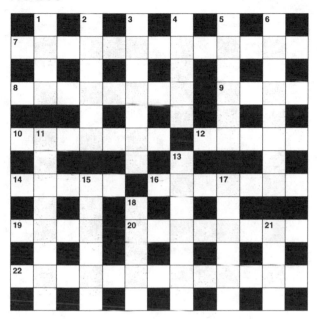

Across
7 - Perfect likeness or counterpart (8,5)
8 - Disease (8)
9 - Release; give out (4)
10 - Considerate (7)
12 - Up and about (5)
14 - Propel forwards (5)
16 - Area of ground (7)
19 - Paradise garden (4)
20 - Hatred (8)
22 - Type of surveillance system (6-7)

Down
1 - Fencing sword (4)
2 - Rigid; stern (6)
3 - Pathetic (7)
4 - Once more (5)
5 - Remains of fire (6)
6 - Setting fire to (8)
11 - Large terrier (8)
13 - Relating to the ocean (7)
15 - Disappear (6)
17 - Morals (6)
18 - Break loose (5)
21 - Metal fastener (4)

No 300

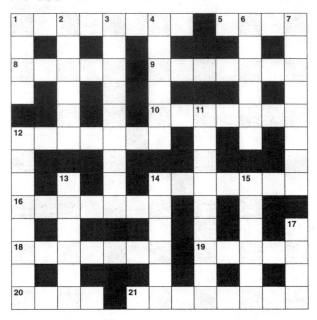

Across
1 - Liar (8)
5 - Grange (4)
8 - Receded (5)
9 - Cooked in oven (7)
10 - Opulent (4-3)
12 - Nasal opening (7)
14 - Developed gradually (7)
16 - Signs up (7)
18 - Capital of Georgia (7)
19 - Form of sarcasm (5)
20 - Adds (4)
21 - Turned around (8)

Down
1 - Fixed charges (4)
2 - Sacred books (6)
3 - Ridiculous (9)
4 - Poor handwriting (6)
6 - Writer (6)
7 - Changed (8)
11 - Long automobile (9)
12 - Words representing numbers (8)
13 - Ski race (6)
14 - Get away from (6)
15 - Blocks (6)
17 - Saw; observed (4)

No 301

Across
1 - Sanatorium (8)
5 - Poor city district (4)
9 - Diversion (5)
10 - Hungarian composer (5)
11 - Sparse knowledge (10)
14 - Annually (6)
15 - Kidnap (6)
17 - Great sorrow (10)
20 - Low temperature (5)
21 - Bring on oneself (5)
22 - Told a mistruth (4)
23 - Causes (8)

Down
1 - Get better (4)
2 - Badger's home (4)
3 - Partially (12)
4 - Prevents (6)
6 - Luxurious (8)
7 - Lessen (8)
8 - Across-the-board (3-9)
12 - Fictitious (8)
13 - Heaven (8)
16 - Like better (6)
18 - Skin disorder (4)
19 - Skills (4)

No 302

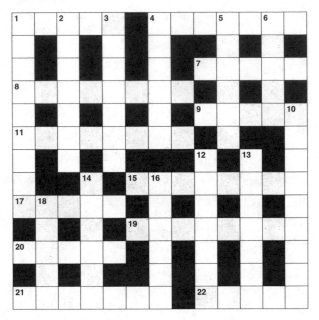

Across
1 - Adult (5)
4 - Food pantries (7)
7 - Confusion (3-2)
8 - Chess move (8)
9 - Republic in S Arabia (5)
11 - Attempt (8)
15 - Expression of gratitude (5,3)
17 - Work spirit (5)
19 - State of USA (8)
20 - About (5)
21 - Clings to (7)
22 - Written test (5)

Down
1 - Awkwardness (9)
2 - Exterior (7)
3 - ___power; power from uranium (7)
4 - Rough shelter (4-2)
5 - Divers (anag) (6)
6 - Path or road (5)
10 - Inherently (9)
12 - Moderate tempo (7)
13 - Past events (7)
14 - Lynx (6)
16 - Foot travelers (6)
18 - Two times (5)

No 303

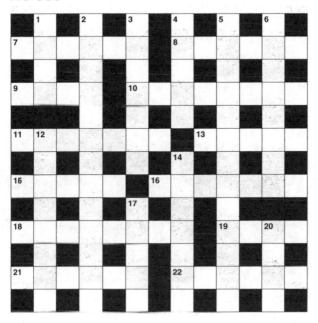

Across

7 - Symptom of a cold (6)
8 - Aimlessly drifting (6)
9 - Lens distances (4)
10 - Note (8)
11 - Driver (7)
13 - Quick bread (5)
15 - Penitent (5)
16 - United States (7)
18 - A period of 366 days (4,4)
19 - Layabout (4)
21 - Gripping hand tool (6)
22 - Stick of wax (6)

Down

1 - Upon (4)
2 - Compiler of a dictionary (13)
3 - Places of worship (7)
4 - Mother-of-pearl (5)
5 - Extremely alarming (13)
6 - Concordant (8)
12 - As acknowledged (8)
14 - Clasp (7)
17 - Belief in God (5)
20 - Greasy (4)

No 304

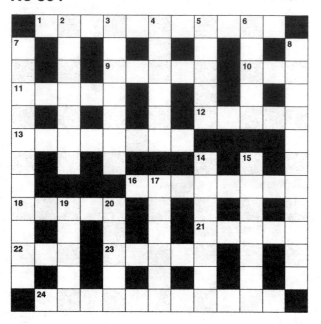

Across
1 - Create in bulk (4-7)
9 - Greek character (5)
10 - Command to a horse (3)
11 - View (5)
12 - Relating to sound (5)
13 - Higher education buildings (8)
16 - Unlearned (8)
18 - Replace (5)
21 - Dog like mammal (5)
22 - Took other people (3)
23 - Suppress (5)
24 - Unalterable (11)

Down
2 - Early Christian teacher (7)
3 - With sweetening added (7)
4 - Take away (6)
5 - Stage play (5)
6 - Enclosed (5)
7 - With liveliness (11)
8 - Censure severely (11)
14 - Snail-shaped tube (7)
15 - Destructive (7)
17 - Small summerhouse (6)
19 - Milk-secreting organ of cows (5)
20 - Provoke (5)

No 305

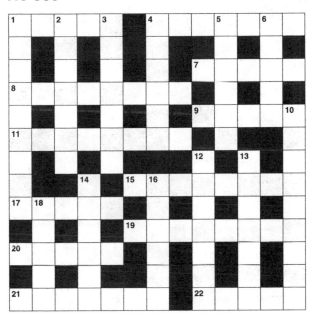

Across
1 - Dreadful (5)
4 - Grouping together (7)
7 - Penniless (5)
8 - Baseless distrust of others (8)
9 - Japanese form of fencing (5)
11 - Impartial parties (8)
15 - Pasta (8)
17 - Republic in NE Africa (5)
19 - Expression of gratitude (5,3)
20 - Melts (5)
21 - Starts (7)
22 - Soaked (5)

Down
1 - Skillful performance (9)
2 - Anxious (7)
3 - Clothes for washing (7)
4 - Happy (6)
5 - Severn (anag) (6)
6 - Unadorned (5)
10 - Diagonally (9)
12 - Large artillery guns (7)
13 - Imitative (7)
14 - Nocturnal insect (6)
16 - Capital of Greece (6)
18 - High priest (5)

No 306

Across
1 - Longevity of an individual (8)
6 - Money paid for work (4)
8 - Lively Spanish dance (6)
9 - Ancient Persian king (6)
10 - Influenza (3)
11 - Boxing match (4)
12 - Heaters (6)
13 - Occupies temporarily (6)
15 - Move faster than (6)
17 - Waterproof overshoe (6)
20 - Playthings (4)
21 - Entirely (3)
22 - Substitute (6)
23 - Surge forwards (6)
24 - Affectedly dainty (4)
25 - Similarly (8)

Down
2 - Form of a chemical element (7)
3 - Remove (5)
4 - Declare openly (7)
5 - Linkage (5)
6 - Exercise session (7)
7 - Church farm land (5)
14 - Depository (7)
15 - Belief (7)
16 - Hero of the Odyssey (7)
18 - Pointed projectile (5)
19 - Tree (5)
20 - Worth (anag) (5)

No 307

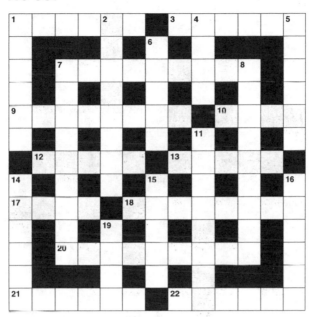

Across
1 - Heavy mineral (6)
3 - More likely than not (4-2)
7 - Nationalistic (9)
9 - Loaned (8)
10 - Tiny social insects (4)
12 - Besmirch (5)
13 - Rounded projections (5)
17 - Young children (4)
18 - Machines (8)
20 - Disastrously (9)
21 - Robbery at gunpoint (6)
22 - Old Portuguese coin (6)

Down
1 - Small summerhouse (6)
2 - Speculative (8)
4 - Government tax (4)
5 - Freshest (6)
6 - Blender (5)
7 - Variable (9)
8 - 100th anniversary (9)
11 - Musicians (8)
14 - Join (6)
15 - Gossip (5)
16 - Spanish speaking quarter (6)
19 - In place of (4)

No 308

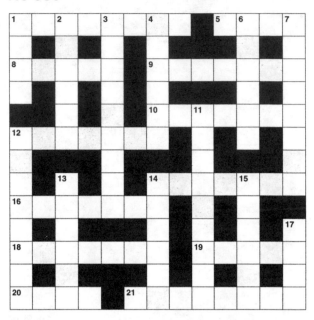

Across

1 - Substantial (8)
5 - Bean curd (4)
8 - Accustom (5)
9 - Land depressions (7)
10 - Perfect happiness (7)
12 - Used for fishing (7)
14 - Shut with a bang (7)
16 - Pass across (7)
18 - Deadlock (7)
19 - Greek writer of fables (5)
20 - Choose (4)
21 - Exceptional (8)

Down

1 - Work hard (4)
2 - Nothing (6)
3 - Regards (9)
4 - Having life (6)
6 - Musical dramas (6)
7 - Not secured (8)
11 - Fight back (9)
12 - Channels of the nose (8)
13 - More moist (6)
14 - Spirited horses (6)
15 - Breakfast food (6)
17 - Mineral (4)

No 309

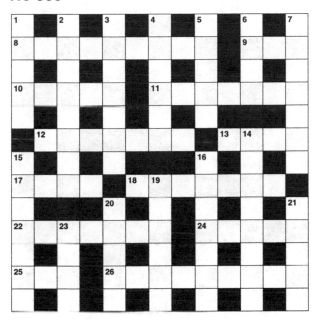

Across
- 8 - Abundance (9)
- 9 - Menagerie (3)
- 10 - Golf clubs (5)
- 11 - Pertaining to the stomach (7)
- 12 - Rerato (7)
- 13 - Potato (4)
- 17 - Allot (4)
- 18 - Witty saying (7)
- 22 - Ground (7)
- 24 - Listens to (5)
- 25 - Vase (3)
- 26 - Game fish (9)

Down
- 1 - Small branch (5)
- 2 - Witness (8)
- 3 - Festivals (7)
- 4 - Generic term for a martial art (4,2)
- 5 - Of Wales (5)
- 6 - Title of Russian ruler (4)
- 7 - Admit (7)
- 14 - Terminate gradually (5,3)
- 15 - Non-professional (7)
- 16 - Intellectual (7)
- 19 - Destitution (6)
- 20 - Young sheep (5)
- 21 - Analysis (5)
- 23 - Tolled (4)

No 310

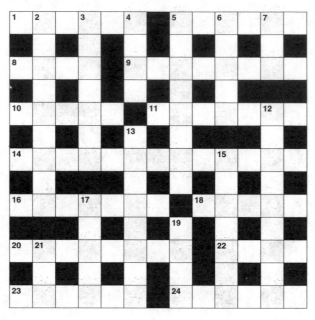

Across
1 - Hay cutting tool (6)
5 - Suspension (6)
8 - Work land (4)
9 - Sanctions (8)
10 - Tennis stroke (5)
11 - Standing erect (7)
14 - Eloquent (6-7)
16 - Rude (7)
18 - Adult female (5)
20 - Play with great restraint (8)
22 - Bloodsucking insect (4)
23 - Group of seven (6)
24 - Farewell remark (3-3)

Down
2 - Standard of judgment (9)
3 - Large Israeli city (3,4)
4 - Days before (4)
5 - Reassign (8)
6 - Domestic dog (5)
7 - A thing regarded as female (3)
12 - Series of ranks (9)
13 - Pain in the neck (8)
15 - Recipient (7)
17 - Inactive (5)
19 - Remnant (4)
21 - Born (3)

No 311

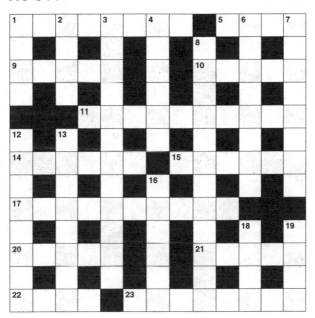

Across
1 - Persuade (8)
5 - Passage (4)
9 - Explode (5)
10 - Got up (5)
11 - Mound (10)
14 - Scrape off (6)
15 - Exist permanently in (6)
17 - Insignificance (10)
20 - Sound (5)
21 - Inhabitants of Ireland (5)
22 - Portion of medicine (4)
23 - Excessively emotional (6,2)

Down
1 - Musical staff sign (4)
2 - Content word (4)
3 - Act of making fearful (12)
4 - Battle (6)
6 - Shut (8)
7 - Table top supports (8)
8 - Cane (7,5)
12 - Agricultural area (8)
13 - Explosive shells (8)
16 - Deep blue color (6)
18 - Bound (4)
19 - Beat (4)

No 312

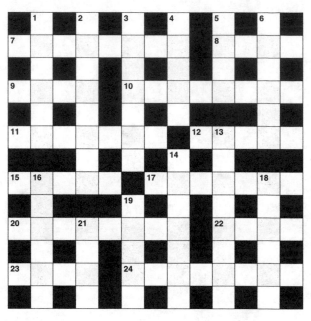

Across
7 - Link together (8)
8 - Birds of prey (4)
9 - Fashionable man (4)
10 - Three-sided figure (8)
11 - Walks with long steps (7)
12 - Smear (anag) (5)
15 - Declares (5)
17 - Expected (7)
20 - Using current (8)
22 - Clog (4)
23 - Endure (4)
24 - Serial parts (8)

Down
1 - Bewail (6)
2 - Unusual (8)
3 - Fortified buildings (7)
4 - Dark brown color (5)
5 - Wearied (4)
6 - Ski race (6)
13 - Oil and water mix (8)
14 - Supernormal (7)
16 - Depression between hills (6)
18 - Crumbles (6)
19 - Cooked (5)
21 - Bend (4)

No 313

Across
1 - Anticipated (8)
5 - Helps (4)
9 - Proposal (5)
10 - Word of farewell (5)
11 - Marking (10)
14 - Inform (6)
15 - Writings (6)
17 - Plant (5-2-3)
20 - Narrow leather strips (5)
21 - Ballroom dance (5)
22 - Depression in a surface (4)
23 - Deception (8)

Down
1 - Goes (anag) (4)
2 - Light wind (4)
3 - Parodist (12)
4 - Catch (6)
6 - Harmful (8)
7 - Lethargic (8)
8 - Vain (12)
12 - Experienced pain (8)
13 - Attachment (8)
16 - Vendor (6)
18 - A single time (4)
19 - A corpse (4)

No 314

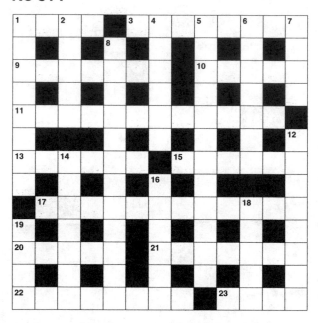

Across
1 - Italian acknowledgment (4)
3 - Minced meat products (8)
9 - Records (7)
10 - Smear (anag) (5)
11 - Brittle taffy (12)
13 - Scandinavian (6)
15 - Designed for male and female (6)
17 - Contrary to law (12)
20 - Smallest quantity (5)
21 - Dyestuff (7)
22 - Oppose (8)
23 - Catch sight of (4)

Down
1 - Ascending (8)
2 - Detailed assessment (5)
4 - Support (6)
5 - Environment (12)
6 - Sideways looks (7)
7 - Cloth belt (4)
8 - Research worker (12)
12 - Skillfully (8)
14 - Discover again (7)
16 - Dessert apple (6)
18 - Asserts (5)
19 - Coalition (4)

No 315

Across

1 - Allocated (8)
6 - Overfill (4)
8 - Fluctuating movement (6)
9 - Take out (6)
10 - Droop (3)
11 - Field game (4)
12 - Ringer (anag) (6)
13 - Away from the right path (6)
15 - Take away (6)
17 - Mexican cloak (6)
20 - Quantity of paper (4)
21 - Conifer (3)
22 - Surround (6)
23 - Streams (6)
24 - Give away (4)
25 - Luxurious (8)

Down

2 - Admirers (7)
3 - Prologue (5)
4 - Child's room (7)
5 - Evade (5)
6 - Having a hue (7)
7 - Many times (5)
14 - Lone wolf (7)
15 - Let down (7)
16 - Country house (7)
18 - Unit of weight (5)
19 - Animal trimmings (5)
20 - Lines in circle (5)

No 316

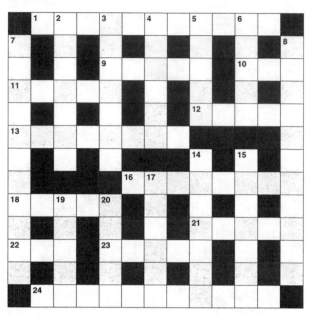

Across
1 - Perturbation (11)
9 - Executing (5)
10 - Cut of pork (3)
11 - Made a hole (5)
12 - Less common (5)
13 - Neurological disorder (8)
16 - Large elongated exocrine gland (8)
18 - Antelope (5)
21 - Revert to earlier fashion (5)
22 - Long-leaved lettuce (3)
23 - Army cloth (5)
24 - Incalculable (11)

Down
2 - Learn new skills (7)
3 - Swam like a dog (7)
4 - Bores into (6)
5 - Big cat (5)
6 - Opposite one of two (5)
7 - Sequel (11)
8 - Buffet (11)
14 - Musical wind instrument (7)
15 - Of a written document (7)
17 - Opposite of acid (6)
19 - Burning of another's property (5)
20 - Noblemen (5)

No 317

Across
1 - Top quality hotel (4-4)
6 - Apart (4)
8 - Sudden in action (6)
9 - Amazes (6)
10 - Cereal grass (3)
11 - Wear away (4)
12 - Prettify (6)
13 - Isolated land (6)
15 - Elitist (6)
17 - Cylindrical wooden container (6)
20 - Concern (4)
21 - Consumed (3)
22 - Crafty (6)
23 - Raised (6)
24 - Plan secretly (4)
25 - Precipitation (8)

Down
2 - Internal organs (7)
3 - Make void (5)
4 - Gland controlling body growth (7)
5 - Ascended (5)
6 - Edible fruit (7)
7 - Foot joint (5)
14 - Fruit (7)
15 - Musical movements (7)
16 - Rod used in weightlifting (7)
18 - Fourth month (5)
19 - Region (5)
20 - Finely cut straw (5)

No 318

Across
1 - Neatens (5)
4 - Exclusive story (5)
10 - Agreeably sharp in taste (7)
11 - Folds (5)
12 - Among (4)
13 - Glass workers (8)
16 - Proclamations (6)
17 - Condescending (6)
20 - Dozily (8)
21 - Fitness centers (4)
23 - New Zealand aboriginal (5)
25 - Reluctance to change (7)
26 - Seals the gap (5)
27 - Appears (5)

Down
2 - Necessary (9)
3 - Convey (4)
5 - Natives of a state (8)
6 - Mythical monster (3)
7 - Drug derived from the poppy (6)
8 - Tiles (anag) (5)
9 - Queries (4)
14 - Biological community (9)
15 - Halting (8)
18 - Sycophant (3-3)
19 - Terra firma (5)
20 - Wrestling sport (4)
22 - Pond (4)
24 - Night bird (3)

No 319

Across

1 - Competitor likely to win (8)
6 - Catch sight of (4)
8 - Leg bone (6)
9 - Saturated (6)
10 - Untruth (3)
11 - Dwell (4)
12 - Not as light (6)
13 - Dangerous snake (6)
15 - Waiting lines (6)
17 - Leftovers (6)
20 - Accompanied by (4)
21 - Particle (3)
22 - Zealots (6)
23 - Sauce for fish (6)
24 - Kill (4)
25 - Intelligentsia (8)

Down

2 - Enthusiasm (7)
3 - Small egg (5)
4 - Eg resident of Rome (7)
5 - Loosened (5)
6 - Approve or support (7)
7 - Annoy (5)
14 - Accord (7)
15 - Five singers (7)
16 - Obtain (7)
18 - Bottle (5)
19 - Plant fiber (5)
20 - Electrician (5)

No 320

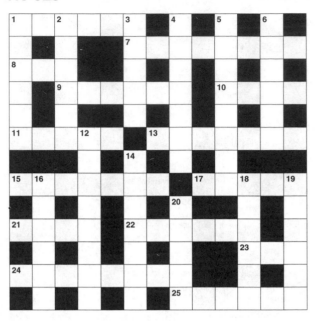

Across
1 - Majestic (6)
7 - Gives life to (8)
8 - Liquid dye (3)
9 - Degree (6)
10 - Mineral (4)
11 - Airlike (5)
13 - Business venues (7)
15 - Faintly illuminated at night (7)
17 - Small pieces of land (5)
21 - Frost (4)
22 - Set out on (6)
23 - Geologic time (3)
24 - Domestic (8)
25 - Wood cutter (6)

Down
1 - Snow sport (6)
2 - Fire irons (6)
3 - Held in breath (5)
4 - Depart from the ground (4,3)
5 - Imitations (8)
6 - Herb with oil rich seeds (6)
12 - Magician (8)
14 - Having two feet (7)
16 - Garment maker (6)
18 - Believable (6)
19 - Nearer in the future (6)
20 - Double-reed instruments (5)

No 321

Across

1 - Employs (6)
5 - Encroachment (6)
8 - Long for (4)
9 - Beseeched (8)
10 - Egg-shaped (5)
11 -   ball: used by clairvoyants (7)
14 - Hidden store of valuables (8,5)
16 - Top prize (7)
18 - Hiding place (5)
20 - Person of varied learning (8)
22 - Covers (4)
23 - To lure (6)
24 - Kill (6)

Down

2 - The other way around (4,5)
3 - Reluctance to change (7)
4 - Comedy sketch (4)
5 - Brought into a country (8)
6 - Protective coverings (5)
7 - Wonder (3)
12 - Deliberately (9)
13 - German superhighway (8)
15 - Pit viper (7)
17 - Canoe (5)
19 - Forcible impact (4)
21 - Be in debt (3)

No 322

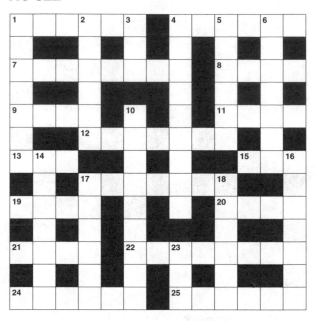

Across
1 - Playground structure (6)
4 - Surprise attack (6)
7 - Small vessel (8)
8 - Room opening (4)
9 - Sight organs (4)
11 - Not in favor (4)
12 - Gangster (7)
13 - Definite article (3)
15 - Sid (anag) (3)
17 - Baked pasta dish (7)
19 - Prayer (4)
20 - Second Greek letter (4)
21 - Doubtful (4)
22 - Expulsion (8)
24 - Frightens (6)
25 - Simpler (6)

Down
1 - Guess (7)
2 - Spatter (6)
3 - How (anag) (3)
4 - Literary selection (9)
5 - Extreme confusion (6)
6 - Dotted (7)
10 - Awfulness (9)
14 - Useful (7)
16 - Worker who dyes fabric (7)
17 - Solicitor (6)
18 - Lessens (6)
23 - First woman (3)

No 323

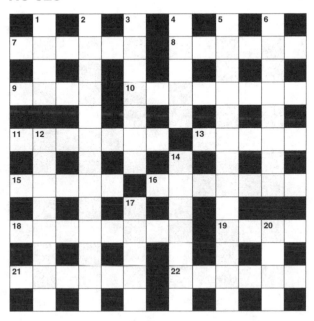

Across
7 - A small handbook (6)
8 - Transmitter (6)
9 - Stylish (4)
10 - First public performance (8)
11 - Hurried (7)
13 - Wash (5)
15 - Type of music (5)
16 - Bony (7)
18 - Fatherly (8)
19 - Slothful (4)
21 - Occupation or profession (6)
22 - Stomach crunches (3-3)

Down
1 - Large washing bowl (4)
2 - Irascible (5-8)
3 - Hit over the face (7)
4 - Fire remains (5)
5 - Originality (13)
6 - State in the central United States (8)
12 - Commotion (8)
14 - Official language of Britain (7)
17 - Inactive (5)
20 - Fastens (4)

No 324

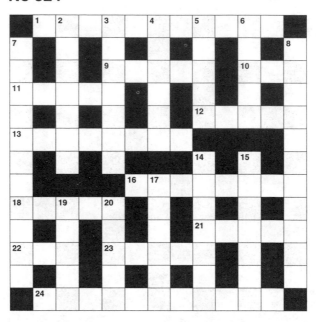

Across
1 - Gathering together (11)
9 - Spiritual sustenance (5)
10 - Musical event (3)
11 - Additional (5)
12 - First Pope (5)
13 - Rotary engines (8)
16 - Paint sprayer (8)
18 - Disturb (5)
21 - Palpitate (5)
22 - False statement (3)
23 - One of the United Arab Emirates (5)
24 - Producers of scripts (11)

Down
2 - Stringed instruments (7)
3 - Republic in SE Europe (7)
4 - Genetic description (6)
5 - Drifter (5)
6 - Should (5)
7 - Abundantly (11)
8 - Fearful of open spaces (11)
14 - Subsiding (7)
15 - Four singers (7)
17 - Line of equal pressure (6)
19 - Animal protection (5)
20 - This date (5)

No 325

Across

1 - Small window (8)
5 - Official language of Pakistan (4)
8 - Tortilla topped with cheese (5)
9 - No longer in existence (7)
10 - Exacted retribution (7)
12 - Widens (7)
14 - Direct route (7)
16 - Designer (7)
18 - Tell (7)
19 - Interior (5)
20 - Deciduous trees (4)
21 - Fictitious (8)

Down

1 - Penalty (4)
2 - Five cent coin (6)
3 - State of separation (9)
4 - Dog like carnivores (6)
6 - Go back on (6)
7 - Modern (2-2-4)
11 - Adorn (9)
12 - Distribute (8)
13 - Curved bone (6)
14 - Windy (6)
15 - Symbolic (6)
17 - Spoken (4)

No 326

Across
1 - Study of animal behavior (8)
6 - Bedouin (4)
8 - Reversed (6)
9 - Worn by hard use (6)
10 - Twitch (3)
11 - Direct; dale (anag) (4)
12 - Deer horn (6)
13 - Walked quickly (6)
15 - Arm muscles (6)
17 - Gaps; cracks (6)
20 - Monetary unit (4)
21 - Pen dye (3)
22 - Plays out (6)
23 - Mental representations (6)
24 - Legal offspring (4)
25 - Woody (8)

Down
2 - Line that touches a curve (7)
3 - Egg shaped (5)
4 - Former (7)
5 - House plant (5)
6 - Sterile (7)
7 - Knot of foot (5)
14 - Military man (7)
15 - Sloping (7)
16 - Recently wealthy person (7)
18 - Spear (5)
19 - Plant fiber (5)
20 - Fill with high spirits (5)

No 327

Across
1 - Washed lightly (6)
4 - Alongside (6)
7 - Unfaithful (8)
8 - Widespread (4)
9 - Test (4)
11 - Scorn (4)
12 - Lack of movement (7)
13 - Where a pig lives (3)
15 - Scarf of feathers or fur (3)
17 - Transfer (7)
19 - Spoken exam (4)
20 - Egyptian goddess of fertility (4)
21 - Capital of the Ukraine (4)
22 - Mood (8)
24 - Fine cloth (6)
25 - Hold close (6)

Down
1 - Blushes (7)
2 - Italian sausage (6)
3 - Lacking moisture (3)
4 - Container for voting slips (6,3)
5 - Animal tissue (6)
6 - In fact; actually (2,5)
10 - Pierce with holes (9)
14 - End stations (7)
16 - Severely simple (7)
17 - Voiles (anag) (6)
18 - Sofas (6)
23 - Container (3)

No 328

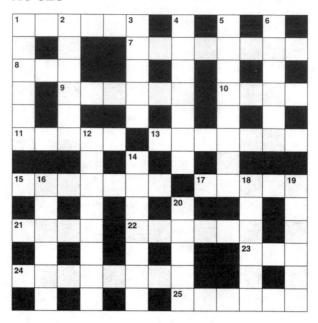

Across
1 - Domed roof (6)
7 - Overcame (8)
8 - Downhill snow shoe (3)
9 - Slender (6)
10 - Female servant (4)
11 - Boredom (5)
13 - Eight sided polygon (7)
15 - Deflecting (7)
17 - Unearthly (5)
21 - Dividing boundary (4)
22 - Propositions (6)
23 - Gone by (3)
24 - Fated (8)
25 - Senior members (6)

Down
1 - Trigonometrical ratio (6)
2 - Toxin (6)
3 - Stroll (5)
4 - Matter (7)
5 - Saturate (8)
6 - Sheep (6)
12 - Ripple (8)
14 - Fishing (7)
16 - Gets away (6)
18 - Crazy (6)
19 - Evil spirits (6)
20 - Aid me (anag) (5)

No 329

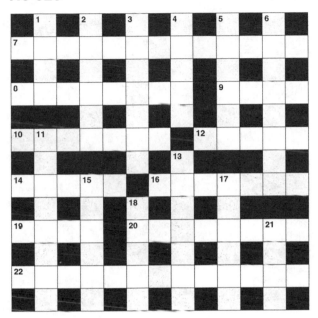

Across
7 - Engaging (13)
8 - Branch of agriculture (8)
9 - Ropents (4)
10 - Dispute (7)
12 - Empty; vacant (5)
14 - Makes a mark (5)
16 - Sea trips (7)
19 - Cover (4)
20 - Canine (3,5)
22 - Unrecoverable (13)

Down
1 - Amphibian (4)
2 - Early plant growth (6)
3 - Choose and follow (7)
4 - Republic in E Africa (5)
5 - Relating to stars (6)
6 - Radio signal receivers (8)
11 - Person with overarching power (8)
13 - Shielded (7)
15 - Makes spick and span (6)
17 - Assertion (6)
18 - Vital organ (5)
21 - Bathroom mineral powder (4)

No 330

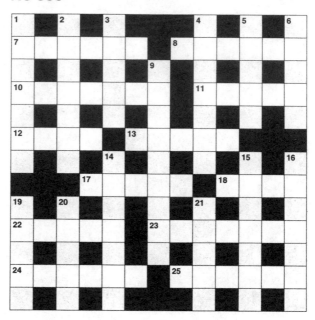

Across
7 - The lower part of the spine (6)
8 - In truth (6)
10 - Japanese dish of raw fish (7)
11 - Date (5)
12 - Sea eagle (4)
13 - Lift; elevate (5)
17 - Cook joint of meat (5)
18 - Domesticated ox (4)
22 - Small antelope (5)
23 - Exterior (7)
24 - Sharp shrill cry (6)
25 - Cosmetic treatment (6)

Down
1 - Blighted (7)
2 - Causing laughter (7)
3 - Fanatical (5)
4 - Withhold (7)
5 - Shield (5)
6 - Legends (5)
9 - Magnitude (9)
14 - Vacation (7)
15 - Hairpiece (7)
16 - Softly (7)
19 - Farm bird (5)
20 - Stomach exercise (3-2)
21 - Homeless cat (5)

No 331

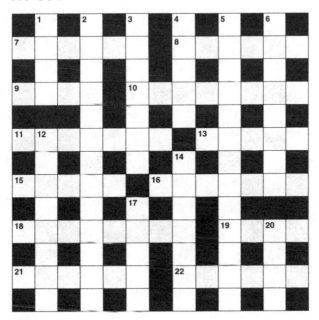

Across

7 - Keeping (6)
8 - Extremely fashionable (3-3)
9 - Stylish (4)
10 - Named; listed (8)
11 - Roof flue (7)
13 - Try (5)
15 - Registers (5)
16 - Helps to happen (7)
18 - Expression of gratitude (5,3)
19 - Edible fat (4)
21 - Unit of money (6)
22 - Deliberately catch out (6)

Down

1 - Cleanse (4)
2 - A person's financial situation (13)
3 - Burns (7)
4 - Smooth; groom (5)
5 - Acceptability (13)
6 - Allow (8)
12 - Increase (8)
14 - Withstands (7)
17 - Local authority rule (5)
20 - Animal sound (4)

No 332

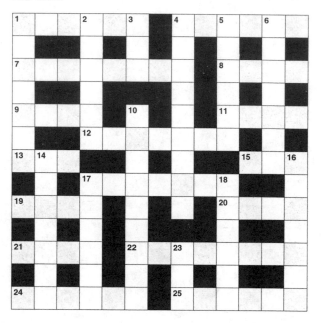

Across

1 - Geological formation (6)
4 - Stain (6)
7 - Something used to bind (8)
8 - Great show or display (4)
9 - Bone of the forearm (4)
11 - Hotels (4)
12 - Animal fat (7)
13 - Container (3)
15 - Domestic cattle (3)
17 - Give reasons for (7)
19 - Sure (anag) (4)
20 - Modify (4)
21 - Penultimate round (4)
22 - Given to robbery (8)
24 - Straighten (6)
25 - Locks lips with (6)

Down

1 - Invertebrate (7)
2 - Dung beetle (6)
3 - Influenza (3)
4 - High speed water vessel (9)
5 - Make worse (6)
6 - Reminder (7)
10 - Stood by (9)
14 - Oriental (7)
16 - Female magicians (7)
17 - Fur (6)
18 - Severn (anag) (6)
23 - Annoy (3)

No 333

Across
1 - Sufficiently (7)
4 - Small bottles (5)
7 - Spoken for (5)
8 - Cry (7)
9 - Applies friction to (4)
10 - Child, young goat (3)
11 - Hair (4)
15 - Communicated in words (9)
17 - Break apart suddenly (4)
19 - Ancient (3)
20 - Plant with flavor (4)
24 - Knocking gently (7)
25 - Inhabits (5)
26 - Supply with new weapons (5)
27 - Tar-like substance (7)

Down
1 - Up and about (5)
2 - Pleasing (7)
3 - One less than ton (4)
4 - Hide (4)
5 - Greek letter (5)
6 - Thoroughfares (7)
8 - Symbol of surrender (5,4)
12 - Primate (3)
13 - Donkey (3)
14 - Circling body (7)
16 - Ocean (4-3)
18 - Dark brown color (5)
21 - Attack on all sides (5)
22 - Photographic material (4)
23 - Summit of a small hill (4)

No 334

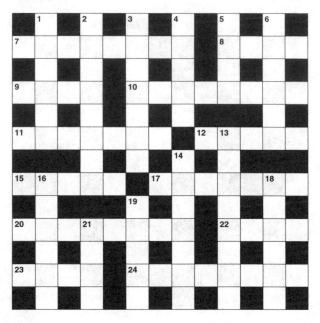

Across
7 - Occurred again (8)
8 - Midday (4)
9 - Stream or small river (4)
10 - Omission (8)
11 - Buildings for horses (7)
12 - Wears (5)
15 - Currently in progress (5)
17 - Residence of the Pope (7)
20 - Likeness of a person (8)
22 - Fleet (4)
23 - Care for (4)
24 - Lameness (8)

Down
1 - Take as an affront (6)
2 - Children's game (8)
3 - Become more precipitous (7)
4 - Mix up (5)
5 - Break (4)
6 - In a comfortable manner (6)
13 - Regnant (8)
14 - Dance music (7)
16 - Attractive plant (6)
18 - Suggest (6)
19 - Freight (5)
21 - Teenagers in the 50's (4)

No 335

Across
1 - Separated (8)
6 - Hops kiln (4)
8 - Delighted (6)
9 - Fears greatly (6)
10 - Ovoid foodstuff (3)
11 - Bell-shaped flower (4)
12 - Acquired (6)
13 - Active causes (6)
15 - Provide for (6)
17 - Solid food from milk (6)
20 - Periodic movement of the sea (4)
21 - Inquire of (3)
22 - Bullet (6)
23 - Hinge joints (6)
24 - Extol (4)
25 - Replies (8)

Down
2 - Putting away items (7)
3 - Towering (5)
4 - Writing via telephones (7)
5 - Evade (5)
6 - Lasted longer than expected (7)
7 - Move sideways (5)
14 - Hassled (7)
15 - Groups (7)
16 - Given (7)
18 - Dog like mammal (5)
19 - Consumer (5)
20 - Social ban (5)

No 336

Across
1 - Removes from property (6)
5 - Consented (6)
8 - Unattractive (4)
9 - Flight carriers (8)
10 - Mix smoothly (5)
11 - Parties (7)
14 - Underperformer (13)
16 - Scent; smell (7)
18 - Having three dimensions (5)
20 - Implication (8)
22 - Sports side (4)
23 - Ukrainian port (6)
24 - Cease (6)

Down
2 - Watchfulness (9)
3 - Hot pepper (7)
4 - Heat; burn (4)
5 - Having no weak points (8)
6 - Narrow leather strips (5)
7 - Supplement (3)
12 - Natives of the USA (9)
13 - Island S of Australia (8)
15 - Compares (7)
17 - Smoke passages (5)
19 - Noisy (4)
21 - Don (anag) (3)

No 337

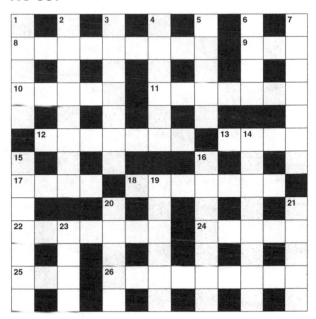

Across

8 - Not recommended (9)
9 - Mineral deposit (3)
10 - Popular R&B performer (5)
11 - Having one set of chromosomes (7)
12 - Supreme fleet commander (7)
13 - Surrounding glow (4)
17 - Exhibition (4)
18 - Contrary to (7)
22 - Japanese massage technique (7)
24 - Home (5)
25 - Cooking pan (3)
26 - Typify (9)

Down

1 - Wheat (5)
2 - Doomed to extinction (6-2)
3 - Lie upon (7)
4 - Respiratory illness (6)
5 - Select; choose (5)
6 - Not stereo (4)
7 - Progress (7)
14 - Not made explicit (8)
15 - Playground structures (7)
16 - Mosque tower (7)
19 - Grouchy (6)
20 - Begin (5)
21 - Written passages (5)
23 - Writing fluids (4)

No 338

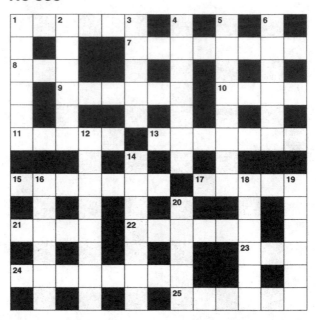

Across
1 - Fortified feudal residence (6)
7 - Studied (8)
8 - Tree resin (3)
9 - Relating to a leg bone (6)
10 - Volcano in Sicily (4)
11 - Exceed (5)
13 - Cross the road recklessly (7)
15 - Person in general (7)
17 - Aromatic resin (5)
21 - Hero (4)
22 - Soak up (6)
23 - Increase the running speed (3)
24 - White crested parrot (8)
25 - Followed a route (6)

Down
1 - Gambling den (6)
2 - Group of seven (6)
3 - Strange and mysterious (5)
4 - Pouch for letters (7)
5 - Refuge (8)
6 - Aniseed flavor herb (6)
12 - Cervine (8)
14 - Children (7)
16 - UK public school alumnus (3,3)
18 - Set of instructions (6)
19 - Split in two (6)
20 - Famous English racetrack (5)

No 339

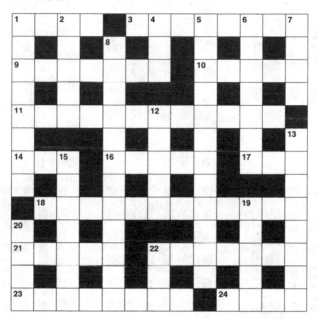

Across
1 - Stringed instrument (4)
3 - Rural (8)
9 - Thready (7)
10 - English poet (5)
11 - Style of blues music (6-6)
14 - Mixture of gases (3)
16 - Country bumpkin (5)
17 - Adult male (3)
18 - Unappreciated (12)
21 - Plant pest (5)
22 - Skilled artist; master (7)
23 - Separate (8)
24 - Lazy (4)

Down
1 - Sea rescue vessel (8)
2 - Social ban (5)
4 - Eg water vapor (3)
5 - Generally accepted (12)
6 - Scanning (7)
7 - Food (4)
8 - Insured person (12)
12 - Becomes conscious (5)
13 - Pattern of symptoms (8)
15 - Farms (7)
19 - Judged (5)
20 - Three feet length (4)
22 - Came across (3)

Solutions

No 1

```
P A D S ■ I M M A N E N T
R ■ U ■ B ■ I ■ S ■ N ■ E
I M M O R A L ■ T O T E M
M ■ P ■ E ■ I ■ R ■ R ■ P
I D S ■ A ■ E ■ O V A T E
T ■ ■ ■ T R U M P ■ N ■ R
I ■ V ■ H ■ ■ ■ H ■ T ■ A
V ■ O ■ L U C K Y ■ ■ ■ M
E L U D E ■ H ■ S ■ N E E
N ■ C ■ S ■ O ■ I ■ I ■ N
E T H O S ■ S I C K E S T
S ■ E ■ L ■ E ■ S ■ C ■ A
S P R A Y I N G ■ H E E L
```

No 2

```
U N D E R C U R R E N T ■
N ■ E ■ O ■ ■ ■ E ■ ■ ■ C
A ■ N O V E L L A ■ P ■ O
T ■ O ■ E ■ A ■ C ■ R ■ N
T O M B ■ S U B T L E ■ F
A ■ I ■ S ■ D ■ I ■ D ■ E
I O N I C ■ ■ ■ ■ O V E N S
N ■ A ■ A ■ D ■ N ■ C ■ S
A ■ T A V E R N ■ Y E T I
B ■ O ■ E ■ E ■ P ■ S ■ N
L ■ R ■ N E W N E S S ■ N
E ■ G ■ ■ ■ ■ ■ S ■ O ■ A
■ S U P E R N A T U R A L
```

No 3

```
N I C K E D ■ S ■ L ■ A ■
E ■ L ■ ■ I N K L I N G S ■
B R A ■ ■ A ■ E ■ C ■ E ■
U ■ M A R R O W ■ E R O S
L ■ M ■ Y ■ E ■ N ■ L ■ ■
A B Y S S ■ C R U S A D E
■ ■ ■ L ■ ■ S ■ S ■ E ■ ■
S P L A S H Y ■ A S T I R
E ■ P ■ A ■ A ■ I ■ A ■ ■
F E N D ■ K I D N A P S ■
R ■ A ■ I ■ L ■ ■ O R C
H E L S I N K I ■ F ■ A
■ D ■ H ■ G ■ B A G F U L
```

No 4

```
R O P E ■ O B L I G I N G
E ■ A ■ D ■ I ■ N ■ N ■ O
P A T R O L S ■ T O K Y O
R ■ I ■ M ■ T ■ E ■ L ■ D
E G O ■ E R ■ R E I G N
H ■ ■ S E O U L ■ N ■ A
E ■ C ■ T ■ O ■ G ■ T
N L ■ I O N I C ■ U
S T O I C ■ I ■ U ■ N O R
I ■ S ■ A ■ T ■ T ■ I ■ E
B L E A T ■ W R O N G E D
L ■ U ■ E ■ I ■ R ■ H ■ L
E X P E D I T E ■ S T A Y
```

No 5

```
T O R E ■ C U L D E S A C
O ■ E ■ B ■ N ■ E ■ T ■ A
M A C B E T H ■ F O I L S
A ■ A ■ L ■ O ■ L ■ M ■ H
H I P P O P O T A M U S
A ■ ■ W ■ K ■ T ■ L ■ D
W R I S T S ■ M I L I E U
K ■ G ■ H ■ I ■ O ■ ■ ■ T
■ U N R E A S O N A B L Y
H ■ O ■ B ■ O ■ A ■ E ■ F
I M B U E ■ M E R R I E R
L ■ L ■ L ■ E ■ Y ■ G ■ E
T H E A T E R S ■ W E R E
```

No 6

```
M I C E ■ L I B R E T T I
I ■ A ■ D ■ C ■ E ■ E ■ N
S E C R E T E ■ C O N E S
C ■ H ■ L ■ M ■ O ■ A ■ P
E V E ■ I ■ A ■ G E N I I
L ■ ■ C A N O N ■ C ■ R
L ■ C ■ A ■ ■ ■ Y ■ A
A U ■ T O P A Z ■ ■ T
N U R S E ■ S ■ A ■ C H I
E ■ E ■ S ■ E ■ B ■ R ■ O
O P A L S ■ U N L E A R N
U ■ L ■ E ■ D ■ Y ■ N ■ A
S P L E N D O R ■ T E A L
```

No 7

```
■ C P ■ C ■ S ■ A ■ S
S H E R L O C K ■ C R U X
■ O ■ E ■ M ■ A ■ H ■ N
E K E S ■ P O T B E L L Y
■ E ■ E ■ O ■ E ■ ■ ■ I
O D D N E S S ■ C O U T H
■ ■ ■ C ■ E ■ T ■ B ■
B L E E P ■ B A D D E B T
■ E ■ ■ W ■ R ■ U ■ A
B A D G E R E D ■ R U N T
■ G ■ I ■ E ■ I ■ A ■ T
M U L L ■ S E L E C T E D
■ E ■ T ■ T ■ Y ■ Y ■ R
```

No 8

```
R I N D ■ M U S H R O O M
E ■ Y ■ U ■ N ■ O ■ R ■ I
V A L A N C E ■ U N I T S
E ■ O ■ C ■ V ■ S ■ G ■ C
R A N C H ■ E Y E W A S H
E ■ ■ A ■ N ■ O ■ M ■ ■
N O V E L S ■ O F F I C E
T ■ U ■ L ■ A ■ L ■ ■ ■ V
I L L N E S S ■ O U T D O
A ■ P ■ N ■ S ■ R ■ E ■ U
L Y I N G ■ I N D E X E S
L ■ N ■ E ■ G ■ S ■ T ■ L
Y I E L D I N G ■ E S P Y
```

No 9

```
■ M ■ A ■ U ■ I ■ E ■ I
S E N I O R ■ M I X I N G
■ S ■ R ■ G ■ P ■ Q ■ S
S H O W ■ E X E C U T O R
■ O ■ N ■ L ■ I ■ L ■
R E T R A C E ■ O S I E R
■ D ■ T ■ Y ■ R ■ I ■ N
M U S H Y ■ C A N T A T A
■ C ■ I ■ S ■ N ■ E ■
E A R N I N G S ■ N E R D
■ T ■ E ■ A ■ O ■ E ■ O
L E S S E R ■ M O S C O W
■ D ■ S ■ L ■ S ■ S ■ T
```

Solutions

No 10

```
. G . D W . M M . S .
V E N E R A T E . E D E N
. N . V . R . N . A . L
F E T E . S E D A T I V E
. V . L . H . S . . . E
L A N O L I N . W H I S T
. . . P . P . L . O . .
E X I S T . C A S S O C K
. E . . . V . P . P . L
P R U R I E N T . I B I S
. X . U . X . O . T . E
L E T S . E X P L A I N S
. S . E . S . S . L . T
```

No 11
```
H U M P . P R U D E N C E
A . O . U . I . O . O . X
L A C O N I C . U L T R A
L . H . C . H . B . H . G
U S A . O . E . L Y I N G
C . . . N O R S E . N . E
I . Q . S . . . D . G . R
N . U . I M B U E . A . .
A W A R D . I . C . F I T
T . N . E . L . K . A . E
I N T E R . B L E A T E D
O . U . C . A . R . A . I
N A M E D R O P . P L A Y
```

No 12
```
F A C I L I T A T I O N .
E . E . U . . . I . . . P
E . R E S U M E D . W . E
B . T . O . . . I . A . R
L A I D . S P E N D S . P
E . F . A . S . E . T . E
M A I L S . . . S H E E T
I . A . S . I . S . B . U
N . B R O N C O . L A V A
D . L . R . E . S . S . T
E . E . T U S S O C K . I
D . . . E . . . Y . E . O
. K I N D E R G A R T E N
```

No 13
```
R I B B O N . B . P O D .
. G . B . A G R E E . E .
E N A M E L S . A . A . N
. O . D . K . Y A C H T .
P R E S I D E D . H . I .
. E . E . W . R E S . S .
A D V E N T . S U N S E T
. Q . T . I . D . N . .
U I . A D H E S I V E . .
I T C H Y . L . N . I . .
F . I . E . E J E C T O R
E . N O T E S . S . U . .
R U G . I . A S S I S T .
```

No 14
```
C O N T R A . A G E N C Y
A . A . I . P . D . R . .
B A C K F L I P . I B I S
I . E . R . C . P . . . .
N E A R . E . A . T A P E
E . . . S I X T I E S . L
T H E . . E . S . . Y E S
. A . C U R E A L L . . I
T R I O . T . L . E V E N
. D . N . I . A . . . . N
S E L F . O N E O N O N E
. S . E . N . O . T . . R
S T A R E S . N O O S E S
```

No 15
```
C U P O L A . L . E . A .
O . I . . B R A G G A R T
O I L . . A . S . G . D .
P . F I E S T A . P E E K
E . E . . H . G . L . N .
R U R A L . I N F A N T S
. . . R . C . A . N . . .
M A R T I A N . S T O K E
. B . I . U . S . F . C .
B L O C . T I P O F F . L
O . L . I . I . . E R A .
C O M E D O W N . N . . I
. M . S . N . S O L D E R
```

No 16
```
S P E L L I N G . E M I R
E . T . O . O . A . A . E
C A N O N . T . R E G A L
T . A . G . I . O . E . A
. . C I R C U M F L E X .
H . C . T . E . A . L . I
A V E N U E . S T R A I N
R . N . D . C . H . N . G
D I S S I P A T E D . . .
S . U . N . N . R . F . B
H O S T A . I . A D A G E
I . E . L . N . P . I . E
P A S T . R E C Y C L E S
```

No 17
```
C H I N U P . P F T A R D
. O . E . U . A . R . U .
I N C A . M A N P O W E R
. E . T . P . C . P . . .
X Y L E M . R O D E N T S
. M . S . C . L . E . . .
C O N T O R T I O N I S T
. O . U . N . A . T . . .
I N S U L T S . S T U D S
. . . N . C . O . T . R .
D E T A C H E D . I R I S
. R . R . E . E . L . V .
C R I M E S . S T Y L E S
```

No 18
```
. C R U M B L I N E S S .
I . E . I . I . E . P . N
N . P . S I N E W . E K E
H A R S H . K . L . A . W
A . O . A . U . Y O K E S
B L O W P I P E . . . . R
I . F . S . . . S . A . E
T . . . P R O T O Z O A .
A D D L E . E . A . A . D
N . E . M . V . S O L V E
T O P . B E A C H . E . R
S . T . E . M . E . A . S
. C H I R O P O D I S T .
```

Solutions

No 19

```
D A H L I A   A T T A C H
A     N   S   E       E
T MUSHINESS       A
I   A   C   T   M   E   R
V I G O R O U S   B R A T
E   I   I   P   A   E   H
  S C U B A   S T I N K
A   A   E   L   T   A   B
B U L L   C A B O O D L E
J   L   H   W   R   E   A
E   Y E A R N I N G S   R
C       L   S   E       D
T A R I F F   B Y P A S S
```

No 20

```
P O E T I C A L   P U S H
E   V   N   I   N       E
R A I S E   R E C E D E S
U   C   B   I       O   I
    T   T R   N E G L E C T
T A S T I N G   R   S   A
E       A       A       N
N   P T   S A N D P I T
D A R K E S T   D   O
E   Y     U   N   S   H
R E I G N E D   E S S A Y
L   N     I   S   U   M
Y O G A   H O U S E M A N
```

No 21

```
L   C S       I N   S
A L L O T S   I N D E N T
T   E   U S   F   R   A
C A R A M E L   L O V E S
H   I   P   I   I   E   H
E T C H   S N I C K
S   S   A G   T   P   P
      B L A S T   S A R I
F C G   H   O   R   G
O V A T E   O D D B A L L
R   I   R   T   I   D   E
M E R L I N   D U G O U T
S   N   A     M   X   S
```

No 22

```
O N C E   S E T B A C K S
V   I   D   G   R   H   T
E N V Y I N G   A M I G O
R   I   S       I   M   W
U N C H A L L E N G E D
S       P   Y   W   R   P
E L L   P A R K A   A I L
S   O   E   I   S       A
  N O N A L C O H O L I C
S   F   R       I   O   A
K H A K I   B U N G L E R
I   H   N   U   G   L   D
N O S E G A Y S   E Y E S
```

No 23

```
E L F   S O T   C U R R Y
Q   O     H   O   U     I
U P O N   C O N V I N C E
I   L   C   R   E   T   L
P A S S I O N A T E     D
    C   N   S     I   E
S O A K E D   T W I N E D
M   P     P   E   S
O     A F F I L I A T E S
T   A   A   L   R   A   E
H U N G R I L Y   S N A G
E   T   C   A     C   U
R A I S E   R A Y   E W E
```

No 24

```
O N T H E J O B   T O F U
U   A   V   R   G   U   N
R O N D O   I   R A T E D
S   S   L   O   A   S   E
      D U P L I C A T O R
G O T   E   E   R   A
L A C T I C   O F F I N G
A   C   O   A   U   P   E
S T U N N I N G L Y
S   P   A   T   N   H   B
F L A I R   L   E L I D E
U   N   Y   E   S   F   R
L A T E   G R A S P I N G
```

No 25

```
S P E E D Y   M   A I R
R   R   B L E N D   E
C A L D E R A   S   M   F
Y     S   I   H A I K U
K I N G S I Z E   R   G
N   I   E   L   E   E
I G U A N A   M E D D L E
C   N   G   S   V       A
E   L   A C R I M O N Y
P L O W S   O   T   C
I   V   A   L E A R N E D
C   E A S E D   T   T
K I D   H   D E V I S E
```

No 26

```
  Z   T   P A   V   P
M O T H E R O F P E A R L
  O   O   E   I   R   O
I M P R O V E R   B I L E
    N   A   E   A   O
B A B Y S I T   F L A G S
  S     L   W     U
A S T E R   H A N D L E D
E   V   R   E
A S I A   A N T I P H O N
  S   D   L   I   E   R
D E V E L O P M E N T A L
  S   S   R   E   D   L
```

No 27

```
C L E M E N C Y   E M I R
L   L   N   O   E   U   E
E X A L T   D   M A L T A
F   N   E   I   B   B   S
      C R A F T I N E S S
U S   P   Y   T   R   E
M A T U R E   S T E R N S
B   O   I   S   E   Y   S
R E P O S I T O R Y
E   P   I   E   M   D   E
L E A R N   N   E L E C T
L   G   G   C   N   M   O
A X E D   S H U T D O W N
```

Solutions

No 28

```
L A Y   B A D   C U B E D
E   E     I   R   A   E
A L A     S S E S S E S
S   R M C   W   S   T
H O B B Y H O R S E   I
    O   T   S     A N
C L O T H E   S T U R D Y
H   K     S   I   T
U   M E R C A N T I L E
C   U E   A   T   F V
K E S T R E L S   D A D O
E   E   I   A   C   K
D O D G E   R Y E   T O E
```

No 29

```
C O T S   C H E C K O U T
R   H B   A   O   V   U
O P E N A I R   M E E T S
T   M   C   A   M R   K
C H E C K E R B O A R D
H     B   E   N   U   L
E N S U R E   R W A N D A
T   C   E   L   E     U
  C O H A B I T A T I O N
S   R   K   M   L R   C
C A P R I   B E T R O T H
A   I   N   E   H N   E
B L O G G E R S   U S E S
```

No 30

```
U L T I M A T E   M E S H
R   S   E   R   E   U   E
G U A V A   E   M O P E D
E   R   S   N   A   H G
    B U R D E N S O M E
T   S   R   S   C   R   R
I N C H E S   L I B I D O
G   I   M   P   P   C   W
H Y S T E R I C A L
T   S   N   L   T   G E
E V I C T   E   I N L A W
N   O   S   H   O U   E
S I N G   S P I N S T E R
```

No 31

```
D E S K S   T A B L O I D
I   H O H   O   S
S   A J   I   K N E L T
T A D P O L E S   D   E
A   O   U V   P O U T Y
N E W S R E E L   N   A
C   Y   N   O S   C
E   A   M I S M A T C H
S P I L L   D   I E   T
  L   K   L E C T U R E S
S U D A N   A   T N   M
  G   L   L   E L   E
A S S I G N S   D O Y E N
```

No 32

```
  C O N S U L T A N C Y
A C   U   A D   A   C
M T   M O G U L   P R O
B R O O M   E   I R   N
I   P   I R   B R I E F
T A U T N E S S       E
I   S G   A   P S
O       S P U R I O U S
U N P I N   U   M R   E
S   A O   B   R A T E D
L A D   T I L D E   I L
Y   D E   I   S C   Y
  S Y N D I C A T I O N
```

No 33

```
  C   C   C A   S   G
S H O O T I N G S T A R S
  A   P   T I   A   E
O P T I C I A N   F L A N
  N     Z G   F   T
B U N G L E D   O S I E R
  N     N L   S
H E L P S   D O U G H T Y
  N   A S   R   E
E D I T   T H R E N O D Y
  I   T O   I   I   I
U N R E C O V E R A B L E
  G   R D   S   L   L
```

No 34

```
M I G H T I L Y   B E E P
O   O H   A   X   E
P U P A E   W R A P P E D
E   H   R F     E   A
    E   E U P S I L O N
C A R E F U L   S   T
U   O   E     R
L   M R   B R E W E R Y
P L A C E B O   P   N
A   N   O   N   D   F
B A T H T U B   E Q U A L
L   E   O   S   R   A
Y E L L   N O I S I E S T
```

No 35

```
S U P E R   S O L I D U S
T   E E   N   M   N
R R   P E   S P A D E
I N F O R M E D   E   E
K   E O Z   O D O N E
E N C L O S E S   E   T
O   T F   A   D   A
U   E   S T A N D O U T
T R I C E   I   T O   I
  U L   U N A W A R E S
O S C A R   G E M   T
T   I   L   R   A   I
H Y D R A T E   P A N I C
```

No 36

```
  C   R D   L   D U
R E N E G E   A S I A N S
  D   I D   M   S C
W E A N   U N B U T T O N
  C     C S   R U
D E F A C E D   D U M P S
  M   R D   S S   L
O P E N S   R U S T L E D
  L   A H   N   F
F O O T H O L D   U S E S
  Y   I U   O L   D
D E T O U R   W E L D E R
  E   N S   N   Y N
```

Solutions

No 37

```
C O O P E R   R E S U M E
A   I   Y   A   H   A
S H E P H E R D   A W R Y
S   I     N   C
A B U T   H   A   T O O K
V     S T O U T L Y   N
A P T   I   I     H I S
  L   I M P R O V E   T
C A R D   O   N   A U R A
C   I   L   R   T
N E R O   L A M I N A T E
  B   M   O   O   E   L
B O N S A I   B O D I L Y
```

No 38

```
S I M P L E S T   J A V A
A   I   O   E   L   N
S H R E W   C E D I L L A
H   R   E   R   O   L
  O   R   E X A C T L Y
H A R I C O T   S   S   Z
E   A   T       E
R   M   S   B A H A M A S
D R A P E R Y   M   A
S   R   W   A   S   U
M E M E N T O   T U C K S
A   O   R   I   O   E
N E T S   E D U C A T O R
```

No 39

```
S I D E   S C R I P T E D
P   E   P   A   N   I   I
A S P I R I N   C A G E S
S   O   E   N   I   H   C
M A T   P   O   D E T E R
O   O U N C E   E   E
D   M   N   N   N   T
I   O   D E B I T   I
C A N O E   E   A   W H O
A   G   R   A   L   A   N
L A R V A   M A L A R I A
L   E   N   E   Y   M   R
Y U L E T I D E   E S P Y
```

No 40

```
S H R E W S   M U S I N G
E   R   S   N   R
L   E Y E S H A D O W   U
E   T   T   A   O   A   B
C O I N C I D E   D R U B
T   Q   H   Y   S   E   Y
  Q U I E T   L O C H S
E   E   D   A   L   O   F
G A T E   A T T I T U D E
O   T   S   L   D   S   N
I   E X T R A D I T E   C
S   U   S   T   E
M I N I N G   B Y R O A D
```

No 41

```
  O C H E R   A F T E R
E   O   G   A   R   F   H
S E N D O F F   U N T I E
C   F   S   O   C   A
A G U E   L O I T E R E R
P   C   P   T   O   E
E L I X I R   A S I A N S
  U   Q   A   E   S   P
D I S G U I S E   S O S O
E   A   K   C   N   N
C L E A N   E C H O I N G
K   L   C   D   I   N   Y
  C L A Y S   S N A G S
```

No 42

```
B E W I L D E R M E N T
E   I   E   I     C
N   L E A V E N S   T   O
E   L   D   P   P   U   U
V A I N   B I L L E T   N
O   N   A   C   A   T   T
L O G O S   C R I E R
E   N   C   L   E   F   Y
N   E Y E L I D   D R A W
T   S   T   S   T   U   O
L   S   I M P L A N T   M
Y   C   L   T   A
  C O N S T R I C T I O N
```

No 43

```
J I G S A W   O   A   B
A   R   I M P L I C I T
B R A   N   P   R   K
B   P O N C H O   B R I G
E   H   H   S   R   N
R U S T S   P E T U N I A
  O   A   S   S
A D I P O S E   T H U M B
  E   N   U   A   N   L
B R I O   N O S H O W   E
A   T   D   T   I C E
D I S C R E T E   N   D
L   H   R   R O N D O S
```

No 44

```
V I M   S E A   O B E S E
I   E   C   A   P   N
V I E W   S U C K L I N G
I   K   H   I   U   C   I
D I N N E R T I M E   N
  E   A   Y   R   E
V E S T R Y   U S H E R S
A   S   K   N   G
C   A G R O N O M I S T
A   A   I   R   W   O   Y
N A V Y B L U E   A N T I
C   O   E   N   A   N
Y A W N S   A R T   L A G
```

No 45

```
C A C H E T   C L I N C H
A   A   E   O   M   A
P L A N T A I N   P E R T
A   G   G   E   I
B E A U   P   R   D A B S
L   P R O C U R E   O
E F T   L   O   C U D
  A   C A E S U R A   E
L I M O   V   S   L O A F
R   A   A   K   U
T I E R   U N S H A V E N
E   S   L   A   L   C
A S C E N T   T H I R S T
```

Solutions

No 46

No 47

No 48

No 49

No 50

No 51

No 52

No 53

No 54

Solutions

No 55

```
T . U . A . S . M . S
SONNET . CROCUS
R . S . E . O . U . B
ZEBU . LIFETIME
. B . I . F . H . E
AMASSED . AWARD
Y . T . R . R . A . G
STEAD . KESTREL
H . N . O . A . E
MIRTHFUL . RANG
C . I . F . I . I . E
CANADA . ZENITH
L . L . L . E . G . S
```

No 56

```
A . D . D . W . M . M
ANGINA . ACACIA
E . S . W . R . G . N
SWOT . DOMINION
. I . L . S . E . T
SCANNER . STEAK
O . C . R . M . I . U
UNITS . CONCERT
S . I . U . R . N
HEAVYSET . ONCE
R . E . H . I . R . O
SVELTE . SETTLE
E . Y . R . E . H . T
```

No 57

```
RESIGNED . GUYS
X . N . E . I . I . A . I
STANDS . VERGER
R . E . TEA . T . L
PEARL . L . SPEEDY
M . . E . E . R
CEASED . ASSENT
. I . I . A
RUSTIC . R . FIGS
N . T . RIP . R . G
LAMINA . OSIRIS
R . N . F . R . L . N
SMUG . TUTELAGE
```

No 58

```
G . R . A . L . G . E
DECISIVE . LAST
N . G . R . M . U . C
MESH . SHOOTERS
V . T . H . N . O
PARFAIT . VIEWS
. U . P . E . N
DEALS . HANGOUT
N . W . S . E . N
EVALUATE . SAWS
I . I . K . O . T . E
WEAR . ENFEEBLE
D . E . S . F . D . L
```

No 59

```
STOPPAGE . BACH
O . D . H . R . N . G . A
MAORI . U . APRON
E . R . L . B . V . E . D
. . CHUBBINESS
P . P . A . Y . G . I . O
ALLURE . MAGNUM
N . A . M . I . T . G . E
CENSORSHIP
A . T . N . O . O . S . K
KHAKI . B . NOWIN
E . I . C . A . A . I . E
SANS . PROLOGUE
```

No 60

```
A . C . C . Z . S . L
EMBRYO . LIQUID
O . Y . N . O . U . K
SKIP . TOTTERED
. T . O . Y . A . W
OCTOPUS . AMBIT
H . G . R . I . I . S
JEERS . AMASSED
R . A . M . P . H
COMPLETE . NAIL
O . H . N . R . E . D
STRESS . INSOLE
S . R . A . L . S . Y
```

No 61

```
NIBS . TRICYCLE
O . R . R . H . O . Y . W
BRAVADO . NACRE
O . W . B . S . L . S
DELIBERATION
I . L . I . I . P . R
EGO . EIGHT . SEE
S . I . R . H . U . C
FLYONTHEWALL
O . S . U . N . W . I
DIKES . ENCHAIN
E . I . E . K . Y . R . E
SENTRIES . MELD
```

No 62

```
G . E . S . I . M . S
TRANSCENDENCE
I . E . H . A . R . R
STURGEON . IRIS
. G . M . E . N . B
JURYMEN . BOMBS
N . . D . D . . L
ABUZZ . VIRUSES
I . E . S . S . N
PAIN . POLISHER
S . I . O . I . O . V
HELTERSKELTER
D . H . E . E . D . R
```

No 63

```
T . E . I . . A . G . S
ERRAN . SSERT
A . R . D . D . S . N . A
CYANIDE . INERT
H . T . A . J . S . S . E
EMUS . SETTS
S . M . S . C . S . A . P
. SKITS . TSAR
F . S . I . I . L . C . E
LOWER . OPENERS
I . O . T . N . V . T . E
CLOSED . MEDIAN
K . P . D . . R . C . T
```

Solutions

No 64
```
T . C . U . D . L . S
N O N A P P E A R A N C E
G . N . S . M . P . A
H A N D I C A P . S O R E
. O . A . S . E . C
A N G R I L Y . A S P E N
U . . E . J . . L
A M I S S . C O N V O Y S
. E . E . S . T . O
G R I N . O N T O L O G Y
. A . I . U . I . U . E
A C C O M P A N I M E N T
. Y . R . S . G . E . E
```

No 65
```
. W H E R E A B O U T S
T . O . E . M . A . A . C
O . S . A C I D S . B O O
B E T E L . D . I . O . M
A . A . I . S . S T O R M
C O G I T A T E . . . E
C . E . Y . . . S . B . R
O . . . E S O T E R I C
N I C H E . O . Y . E . I
I . O . T . N . L L A M A
S O Y . H A N O I . K . L
T . L . I . F . S . I . S
. E Y E C A T C H I N G
```

No 66

```
C L A D . A R G U A B L E
O . L . T . I . N . R . X
U N I F I E S . R O A S T
N . G . T . I . E . V . R
T I N . T . N . A R E N A
E . . . L O G O S . L . V
R . P . E . . . O . Y . A
A . R . T I E I N . . . G
C H I N A . A . A . B A A
T . E . T . R . B . R . N
I N S E T . F I L B E R T
V . T . L . U . E . E . L
E A S T E R L Y . E D G Y
```

No 67
```
. I . A . D . S . S . F
F R A G M E N T A T I O N
. A . H . P . I . E . O
S Q U A D R O N . N U T S
. . . S . E . G . C . H
S O F T E S T . S H O O T
. B . . . S . A . . . L
C L U C K . O C C L U D E
. I . A . I . O . O
E V I L . B A L L C O C K
. L . S . Y . A . O
D O C U M E N T A T I O N
. N . P . N . F . E . P
```

No 68

```
I S I S . S P E C I F I C
N . D . P . E . O . E . H
D R Y N E S S . L A R G O
E . L . R . T . D . R . R
T O L L S . E N S L A V E
E . . . P . R . H . R . O
R E C O I L . H O N I N G
M . O . R . A . U . . . R
I N R O A D S . L I B R A
N . S . T . T . D . R . P
A L I B I . E Y E W A S H
C . C . O . R . R . T . E
Y E A R N I N G . T S A R
```

No 69

```
F A C E . A D V A N C E S
R . L . A . A . S . L . P
I C I C L E S . S C O U R
G . M . L . H . A . S . I
H U B . I . E . S H E E N
T . . . M I S T S . U . G
E . P . P . . . I . P . C
N . I . O C E A N . . . H
I N T E R . N . A . P H I
N . F . T . V . T . R . C
G U A V A . I C E P I C K
L . L . N . E . S . M . E
Y U L E T I D E . W E E N
```

No 70

```
. I . S . T . E . P . Z
I S S U E R . S L I P U P
. L . P . A . S . G . C
W E R E . G R A P H I C S
. . . R . E . Y . E . H
P E R F I D Y . O A S I S
. L . L . Y . P . D . N
S E T U P . R E V E R I E
. P . O . H . R . D
S H R U G O F F . N O U N
. A . S . U . U . E . T
U N C L E S . M U S C A T
. T . Y . E . E . S . H
```

No 71

```
C . G . J . . . G . B . A
U R A N U S . B O R E R S
S . R . L . S . D . A . H
T A B L E A U . L E D G E
O . A . P . P . I . S . N
D I G S . S P O K E
Y . E . G . O . E . T . O
. . . G L A R E . S H E D
D . S . A . T . S . E . Y
R A I L S . E M P L O Y S
A . G . S . R . E . R . S
P I N N E D . R E C E D E
E . S . S . . . D . M . Y
```

No 72

```
B . S . A . A . K . H . R
I N C U R A B L E . A G A
R . O . C . L . E . I . I
C A T C H . A P P A R E L
H . F . A . T . S . . . I
. T R A I L E D . K H A N
D . E . C . . . T . A . G
I C E S . W A X W O R K
O . . . L . R . O . D . V
C A L C I U M . S U S H I
E . O . M . A . O . H . N
S A G . I N D E M N I F Y
E . O . T . A . E . P . L
```

Solutions

No 73

```
W . D . D D F W
C H R O N O L O G I C A L
. I . D . S . T . N . S .
P R E G N A N T . D A T A
. . E . G . Y . E . E . .
P A I S L E Y . D R I F T
. P . . . S . P . . . U .
A P I N G . C A P S U L E
. R . E . L . I . T . A .
T A L C . A U T O N O M Y
. I . T . S . E . I . E .
A S S A S S I N A T I O N
. E . R . O . S . Y . W .
```

No 74

```
. S . A . H . A . R . I .
R O U G H A N D R E A D Y
. S . E . L . D . V . E .
T O A N D F R O . E R A S
. . . T . W . N . R . L .
C R Y S T A L . S T A I R
. E . . . Y . C . . . S .
A F F I X . B U L L E T S
. E . N . S . S . I . . .
G R I D . P O T E N T L Y
. R . E . I . O . E . O .
M A G N A N I M O U S L Y
. L . T . E . S . P . L .
```

No 75

```
A . S C . . M B G
P A P E R Y . H A L L E Y
O . L . Y . F . N . U . P
S C O R P I O . L E F T S
T . D . T . U . I . F . Y
L A G S . B R O K E . . .
E . E . G . S . E . P . M
. . . W I N C E . G A P E
G . C . B . O . U . N . R
A D L I B . R E S T I N G
M . U . O . E . U . C . I
U R B A N . . R A K E N
T . S . S . . . P . Y . G
```

No 76

```
O R P H A N . R . S A W
. E . . I . F R O C K . I
S C O U R G E . O . A . E
. I . C . I . F A T A L .
S T E E R A G E . E . D .
. E . A . N . L R E . . .
A D R I F T . M I S S E D
S . A . T . W . M . C . .
E . M . G A Z P A C H O .
P I P E S . R . N . . . I
T . A . E . P R E L U D E
I . N E W T S . S . S . N
C U T . N . A S T R A Y
```

No 77

```
A P P L A U S E . C R O W
N . R . S . A . . A . E .
O P E N S . L A T E R A L
N . L . U . O . . E . L .
. I . R . N I B B L E R .
N U M B E R S . E . Y . E
E . . D . . D . . A . . .
W . T L . E A S T E N D .
C A R R Y O N . P . U . .
O . A . . T . R . R . R .
M O U R N E R . E V O K E
E . M . . E . A . P . E .
R E A L . F E E D B A C K
```

No 78

```
C O V E . A B A C U S E S
O . I . T . I . U . T . E
L A T C H E S . R U R A L
L . A . O . T . M . E . F
O I L . R . R . U L T R A
Q . . O V O I D . C . S .
U . T . U . . G . H . S .
I . E . G E N I E . . . U
A B A S H . O . O . A I R
L . R . B . S . N . N . A
I N F E R . H A L O G E N
S U E . O . Y . R . C . .
M E L T D O W N . L Y R E
```

No 79

```
M I S C U E . A . D . M .
I . U . . M A N T O M A N
L O P . . P . A . C . G .
D . P I S T O L . T U G S
L . L . Y . O . R . O . .
Y I E L D . E G O I S T S
. . I . R . Y . N . . . .
P R O B L E M . M E M O S
. A . R . D . P . A . I .
A C M E . O R A T O R . C
. I . T . U . R . I R K
U N S T A B L E . . N . L
. G . O . T . D I L A T E
```

No 80

```
. S O V E R E I G N T Y .
T . C . T . M . R . E . E
E . T . H A I K U . L A X
M A O R I . G . F . E . O
P . B . C . R . F O X E S
E L E V A T E D . . . . K
R . R . L . . I . O . E .
A . . . B O A S T F U L .
T A C O S . R . O . F . E
U . A . T . A . B U I L T
R A N . Y U C C A . C . O
E . O . L . L . R . E . N
. U N N E C E S S A R Y .
```

No 81

```
A N C E S T R . . O E M
X . A . U . H . . D . O
O G L E S . Y I E L D E D
N . L . P . M . . S . I .
. E . E . E A S E O F F .
T Y R A N T S . E . N . I
R . . . D . . N . . . E .
A . U . E . A B S C O N D
I M P E D E D . I . N . .
N . T . . O . T . W . M
E C U A D O R . I N A N E
R . R . . N . V . R . E .
S O N G . A S C E N D E D
```

Solutions

No 82

```
E D G I N G   E R R A N T
  U   G   N   N   I   O
U P O N   U P T O D A T E
  L   O   S   R   E
P I E R S   D E G R A D E
  C   E   A   N       R
F A L S I F I C A T I O N
  T       F   H   W   M
T E N D R I L   L O S E S
      E   N   N   S   D
F U L L T I M E   T O A D
  S   T   T   A   E   R
L E G A C Y   P A P A Y A
```

No 83

```
D E P U T I Z E   A R C H
  U   A   A   E   E   E
N O V E L   P L A S T E R
  K   I   K   H   O   E
  N   A   Y E L L O W S
L I G H T E R   I   K   I
  A       I   M   E
K   S   V   A G E L E S S
E S C H E W S   L   A
  S   H   I   I   R   Z
I C E C O L D   G E N I I
  D   M   E   H   E   N
E V E S   E S O T E R I C
```

No 84

```
  E F F I C A C I O U S
I   I   N G S   N   E
M L   G H O U L   C U D
P A L E R   U   A   U   I
L   I   E   T   M O T I F
A G N O S T I C       I
U   G   S       L E   C
S       C R E A M T E A
I O N I C   O   C   H   T
B   A   A L   Q U A S I
L A D   P I L A U   N   O
Y   I   R   E   E   O N
  A R B I T R A R I L Y
```

No 85

```
R I S K   F L Y P A P E R
E   T   T   Y   A   L   E
A N O T H E R   R E A R M
R   O   A   I   A   T   O
R I P E N   C O M P O S T
A       K   S   I   O   E
N I C E S T   C L I N I C
G   H   G   A   I       O
E L A T I O N   T R A I N
M   N   V   E   A   C   T
E N N U I   M A R C H E R
N   E   N   I   Y   E   O
T E L E G R A M   I D O L
```

No 86

```
  P   S   S   P   S   A
R E V O L U T I O N I S T
  C   D   R   E   I   S
S K Y D I V E R   P H E W
      E   I   S   E   S
C O N N I V E   G R O S S
  V       E   T       E
S E T T O   B R U T I S H
  R   H   T   A   A
U R D U   R E P A I R E D
  A   M   I   E   N   T
S T A B I L I Z A T I O N
  E   S   L   E   S   N
```

No 87

```
D A D S   T R I C Y C L E
U   O   L   O   A   A   A
S T Y L I S T   R I S K S
T   E   F   A   T   S   Y
C O N C E P T I O N A L
A       S   E   G   V   N
R O A R E D   A R M A D A
T   V   N   P   A       V
  L O S T P R O P E R T Y
M   C   E   O   H   A   B
A G A I N   P R E T Z E L
G   D   C   E   R   O   U
I S O M E T R Y   T R E E
```

No 88

```
M U F S L I   T U S S L E
A   O   D   O   T   O
C H A R I S M A   O R B S
B   R       D   N   C
E U R O   N   S M U T T
T   W E A L T H Y   E
H A T   N   O   M H S
  F   B E D R O O M   H
O R C A   O   L   A G U E
  I   R   M   T   A
A C H E   I M P O R T E R
  A   L   Z   R   O   E
E N Z Y M E   Y O N D E R
```

No 89

```
  S   T   C   S   R   P
U P R O A R   T R E M O R
  A   A   O   I   E   W
S T U N   P E R O X I D E
  I   P   S   A   E
A S U N D E R   E M I R S
  P   T   D   E   I   E
A L O H A   C Y A N I D E
  E   E   F   E   A
O N T H E J O B   T E E D
  D   O   O   A   I   X
H O L L E R   L O O F A H
  R   E   D   L   N   M
```

No 90

```
V U L G A R   E T H N I C
A   I   R   3   O   E   A
C O V E R U P   N   O   L
A   E   A   O R G A N Z A
T A W N Y   K   U       I
E   I   E   E   E V I L S
  R   A S S E S   D
P L E A D   W   E   S
S   M   O   C A N A L
Y T T R I U M   O   T   I
C   O   R   A P P L I E D
H   M   E   N   R   F   E
E M B O D Y   L A W Y E R
```

Solutions

No 91

```
A P P R O A C H   Q U I P
F   O   V   A     N   R
A G R E E   R U B E L L A
R   T   R   R   E     I
  E   W   O P P O S E S
E A R S H O T   O   S   I
X     E     T       N
I   B   L   P O P P I N G
G R A M M A R   O   N
E   Y   A   U   C   B
N A I V E L Y   R A I N Y
C   N     E   R   S   E
Y O G A   A D M I R E R S
```

No 92

```
D I S H E A R T E N E D
E   C   Y   N     L
P R E E N A C T   R   I
R   U   S   B   I   A S
E M M Y   B U S T E D   T
C   P   P   T   L   I L
I N T E R     E L O P E
A   I   E   B S   A   S
T   O Y S T E R   A C T S
I   U   U   E   T   T N
O   S   M A R T I N I   E
N     E     E     V S
  H E A D Q U A R T E R S
```

No 93

```
R U M O R S   A   C   S
E   A     C O W S L I P S
H A S   O   E   R
A   C A N O E S   V E A L
S   O   P   O   E W
H A T E D   E M E R A L D
  L   T   E L
I N D O O R S   M Y T H S
  E   N   I   E   R T
S A N G   R E V I S E   R
  T   A   E   A   A D O
I L L T I M E D   T   D
Y   E   E   E N Z Y M E
```

No 94

```
  T   S   G   P   S   A
F I B U L A   E X E M P T
  N   P   R   R   L   E
L Y R E   B A C K F I R E
  R   L   H   R   I
P R O F F E R   P E L T S
  O   L   D   F   S   I
A M O U R   M O R T I F Y
  A   O   D   R   R
I N Q U I R E S   A B L Y
  T   S   A   A   I   I
M I S L A Y   K U N G F U
  C   Y   S   E   T   E
```

No 95

```
E B B S   C H A I R M A N
S   A   R   E   N   I   O
P A T T E R N   C A L L S
E   O   F     O   K   E
C O N C R E T E N E S S
I     I   R   S   O   C
A R C   G L A D E   P E A
L   I   E   I   Q   N
  O V E R I N D U L G E D
T   I   A   E   O   I
I N L E T   R E N E W E D
E   L   O   I   T   N   L
D A Y B R E A K   E S P Y
```

No 96

```
A N A L Y T I C   S A K E
O   O   A   O   I   H
E M B A R K   L O G J A M
I   T   E F T   N   K
I N C H   O   S T A T I C
A     U   L
A L M O S T   A S S U R E
  B   P   P   O
H O R S E S   P   D E M O
A   C   E V E   U   A
A S P E C T   A N O I N T
I   N   U   L   M   I
I S L E   P A S T O R A L
```

No 97

```
S   Q   N     G   S   W
C O U G A R   C O R O N A
O   A   C   C   D   R   V
F A R T H E R   H O R D E
F   T   O   O   E   Y   S
E W E S   E S S A Y
D   T   V   S   D   C   R
  H O O F S   Y O Y O
S   P   L   I   W   B   O
P I L A U   R H O M B U S
I   E   M   E   R   L   T
E R A S E S   A D H E R E
D   S   S     Y   S   R
```

No 98

```
M E A L   M A C A R O N I
U   M   I   P   D   A   O
T R O U N C E   M O T E T
I   U   C     I   M   A
N A R R O W M I N D E D
O   R   I   I   A   C
U S A   P A N T S   L Y E
S   R   O   E   T     N
  C I R R O S T R A T U S
S   Z   A   A   R   U
C R O F T   K I T T E N S
A   N   E   E   N   E
B O A R D I N G   O D E S
```

No 99

```
D E L L   E E R I N E S S
I   E   D   N   N   X   I
L E A V I N G   T O P A Z
E   R   S   A   E   U   E
M I N D B O G G L I N G
M   E   E   L   G   N
A V A I L S   S E R E N A
S   N   I   T   C   M
  L I F E S E N T E N C E
S   M   V   T   U   I   D
K H A K I   C H A N G E R
I   L   N   H   L   H   O
N O S E G A Y S   S T E P
```

Solutions

No 100

```
T   A   O   S   P   O
BRACED   TWELVE
A   C   Y   A   R   E
AMMO   SUREFIRE
    M   S   K   E   G
GLIMMER   SCARF
O   O   Y   T   O
EVADE   REVIEWS
I   A   T   L   O
ANATHEMA   NOUS
G   I   R   V   I   N
FLOORS   INSIDE
Y   N   E   V   T   O
```

No 101

```
G   S   E   R   S   L
PRECONCEPTION
A   O   C   L   A   V
UMBRELLA   LEEK
    N   O   Y   K   L
BASSIST   ASHES
V   E   A   S
VICAR   OFFCAST
A   L   P   F   H
STUB   READABLE
I   U   I   T   O
COMMISERATION
N   S   M   S   Y   T
```

No 102

```
NAP   FOR   PATES
E   E   E   I   R   H
VANS   EVALUATE
E   A   M   I   A   P   A
RENDEZVOUS   R
    C   E   E   A   E
SWEATY   MEAGER
E   S   S   G   L
R   ANTAGONISM
V   U   I   L   S   T   A
IRRIGATE   STOP
C   G   H   E   E   L
EJECT   DRY   RYE
```

No 103

```
ADMIT   EDITS
U   I   O   I   E   O   F
DEVOTED   BONGO
D   E   A   I   O   R
EURO   CORNERED
R   S   S   T   A   E
STICKY   FINISH
O   I   G   R   N   O
ORNAMENT   ASIA
W   M   A   S   T   R
ENNUI   SATRAPS
D   O   N   H   I   T   E
TWIGS   GRUEL
```

No 104

```
CLASSY   INSTEP
O   P   F   E   A
A   SHADINESS   P
R   E   C   E   D   O   A
SOLDIERS   EMMY
E   F   N   Y   T   E   A
ADAGE   GROPE
A   O   S   A   E   L   D
ZEUS   ESCALATE
A   B   D   T   S   C   M
L   TURPITUDE   E
E   A   R   R   A
AKIMDO   VERMIN
```

No 105

```
T   D   A   S   F   A
FADING   CLEFTS
X   S   E   E   A   T
MIDI   NINETEEN
L   D   T   H   N
STELLAR   HERDS
O   U   S   T   R   E
STASH   CROWNED
T   I   P   E   E
JEROBOAM   IRIS
R   N   E   O   G   M
DEFEAT   REHEAT
D   D   S   S   T   M
```

No 106

```
SODAS   REVERSE
T   A   O   U   N   E
N   M   J   D   STOPS
EMPLOYEE   I   A
A   I   U   S   DRILL
MINARETS   E   A
E   G   N   C   M   S
R   S   BREAKOUT
SPRAY   O   M   N   S
A   F   HOBBYIST
AVIAN   M   R   T   R
E   R   E   I   O   A
ADMIRER   ARROW
```

No 107

```
TORTILLA   BYTE
U   A   E   P   A   E
STOLEN   PLYING
D   O   ILL   O   S
GOON   E   YONDER
E   N   E
ASSENT   MUTATE
S   A   R
CENTER   G   BRAG
N   U   EKE   A   D
OTTAWA   NICKED
E   R   D   T   O   I
GRAY   YEARNING
```

No 108

```
HEATEDLY   RUFF
E   G   S   A   I   N   O
INEPT   M   NADIR
R   S   R   B   C   E   E
    CARDIOGRAM
O   E   N   A   M   C   O
BODEGA   SPOUTS
V   I   E   E   A   T   T
INTIMIDATE
A   I   E   I   I   B   U
THORN   B   BEAMS
E   N   T   L   L   W   E
DUST   REVEALED
```

Solutions

No 109

```
G   A   I   A   U   M
MARLIN   VANDAL
L   T   S   O   D   S
FADE   UNIVERSE
    R   R   D   R   A
WOUNDED   BEACH
V   A   S   S   X   R
SEATS   WHIPPET
R   I   S   A   O
ELEVATED   SNOW
O   E   E   O   U   W
GRILLE   WIRING
D   Y   D   Y   E   S
```

No 110

```
STEEPEST   MAMA
E   L   A   P   W   B   P
LEMUR   R   AESOP
L   S   T   I   L   E   L
    MISTAKENLY
D   A   C   E   I   T   I
RECOUP   DEMEAN
I   E   L   T   T   E   G
VERNACULAR
E   B   R   X   L   F   U
WHIRL   E   KEATS
A   T   Y   D   I   I   E
YOYO   DOGEARED
```

No 111

```
D   U   S   V   A   S   A
ECLIPSING   OWL
U   T   I   T   A   D   R
CHEAT   REPLACE
E   R   T   I   E   A
HILLOCK   SPED
S   O   E   S   O   Y
HIRE   JERKILY
I   S   S   E   I   S
ASIATIC   WITCH
T   M   E   A   E   I   Y
SIP   EMPIRICAL
U   S   D   E   S   S   Y
```

No 112

```
RESIN   APLENTY
E   L   U   P   X   E
F   A   A   P   LIENS
LICENSED   L   D
E   K   C   A   DEIST
CLEVERLY   D   R
T   N   S   P   R   U
E   A   VEXATION
DOWSE   L   S   P   C
P   T   DIASPORA
VEERS   C   O   S   T
R   A   I   U   T   E
BABYSIT   TREND
```

No 113

```
M   I   E   S   P   A
SIGNAL   LORDLY
M   D   E   A   A   T
YETI   CUBICLES
    S   T   S   T   R
STEPPED   LIBEL
E   E   D   N   C   G
INANE   HEXAGON
T   S   T   W   L
PARAPETS   JULY
C   B   A   M   O   I
SLALOM   ANKLET
E   E   S   N   E   D
```

No 114

```
D   I   C   R   C
CANNON   REEBOK
W   C   T   I   V   N
INTO   EYETOOTH
N   N   S   L   R
EPISODE   DUBAI
R   I   S   I   T   S
GEESE   INSISTS
D   T   K   F   O
PATERNAL   NEON
T   N   O   A   I   G
MOSCOW   MOZART
R   Y   S   E   E   E
```

No 115

```
M   S   E   G   A   S
PARTICULARITY
G   A   O   O   I   U
FITTINGS   SUNS
O   O   S   E   N
SUPREMO   ASPIC
N   Y   A   N
STASH   IMPINGE
A   E   U   N   N
APEX   DREADFUL
P   T   D   S   I   G
REVERENTIALLY
D   T   R   Y   N   Y
```

No 116

```
D   C   O   U   P   M
TIPOFF   SEESAW
V   M   F   I   R   S
HARP   BENEFITS
A   E   G   E   H
ACCRUAL   OCTET
U   A   T   R   T   A
CRABS   REMINDS
T   I   S   D   O
BALLYHOO   NUMB
I   I   E   U   I   U
UNITED   BASALT
S   Y   S   T   M   L
```

No 117

```
S   P   P   C   R   E
SCARCITY   EELS
O   O   P   C   A   D
STEW   ENLARGER
C   L   T   E   S
THRIFTY   COSTS
N   E   V   P
ALIGN   TAKEOUT
O   M   R   R   N
FAULTILY   APSE
V   U   S   I   T   O
DELL   TENDERLY
S   L   S   G   D   D
```

Solutions

No 118

```
E   F   V   F   N   L
E M E R G E   I C E B O X
I   A   L   R   R   C
D R U G   V E S U V I U S
    M   E   T   E   T
L I N E A T E   F L U I D
D   N   Y   T   E   O
K E A T S   G O D S E N D
N   A   T   P   S
S T I T C H E S   N A M E
I   I   E   P   E   A
E F F O R T   I N S E R T
Y   N   A   N   S   E
```

No 119

```
I N F R E Q U E N T L Y
N   O   A   E   D
G   U P S U R G E   G   E
R   L   E   E   D   E   M
A R M S   C A L L U S   O
T   O   S   D   E   T   N
I N U R E   S U I T S
A   T   A   M   S   C   T
T   H A M P E R   P U R R
I   E   L   S   I   L   A
N   D   E C H I D N A   B
G   S   E   T   L
P A S S I O N A T E L Y
```

No 120

```
S   A   U   B   D   S
G U I D A N C E   O N C E
  G   D   E   R   R   A
M A G I   A G R I M O N Y
  R   T   R   Y   T
T Y P I S T S   P L A Y S
  V   H   L   I
E T H E R   L O N G E S T
  H   C   R   A   A
T R A V E L E R   T O F U
  E   A   A   I   U   A
F A N S   S H E A R E R S
  D   E   H   S   E   I
```

No 121

```
C L E A V I N G   B I A S
  E   V   R   O   P
B E D E C K   A P A T H Y
  C   R   S K I   T   I
W H A T   O   L A M B D A
  E   M   E
E S C A P E   O W N E R S
  B   B   E
S L A Y E R   E   L O U D
Y   S   I V Y   I   N
I R I S E S   I A M B I C
  I   E   E   N   I   O
I C E S   S I G H T I N G
```

No 122

```
H E A L   D E C I B E L S
O   O   V   A   N   N   E
T A R G E T S   E L O P E
S   T   T   T   X   U   S
P E A C E K E E P I N G
O   O   R   R   E   C   C
T R A G I C   A R R E A R
S   L   N   N   I   E
  A B R A S I V E N E S S
S   U   R   G   N   M   C
T E M P I   H E C T A R E
O   E   A   T   E   I   N
P U N I N E S S   S L O T
```

No 123

```
O T T A W A   F   R   P
D   A   C R E D I B L E
I N K   H   R   S   A
O   E S T E E M   S A S H
U   R   S   E   O   M
S U S H I   U N C L E A R
  A   E   T   E
A P P R I S E   U S U R Y
  I   E   C   L   N   A
S C A B   H Y E N A S   W
  K   E   E   A   E O N
N E W L Y W E D   E   E
  T   L   S   S U N N E D
```

No 124

```
S H R I N K   L A P P E T
  E   N   I   A   A   F
A X I S   C A M P S I T E
  A   H   K   B   T
I G L O O   E S S A Y E D
  O   R   F   K   N
I N D E F A T I G A B L Y
  A   B   N   S   I
A L U M N U S   H E A V E
  A   L   A   P   E
C A R R Y I N G   T E N D
  I   E   S   U   I   E
C L O S E T   E N C O D E
```

No 125

```
S   O   O   S   S   B
C H E R U B I C   I S L E
  O   N   L   A   L   O
S O F A   I R R I T A T E
  I   T   G   Y   C
A N G E R E D   F I S H Y
  L   O   D   N
S A T Y R   M I S F I R E
  G   G   V   E   A
C O M M E R C E   C A R E
  U   A   R   T   E
I T E M   P O T B E L L Y
  I   A   E   S   D   Y
```

No 126

```
F   M   S   S   F   P
I R R E S P O N S I B L E
  E   L   I   O   B   E
R E C O R D E R   B A B E
  D   E   E   E
S L A Y E R S   F R U I T
  Y   S   P   A
T R O L L   W I N D I N G
  I   E   D   G   E
A C R E   O V E R B E A R
  I   W   U   O   I   L
A S S A S S I N A T I O N
  T   Y   E   S   S   E
```

Solutions

No 127

```
G D A . . . C O C
I D I O C Y . K O R U N A
N . P . R . S . R . T . N
G A L L E R Y . O M E G A
H . O . S . M . N . R . L
A R I D . S P E E D . . .
M . D S . O . T . S W .
. . C L A S H . S H O O
S . L . I . I . E . R .
C O U R T . U P S I L O N
O . C . H . M . L . V . O
N E R V E S . G A T E A U
E . E . R . . . M . D . T
```

No 128
```
K A L E . S T R U G G L E
N . A . M . O . N . E . A
A M B I E N T . C E N T S
P . O . A . . . O . T . E
S T R O N G M I N D E D .
A . . I . A . T . E . W .
C O S . N A D I R . L E A
K . K G . A . O . . . N .
. S E L F E M P L O Y E D
S . P U . . . L . O . E .
T O T A L . C H E C K E R
U . I . L . U . D . E . E
B A C K Y A R D . U S E R
```

No 129
```
. S . R . S . I . S . D
O P P O R T U N I T I E S
. U . T . A . T . R . M .
I D E A L I Z E . O W E S
. . T . N . R . K . A . .
R E N E W E D . F E I N T
. X . . R . D . . . O . .
K E E P S . R I V A L R Y
. G . E . S . V . D . . .
N E X T . T W I L I G H T
. T . I . A . D . E . U .
D I S T A S T E F U L L Y
. C . E . H . D . S . L .
```

No 130

```
F . S . S . . . G E . A
A C C E P T . H A U N T S
I . A . L . R . S . V . H
L I N E A T E . T R O V E
I . N . T . P . R . Y . S
N O E L . H U M I D . . .
G . D . D . L . C T . S .
. . F R O S T . B E A U .
O . N . O . I . A . A . B
F R Y U P . O F F I C E S
F . L . P . N . F . H . I
A D O R E S . W I D E N S
L . N . D . . . X . S . T
```

No 131
```
B A K E R Y . Y U C C A S
E . A . E . G . N . L . T
L I N K A G E . L . A . Y
F . G . L . T H E R M A L
R E A R M . T . A . . . E
Y . R . . . O . R E A M S
. . O . O R G A N . F . .
P R O O F . E . . . F . A
U . . F . T . G U I L T .
B E S E E C H . R . N . T
L . E . R . E M O T I V E
I . E . E . R . A . T . N
C O M E D Y . S T A Y E D
```

No 132

```
S . K . S . R . S . L . F
P R E O C C U P Y . I R E
A . R . R . S . L . D . A
R I O J A . T I P T O E S
E . S . G . L . H . . . T
. R E I G N E D . F A K E
P . N . Y . . . C . S . D
E W E R . I M P A S S E .
A . . W . . . O . M . I C
C O N T O U R . B A S I L
O . . O . R . A . R . T A
C A T . M U S T I N E S S
K . E . S . S . A . D . S
```

No 133
```
C O S M I C . S T U P O R
O . . A . H . E . N . C .
G O O D W I L L . L O A M
N . . C . . . F . O . R .
A R I A . R . D . C O I L
T . . P R E C O O K . N .
E K E . T . U . . . A A H
. I . S C R I B E S . . A
S T O P . I . T . T O M B
. T . I . E . . . R . . I
D E A D . V I S C O U N T
. N . E . A . H . N . . A
A S T R A L . Y O G U R T
```

No 134

```
H E A D A C H E . S T E P
A . L . L . A . A . R . O
S M A L L . R . D E A R S
H . S . I . D . M . V . I
. . . I M P E D I M E N T
H . F . P . R . N . L . I
Y E L L O W . W I G E O N
A . I . R . B . S . D . G
C A P I T U L A T E . . .
I . F . A . U . R . O . R
N Y L O N . F . A B U S E
T . O . T . F . T . T . A
H Y P O . A S S E S S O R
```

No 135

```
S T E A M . I N S U R E D
L . N . I . S . . . L . X
A . A . D S . A C R I D .
N U M E R O U S . E . T .
T . E . I . E . A R O S E
W I L D F I R E . S . . C
I . S . F . . . A . U . O
S . R . M A R G I N A L .
E A S E S . W . R . C . O
. D . V . U N L O V I N G
C A C A O . I . U . V . I
. G . M . N . N . I . S .
R E A P I N G . D E L F T
```

Solutions

No 136

No 137

```
I N F O   C L I M A T I C
N   E   W   A   E   E   H
F L A R E U P   L A S E R
L   S   L   T   O   T   Y
E X T O L   O D D N E S S
X     I   P   R   R   A
I N S A N E   R A I S I N
B   U   F   L   M     T
I M P L O D E   A W A S H
L   R   R   S   T   M   E
I L E U M   I R I D I U M
T   M   E   O   C   G   U
Y I E L D I N G   F O R M
```

No 138

No 139

No 140

No 141

No 142

No 143

```
A R B O R E A L   L A S H
  I   R   X   A   I   T
S P R I N T   D E B T O R
  P   B   E L L   E   O
M I N I   N   E U R O P E
  N       T       T
E G R E S S   G L Y P H I C
      N     U     U
S A L L O W   N   V A M P
W   I   H U B   O   E
N A U S E A   O C C U R S
  K   T   R   A   A   U
M E S S   F A T A L I S M
```

No 144

357

Solutions

No 145

```
P A S S   O B E D I E N T
R   A   G   O     I   X   E
E Q U A L L Y   S A C K S
J   N   O     I   H   E   T
U N A C C U S T O M E D
D       K   H   N   D   S
G U T T E R   B O N S A I
E   O   N   F   R     D
  C R O S S E X A M I N E
S   N   P   E   B   R   S
K H A K I   B U L L I S H
I   D   E   L   E   S   O
T R O L L E Y S   T H A W
```

No 146

```
B   P   G   P   T     E   K
I N I T I A L L Y   C O N
N   Z   R     I   H     I
G A Z E D   G U N B O A T
E   E   I     H   G     T
  T R I N I T Y   A D Z E
A     I   G     R   U   R
N O A H   U R G E N C Y
Y     B   E   A   K   P
B I G B A N G   L O W E R
O   U   N     I   T   E   O
D R Y   J U M B O J E T S
Y   S   O   E   R   D   E
```

No 147

```
C A T O   N E O P L A S M
H   R   D   X     R   I   E
E V A S I V E   E A R E D
E   I   S     M   D   L   I
R E L I C   P R E T E X T
L     O       T   C   S   E
E N D U R E   C E N S O R
S   E   D     U   S     R
S U S T A I N   S T O M A
N   P   N     E   O   V   N
E X A L T   V E R B O S E
S   I   L     E   S   I   A
S P R A Y I N G   E D E N
```

No 148

```
C O S M O P O L I T A N
O   E   A     N       T   B
M   L A S H I N G   D   E
B   F   T   C   E   E   E
I S I S   B E A S T S   T
N   S   P   D   T   T   L
A B H O R     E X I L E
T   N   O   Y   D   T   B
I   E N V I E D   B U R R
O   S   I   T   T   T   O
N   S   S T I M U L I   W
S   O       B   O     E
  C R O S S G R A I N E D
```

No 149

```
  B   S   C   A   A   G
D I S P A R A G I N G L Y
E   A   O   A   E   O
B R O C C O L I   M O B S
  E   K   N   I   U
O U T D O E S   S C A L D
N   D   P     A
S W A P S   E S Q U I R E
I   O   A   Y   R
U S E S   B A C K A C H E
E   S   A   H   N   E
I L L U S T R I O U S L Y
Y   M   E   C   S   M
```

No 150

```
I B E X   M A G N A T E S
N   D   M   S     U   I   U
D A I R I E S   R U M O R
I   T   S     A   S   P   R
V I S I T   I T E R A T E
I     R       L   R   N   P
D I F F E R   T Y P I S T
U   A   A     S   R     I
A S C E T I C   H E I S T
L   T   M     A   Y   R   I
I N U R E   L I M P O P O
T   A   N     E   E   N   U
Y U L E T I D E   D Y E S
```

No 151

```
  A   H   O   G   S   L
I N C O R P O R A T I O N
T   O   E   A   A   N
G I F T W R A P   R A G S
  E   A   E   E   H
C L A R E T S   I D I O M
O       E   W       R
A B A T E   R E A R E N D
S   O   C   A   E
S T E P   H A R D C O P Y
E   I   I   I   I   L
P R E C O N C E P T I O N
S   S   O   D   E   P
```

No 152

```
C O P R A   E X P O R T S
O   O   P   G     B   A
A   R   P   R   S L Y L Y
G A T H E R E D   I   O
U   I   A   S   A G E N T
L U C K L E S S   E   R
A   O   S     M   C   U
N     W   E S C A P I S M
T A P E D   A   S   T   P
  M   L   F L A T M A T E
S P A D E   I   I   D   T
L   E     N   F   E   E
H Y D R A T E   F I L E R
```

No 153

```
B R U I S E   P L A S M A
A       H   S   A       N
C   O V E R P O W E R   N   O
K   C   A     I   N   E   O
U N C A R I N G   I F F Y
P   U   E   S   A   E   S
  S P U R S   S N A C K
O   A   S   M   A   T   U
R U N G   N O S T R I L S
P   C   A   A   O   O   H
H   Y A C H T S M A N   E
A       M   S   I       R
N A U S E A   S C O O P S
```

358

Solutions

No 154

```
S   C   S   A   P   A
U N J U S T I F I A B L E
U   B   U   I   L   L
A G L I T T E R   A G U E
    S   T   E   C   S
S L A M M E D   G E N I E
U       R   U       V
U S U R Y   S T A M M E R
C   H   E   I   I
W I R Y   M A L E N E S S
O   T   E   I   U   P
A U T H O R I Z A T I O N
S   M   Y   E   E   T
```

No 155

```
E T C H   S A U C E P A N
X   I   S   L   I   A   E
P I V O T A L   R A R E R
A   I   R   O   C   V   V
N A C H O   U K U L E L E
S       N   T   M   N   L
I N D I G O   A S S U M E
V   E   M   U   T       S
E V E N I N G   A M A S S
N   P   N   L   N   C   N
E A S E D   I N C L U D E
S   E   E   E   T   S
S T A N D A R D   J E T S
```

No 156

```
U   D   A   P   G   G
S P R I T Z E R   E A R N
P   S   I   O   R   A
Z E T A   M A X I M I Z E
R   B   U   Y       E
I S O L A T E   Q U A S H
    E   H   S   N
D A N D Y   T H I C K L Y
R   F   A   L   A
A M N E S I A C   O O Z E
I   L   E   K   T   U
F F T A   F I L T H I L Y
S   N   S   E   E   I
```

No 157

```
O N U S   C H E C K O U T
C   N   U   A   O   V   A
A G A I N S T   U S E R S
R   R   S   N   R   K
I M M A C U L A T E L Y
N   R   A   E   A   P
A G A   U M B E R   P R O
S   Q   P   O   P   N
    L U G U B R I O U S L Y
A   A   L   I   E   T
F O R G O   M A N A G U A
A   I   U   R   T   U   I
R E A S S E S S   Z E A L
```

No 158

```
B A B B L E R   Y U C C A
R   I   O   E   O   S
O P T I C   N A T I V E S
O   T   H   O   I   E   A
D U E T   A M P   O N L Y
    R   T   I   A   E
D   S C O U N D R E L   R
R   P   A   K   I
A C H Y   E T A   O G L E
S   O   U   E   S   N   M
T A V E R N S   C L I M B
I   E   G   A   F   E
C U R V E   S T R A Y E D
```

No 159

```
G   I   S   Q   E   E
F R I G H T F U L N E S S
A   L   E   A   I   P
I M P O R T E R   G O O F
O   S   T   M   U
M I S S I O N   G A S S Y
N   N   C   A
A F F I X   L O Y A L L Y
A   R   K   N   N
A M M O   I N C R E A S E
O   N   O   E   M   O
S U P E R S T I T I O U S
S   D   K   T   A   R
```

No 160

```
R E I G N S   A V I D L Y
E   A   K   N   N   A
P O P U L I S T   T A S K
L   C   I   A   A
I N C H   S   Q   C A G E
C   E N C R U S T   N
A P E   R   A   F A N
R   M C E N R O E   E
Z E B U   E   Y   T U N A
L   E   N   H   R
M A S S   I M M U N I Z E
T   L   N   E   I   S
S E W I N G   W I C K E T
```

No 161

```
S E S A M E   S C U L L S
I   E   O   L   H   O   A
M A N D A T E   A   C   F
I   T   N   A D H E S I V E
A O N E S   S   C   S
N   I   E   E V E N T
E   U S H E R   L
A E S O P   O   E   P
T   W   L   N E V E R
T A N K A R D   I   E   I
A   O   R   E X P A N D S
C   V   D   R   P   T   O
H E A R S E   H Y P H E N
```

No 162

```
U S E F U L   A S S E T S
U   E   O   P   C   I
S P I N   U N P R O V E D
F   G   T   R   W
D R U I D   V A L L E Y S
N   N   B   I   E
C O N G R E S S I O N A L
V   D   E   P   R
P A Y L O A D   S T U B S
O   Z   J   I   O
P R O T O Z O A   O B O E
A   T   L   V   N   K
O T I O S E   A S S E S S
```

Solutions

No 163

```
  M  N  B     A  P  U
G A T E A U   S A R O N G
  L     R  G     C  E  D
K I E V   B R O N C H U S
  E     E     T     A  L
H A L L W A Y   L U N A R
  B     E  R  G     T  T
B R A S H   P R A I S E S
  U     S     P  A     O
O P E N P L A N   N E A T
  T     E  A     D  A  C
C L A S S Y   M A R S H Y
  Y     S  S     A  Y  Y
```

No 164

```
C L I C H E   C A R E S S
  O  U     W     L  E  I
D U A L   E V I D E N C E
  I  P     R  Q     F
U S U R P   S U B S O I L
  I  I     P     I     N
F A I T H L E S S N E S S
  N     E  H     U  U
C A R R O T S   A Z U R E
  E     H  S     Z  A
B L A C K O U T   L E N D
  A  A  R     U  E     C
M Y O P I A   B U S K E R
```

No 165

```
S     E  P        C  S  G
C O M M I T   B O D E G A
O  P     L  F     N  G  I
R A T T L E R   C O U R T
N  I     S  A     E  E  S
E V E S   A G A P E
D  D  G     I  T     D  A
         D R O L L   R I L L
T  L  O     I  S  G     I
H A I K U   T I T H I N G
I  L     N  Y     A  T  N
G U A R D     S T A T E
H  C     S        H  L  D
```

No 166

```
O Z O N E   P R A I S E S
V  C     R  U     N     X
E  U     R  B   A V I A N
R E L I A B L E   E     M
C  I     T  I   P R E S S
R E S O U R C E   T     T
O  T     M     E  B     R
W     P   E M I G R A T E
D A I L Y   O  G     H  T
   M  U   E U P H O R I C
S I G N S   T  E     A  H
   G  G     H  A     I  E
P O T E N C Y   D I N E R
```

No 167

```
   O  W     F  A  S  S
A P P A L L   F O U R T H
   A  T     U  O  B  A
F L U E   S P O N S O R S
   R        H  T  T  S
C O U P L E T   P A R I S
   N  R     D  L  N  G
B L O O D   W A N T I N G
   O  O     T  P     I
C O N F R O N T   A R T Y
   K  I     R  O  L  A
F E I N T S   P O L I C E
   R  G     O  S  Y  K
```

No 168

```
I M P R E S S I V E L Y
N  E  L        A     S
C   N E A T E N S   D  P
O  E  N     L  T   A  O
M I T T   S K I N N Y   R
P  R  I     S  E  D  A
A G A I N     S H R E D
R  T  V  M     S  E  I
A   I R O N I C   T A L C
B  V  I     N  A  M  A
L  E    C H I A N T I   L
Y     E        T     N  L
R E A S S U R I N G L Y
```

No 169

```
S U M   T E A   R A L L Y
I  I     C  I     E  E
F I L E   N E W S R E E L
T  I  T  T  E     K  L
S I T U A T I O N S    O
   A  R  C        I    W
O N R U S H   H O U N D S
U  Y     A  G     S
T    C O N V U L S I O N
W  P  C  E  E  G  E
A B U T T I N G   I N C A
R  P  E  G        I  R
D E A L T   E W E   A S S
```

No 170

```
Y  D  P  S  I     O  B
U N R E L A T E D   P E A
M  A  A  R  L     A  B
M I M I C   I D E A L L Y
Y  A  I  D  D        S
   S T I N G E R   A N T I
G  I  G     L  E  T
I N C H   O C T O P U S
M     S  H  B  R  S
M I N U T I A   E P O C H
I  E  E  I  L  S     O
C O S   M I S D I R E C T
K  T  S  E  A  S  S
```

No 171

```
A U T I S M   F R E S C O
C  H  P  F     A  A  R
T R E M O L O   M  R  E
I  O  O   R O B B I N G
N Y L O N   B  L     O
G  O     E   E A T E N
      G   S C A R S   O
F R Y U P   R     P  A
L     I  A   A C H E D
A F R I C A N   P  E  D
K  E  I   C U R E A L L
E  D  N   E  I  V  E
S T O D G Y   P L A Y E D
```

Solutions

No 172

No 173

No 174

No 175

No 176

No 177

No 178

No 179

No 180

Solutions

No 181

```
W E I G H T L I F T E R .
A N A . . A . . . . . R
R . C A L L O U S . D E
M . O . O . W . T . I C
O G R E . S E V E R S . E
N . R . D . N . P . P
G R E B E . . E J E C T
E . C . C . E . R . N . I
R . T U L I P S . O S L O
I . L . U . I . C . A . N
N . Y . S U C C U M B . I
G . . E . . . S . L . S
. R E A S S E S S M E N T
```

No 182

```
E . M . T . R . M . H . S
L E I S U R E L Y . O V A
E . L . S . T . R . S . R
G I L D S . E R R A T I C
Y . I . O . L . H . . A
. K N U C K L E . A C T S
F . E . K . . S . A . M
A U R A . S C R E A M S
L . . C . O . Q . P . P . F
S T E A L T H . U S U A L
I . V . U . O . O . S . A
F O E . C U R L I N E S S
Y . R . K . T . A . S . K
```

No 183

```
O U S T . P R E C E D E D
C . C . H . A . O . E . O
A C U T E L Y . N E V E R
R . F . N . . S . E . M
I N F E C T I O U S L Y
N . . E . N . L . O . B
A N A . F A C E T . P E A
S . V . O . U . A . . C
. H O R R O R S T R U C K
E . C . W . . I . M . L
P L A Z A . L I V A B L E
I . D . R . E . E . R . S
C H O R D A T E . T A N S
```

No 184

```
I N F O . C O L O N I S T
M . L . P . P . S . N . A
P R U D E N T . T E N T S
R . M . R . I . E . A . T
A S P . F . M . N U R S E
C . . I N A P T . D . L
T . M D . . A . S . . E
I . A . I N L E T . . S
C A C A O . E . I . B U S
A . H . U . S . O . E . N
B A I L S . S A U S A G E
L . N . L . E . S . T . S
E V E R Y O N E . A S K S
```

No 185

```
I M P E D E . C H A S T E
N . A . R . B . E . O . N
J A M A I C A . A . U . Z
U . P . P . D E V I L R Y
R E E F S . T . E . . M
E . R . E . N O O S E
. E . L I M P S . V
T O D D Y . P . . E . S
A . R . E . M A R C H
V E R N I E R . A . S . A
E . E . C . E A S T E N D
R . D . A . D . O . E . E
N E S T L E . I N U R E S
```

No 186

```
I C E M A N . B R O O C H
M . A . E . I . C . . H
P I C K M E U P . C H I P
E . E . . A . U . A
T H O U . C . R . P E N T
U . . P O U L T R Y . T
S O N . B . I . . R I M
. S . A R B I T E R . O
O P U S . Y . E . A V E R
R . T . H . . I . . A
M E S H . O R I E N T A L
Y . M . L . R . E . . L
E S T A T E . K I D N E Y
```

No 187

```
. L . S O . K . B . M
L I G H T F I N G E R E D
. E A . F . O . A . L
C U L D E S A C . T U T U
. . E . I . K . U . D
S E A S I D E . A P R O N
. P . . E . B . . W
S I N G E . C O M P A N Y
. S . U . A . O . U
R O M E . D E S C R I B E
. D . S . O . T . I . E
L E T T E R P E R F E C T
. S . S . N . R . Y . K
```

No 188

```
T I D I L Y . S C Y T H E
O . E . U . P . A . H . V
W O M A N L Y . P . O . A
A . E . G . R E S O U N D
R I N K S . O . U . . E
D . T . . T . L A I R S
. I . W H E R E . N
L L A M A . C . . T . W
O . . Y . H . P E E V E
C R I M S O N . A . N . D
U . N . I . I M P E D E D
L . C . D . C . E . E . E
E C H O E S . E R O D E D
```

No 189

```
. T . S A L . S . A
C O N T O R T I O N I S T
. F . E . M . B . I . S
C U L P A B L Y . P L A T
. . U . A . A . E . S
S L O P I N G . C R A S H
. O . . D . U . . I
S C O F F . O P E R A N D
. A . E . G . H . A
P L A N . O V E R C O M E
. I . C . A . A . I . U
A T T E N T I V E N E S S
. Y . R . S . E . G . K
```

Solutions

No 190

```
G I N ■ G Y M ■ T U F T S
A ■ A ■ I ■ R ■ A ■ E
P L U M ■ A M N E S I A C
E ■ T ■ S ■ I ■ S ■ R ■ L
D A I N T I N E S S ■ ■ U
■ C ■ I ■ G ■ ■ L D
C H A I R S ■ E F F A C E
O ■ L ■ ■ C ■ L ■ C
A ■ ■ S L E E V E L E S S
T ■ T ■ A ■ N ■ D ■ R ■ O
I N U N D A T E ■ J A I L
N ■ T ■ L ■ E ■ ■ T ■ I
G O U G E ■ R O T ■ E N D
```

No 191

```
■ P E N N Y ■ P E E P S
D ■ V ■ A ■ S ■ V ■ H ■ C
E R O S I O N ■ A D I E U
C ■ I ■ L ■ O ■ S ■ ■ R
A B U T ■ O B L I G A T E
M ■ T ■ C ■ S ■ O ■ W
P H I A L S ■ U N R E S T
■ O ■ A ■ G ■ S ■ S ■ H
P I N G P O N G ■ S T A R
U ■ ■ P ■ A ■ S ■ R ■ O
M A O R I ■ S U C C U M B
A ■ D ■ N ■ H ■ A ■ C ■ S
■ A D A G E ■ T R E K S
```

No 192

```
■ F ■ E ■ P ■ U ■ C ■ I
H O A X E R ■ S C O R N S
■ C ■ H ■ O ■ U ■ M ■ E
H I F I ■ P Y R A M I D S
■ B ■ H ■ Y ■ E ■ I
A D M I R E S ■ K N O B S
■ A ■ T ■ A ■ S ■ L
A F F I X ■ A S S U R E D
■ F ■ O ■ N ■ H ■ R
Y O U N G E S T ■ A J A R
■ D ■ I ■ E ■ R ■ B ■ L
M I S S E D ■ A L L O U T
■ L ■ M ■ Y ■ Y ■ E ■ M
```

No 193

```
A R G U E R ■ A R R I V E
D ■ N ■ E ■ N ■ E ■ E
D Y S L E X I A ■ F U R S
I ■ O ■ ■ E ■ U ■ A
C H I C ■ T ■ R ■ G U N K
T ■ K A R A O K E ■ D
S K Y ■ I ■ B ■ G A P
■ E ■ C A L C I U M ■ R
S T A R ■ O ■ C ■ E T N A
C ■ I ■ G ■ ■ M ■ I
W H A M ■ I M P R O P E R
U ■ E ■ E ■ I ■ I
S P L A Y S ■ W A R B L E
```

No 194

```
A ■ F ■ H ■ H ■ P ■ E ■ S
G R A V I T A T E ■ P U P
E ■ T ■ S ■ L ■ S ■ I ■ O
N E A R S ■ V A T I C A N
T ■ L ■ I ■ E ■ S ■ G
■ B I G N E S S ■ I D L E
G ■ S ■ G ■ ■ S ■ I ■ S
O H M S ■ I M P U L S E
S ■ ■ Q ■ A ■ N ■ T ■ C
S U N B U R N ■ S C U L L
I ■ O ■ O ■ A ■ E ■ R ■ A
P R O ■ I M M U T A B L Y
■ N ■ T ■ A ■ S ■ S ■ S
```

No 195

```
Y ■ A ■ H ■ S ■ K ■ P
S O N G B O O K ■ I R I S
K ■ R ■ L ■ I ■ E ■ E
D E M O ■ D E L I V E R Y
L ■ N ■ I ■ L ■ ■ C
A S T O U N D ■ U T T E R
■ ■ M ■ G ■ B ■ R
T R A Y S ■ B A L E F U L
I ■ ■ S ■ R ■ A ■ N
A G I T A T O R ■ S I C K
O ■ W ■ O ■ A ■ U ■ L
T R E E ■ R E C O R D E R
■ S ■ E ■ E ■ K ■ Y ■ S
```

No 196

```
■ F ■ S ■ E ■ S ■ C ■ S
T O R P I D ■ C R O C U S
■ C ■ R ■ U ■ A ■ M ■ B
H I F I ■ C O L U M B U S
■ N ■ A ■ P ■ E ■ R
V U L G A T E ■ S N U B S
N ■ C ■ E ■ A ■ S ■ A
P I T H Y ■ I S S U I N G
Q ■ I ■ M ■ P ■ R
Z U C C H I N I ■ A S P S
E ■ K ■ D ■ R ■ B ■ I
A L L E Y S ■ E U L O G Y
■ Y ■ N ■ T ■ S ■ E ■ S
```

No 197

```
D I N N E R J A C K E T
I ■ A ■ R ■ ■ U ■ ■ F
S U N R O L L S ■ D ■ O
B ■ G ■ S ■ E ■ I ■ R ■ R
E C H O ■ G A L O R E ■ T
L ■ T ■ I ■ P ■ M ■ A ■ H
I D I O M ■ ■ E L D E R
E ■ N ■ P ■ S ■ R ■ N ■ I
V ■ E R O D E D ■ S O N G
I ■ S ■ R ■ M ■ L ■ U ■ H
N ■ S ■ T A I L I N G ■ T
G ■ E ■ ■ ■ Z ■ H ■ L
■ E X O R B I T A N T L Y
```

No 198

```
I F F Y ■ A M I C A B L E
M ■ L ■ A ■ O ■ R ■ L ■ X
P L U N G E D ■ Y E A S T
R ■ N ■ U ■ P ■ B ■ R
E R G ■ I ■ I ■ T I B I A
S ■ ■ C H I N O ■ E ■ V
S ■ V ■ U ■ ■ G ■ R ■ A
I ■ I ■ L O N E R ■ ■ G
O N S E T ■ E ■ A ■ R I A
N ■ I ■ U ■ G ■ P ■ U ■ N
I N T E R ■ A T H I R S T
S ■ O ■ A ■ T ■ Y ■ A ■ L
T H R I L L E R ■ A L L Y
```

Solutions

No 199

No 200

No 201

No 202

No 203

No 204

No 205

No 206

No 207

Solutions

No 208

```
S T E A L S   O C T E T S
  A   C   P   E   A
A X L E   P O P U L O U S
  O   T   S   O   E
E N J O Y   I N E X A C T
  O   N   S   E   A
I M P E R T I N E N T L Y
  I   I   T   O   C
I C E P I C K   Q U E U E
  E   K   H   R   L
C A U D A L L Y   I R A N
  L   A   E   P S   T
P E E L E R   E C H O E D
```

No 209

```
  C H E S S   S T E E L
R   E   W   M   R M   N
U P R A I S E   O V U L E
G   B   M   R   L     O
G R I M   R I F L E M E N
E   V   V   T   E   E
D R O P I N   C Y G N E T
    R   T   F   S   A R
T E E N A G E R   O G L E
E     L   M A   E   M
R A B B I   U N D E R G O
N   A   I   R   A   I N
  F R A Y S   E M B E D
```

No 210

```
C R A V E N   D E N I A L
E   E   A   E   E   V
S U B S O N I C   I M A M
S   S   K   G   R
P A L E   F C   H E I R
I   L E E C H E S   C
T A U   A   A   T E A
  B   S U R F I N G   V
B R A T   F   R   H I F I
E   A   U   E     G
P A S T   L O C A T I O N
S   I   L   O   T   O
S T O C K Y   Y E O M E N
```

No 211

```
I O T A   E T C E T E R A
N   H   E   E   L   N S
D R E S S E D   E D G E S
E   S   T   I C   O   I
S H E A R   U T T E R E D
C     A   M   R   G   U
R E S E N T   B O L E R O
I   P   G   E   L     U
B R A V E L Y   Y E T I S
A   N   M   E S   H   N
B R I N E   L E I S U R E
L   E   N   I   S M   S
Y U L E   I D E   A P E S
```

No 212

```
  C   W   A   D   A   H
L O V I N G   R U G G E D
  M   N   O   U   R   P
B A S K   N E G L E C T S
    L   I   S   E   A
A M M E T E R   L A U G H
  A   P   S D   B   O
A G A I N   H O W L I N G
  N   C   L   N   E
B A C K P A C K   N E X T
  T   E   I   E   E R
N E A R E R   Y E S M A N
  S   S   D   S   S Y
```

No 213

```
  A F O O T   S C E N E
O   O   W   B   O   O F
F L O W E R Y   M O T T O
F   L   S   L   B   X
I M P S   S A L I N I T Y
N   R   O   W   N   M
G R O O V E   K E Y P A D
O   E   A   D   R   E
O F F P R I N T   T E E M
B   S   N   R   C   O
E V A D E   E L I T I S T
Y   M   A   X   O   S E
  S P A S M   S T E E P
```

No 214

```
R E F R E S H I N G L Y
E   A   D   E       O
P   N I G E R I A   P V
R   T   Y   I   R U E
O V A L   I C E M A N R
U   S   E   I   O   E
U N T I E   S E T T S
C   I   A   Y S   U T
T   C U D G E L   T A X I
I   A   R   T D   L   M
O   L   O R I G A M I   A
N   O   T       T   T
F O R M A L D E H Y D E
```

No 215

```
M   C H C I   S   H
A N O N Y M O U S   E M U
G   N   D   R S   M   N
M A J O R   O C U L I S T
A   U   A   N E   E
  A G E N D A S   O D O R
U   A   T   S   E S
N U L L   R E S T A T E
U   U A   R   E   R S
S T A G G E R   N O I S E
U   T   A   O C   T   W
A G O   T U R P I T U D E
L   M E   S L   S   R
```

No 216

```
D I S K   U P T H R U S T
E   H   O O   I   P   O
S H E A V E S   P A G E S
I   E   E   I   P R   S
G E N E R A T I O N A L
N   I   S   P   D   T
E X P A N D   B O D E G A
D   R   D S   T       K
  R E M U N E R A T I V E
O   M L   R   M   N   H
S L I N G   E X U D A T E
L   S E   N S   P   E
O V E R D R A W   S T U D
```

Solutions

No 217

D	I	S	O	W	N		D	A	M	S	E	L
R		H		I		S		I		E		E
E	J	E	C	T	O	R		I	G		A	
A		R		C		R	A	N	C	H	E	S
M	U	L	C	H		I			I			E
S		O			N	E	A	R	S			E
		C		E	L	U	D	E		N		
L	I	K	E	S		T			G		U	
E		Q		A		D	R	E	G	S		
D	I	S	T	U	R	B		E		L		A
G		U		I		L	A	C	K	I	N	G
E		M		R		E		K		C		E
S	L	O	P	E	S		A	S	S	A	Y	S

No 218

F	R	A	I	L	T	Y		H	I	P	P	Y
E		N		O				A	R		I	
M	A	N	I	C		F	E	R	R	U	L	E
U		E		K		L		D	N		L	
R	I	L	L		D	I	E		B	E	N	D
		I		S	C		E					E
H		D	R	I	N	K	A	B	L	E		D
A			T		E		B		L			
C	O	D	E		A	R	K		V	I	S	A
K		E	D	E		F		X		B		R
S	U	C	C	E	E	D		E	D	I	F	Y
A		R		W		T		R		R		S
W	R	Y	L	Y		C	L	A	U	S	E	S

No 219

C	U	B	A		A	C	T	I	V	I	S	M
O		A		B		A		N		S		E
N	A	T	T	E	R	S		A	L	L	O	T
S		I		E		K		D		A		
I	L	K		T	E		V	E	N	O	M	
D		L	I	T	H	E		D			O	
E		C		E		R		S		R	P	
R		O	B	I	G	O	T			P		
A	R	M	O	R		A		E		A	A	H
T		P	O	Z		N		T		O		
I	N	L	A	W		E	X	C	I	T	E	S
O		E		E		B		E		I		I
N	E	X	T	D	O	O	R		A	C	E	S

No 220

S		L		S			P	U	F		F	
C	R	O	C	U	S		N	U	C	L	E	I
U		C		R		S		R		T		S
T	E	A	R	F	U	L		P	E	R	C	H
T		T		S		A		O		A		Y
L	E	E	K		A	C	O	R	N			
E		D		T	K		T		S		G	
		B	Y	T	E	S		S	K	U	A	
K		O		P		N		G		E		U
N	Y	M	P	H		E	J	E	C	T	E	D
E		E		O	D		N		C			I
L	E	G	I	O	N		B	U	S	H	E	L
T		A		N			S		Y		Y	

No 221

A	M	E	N	D	S		O	R	A	C	L	E
	A		O		P		P		M		E	
U	R	D	U		E	X	P	L	O	R	E	D
	D		V		D		O		U			
L	I	M	E	S		A	S	C	R	I	B	E
	G		A		T		I				L	
A	R	G	U	M	E	N	T	A	T	I	O	N
	A			R		E		S			O	
I	S	O	B	A	R	S		C	U	R	D	S
		R		A		O		N		B		
H	E	R	E	U	P	O	N		A	D	A	M
	N		W		I		U		M		T	
O	D	D	S	O	N		S	L	I	G	H	T

No 222

D		M		B		S	E	S		S		
D	Y	N	A	M	O		P	E	N	T	U	P
	E		S		O		A		E		B	
E	R	A	S		S	O	N	O	R	O	U	S
		A		T		K		G		R		
T	R	I	C	K	E	D		V	E	R	B	S
H		H		R		C		T		I		
S	I	T	U	P		H	O	L	I	D	A	Y
N		S		S		M		C				
S	I	D	E	S	T	E	P		A	V	O	W
T		T		O		O		L		W		
B	I	S	T	R	O		S	O	L	E	L	Y
S		S		L		E		Y		S		

No 223

D		S		A		O		S		H		
P	A	R	T	I	C	I	P	A	T	I	O	N
	T		I		A		A		T			
D	A	F	F	O	D	I	L		N	O	S	Y
	L		E		S		Z		P			
S	T	R	E	A	M	S		C	A	N	O	E
	H			Y		A		T				
M	A	D	A	M		P	R	O	P	O	S	E
	N		R		B		R		E			
S	K	I	M		E	X	I	S	T	I	N	G
I		O		A		I	A					
I	N	T	R	O	S	P	E	C	T	I	V	E
G		Y		T		S	E		Y			

No 224

O		S		S		S	F		S			
I	N	S	T	A	N	T	A	N	E	O	U	S
	Y		O	E		L		E		B		
E	X	P	O	N	E	N	T		B	L	U	E
		L		Z		S		L		R		
F	R	O	S	T	E	D		D	E	R	B	Y
E			S		L			I				
G	L	O	R	Y		M	A	G	I	C	A	L
	I		E		B		W		D			
P	A	L	M		I	N	S	T	I	N	C	T
B		I		R		U		O	L			
C	L	O	S	E	D	C	I	R	C	U	I	T
E		S		S		T		Y		P		

No 225

R	A	B	B	I	S		B		I	L	K	
	V		G		S	E	L	L	S		I	
C	O	R	O	N	E	T		O		O		N
	C		O		A		C	I	T	E	S	
C	A	L	A	M	I	T	Y		O		M	
	D		I		E		L	P		A		
F	O	M	E	N	T		W	I	G	E	O	N
O		I		Y		B	N				P	
R		X		S	A	B	O	T	E	U	R	
E	V	E	R	Y		T		L		L		
S		D		O		E	M	E	R	G	E	D
T		U	R	G	E	D		U			N	
S	U	P		A		S	M	A	R	T	S	

366

Solutions

No 226

```
O G L E   U N H A R M E D
V   A   P   O   R   E   O
E G G H E A D   I N L E T
R   D     T   O     E
F O R M A L D E H Y D E
L     N   R   M   I   R
O R C   T R U C E   C O O
W   O   I   M   T     L
  S U C C E S S I V E L Y
I   L   A       C   N   P
T R O L L   B R A V A D O
C   M   L   U   L   C   L
H O B B Y I S T   S T A Y
```

No 227

```
C O L O S S U S   A C T S
  M   T   I   L   M   E
S I P H O N   I N N I N G
  N   E   C O D   E   E
M O O R   E   E R S A T Z
U     R       I
A S H O R E   D E A R L Y
M       I     U
M E A N L Y   P   F U M E
  N   I   I L L   A   B
S T A B L E   O C U L A R
  R   U   L   M   N   G
B Y E S   D I A P A S O N
```

No 228

```
K O R U N A   T   S   E
I   H     M O U N T I N G
L A Y     A   N   U   T
T   M I Z Z L E   M A I M
E   E   E   F   B   T
R A D I O   O U T L A Y S
    N   S   L   E
C A N T A T A   A D A G E
  V   E   U   A   R   N
S O U R   F E D O R A   T
  W   V   F   I     B O A
L E G A L E S E     L   I
  D   L   D   U N W E L L
```

No 229

```
E C H O   B A C K A C H E
X   I   T   L   A   H   A
C A R P O O L   L E A S T
U   E   G   O   E   T   S
S C R E E N W R I T E R
I     T   S   D   A   B
N E I G H S   M O D U L I
G   N   E   C   S     C
  A N A R C H I C A L L Y
S   N   A   O   A   C
P U R G E   N U P T I A L
U   D   S   C   E   T   E
D I S A S T E R   E Y E S
```

No 230

```
  L   T   A   M   T   D
S O P H I S T I C A T E D
  G   R   P   N   R   M
P O L O N E C K   G L E E
    N   C   S   E   N
W E I G H T S   S T A T E
  V     S   A     I
H A P P Y   O U T W E A R
  N   E   S   G   H
B E E R   C O M P A R E S
  S   S   A   E   M   R
A C C O M P A N I M E N T
  E   N   E   T   Y   E
```

No 231

```
D E C O D E   S K U N K S
E     E   K   E       Q
V   L O F T I N E S S   U
I   O   E   L   P   T   A
C H O I R B O Y   F I S T
E   S   R   S   P   M   S
  P E C A N   C L O U T
A   L   L   E   E   L   I
V I E W   E X C A V A T E
E   A   K   I   S   T   A
R   F R U I T C A K E   N
T     D   S   N     T
S T A T U E   S T E R E O
```

No 232

```
D R E A M E D   A U D I O
O   V   I     I   R   R
D W A R F   R E D H E A D
G   C   F   U   S   A   E
E M U S   N I T   O D O R
    E   S   N   B     L
C   E X P L O R I N G   Y
U     A   U   B   R
P A C K   A S P   Y E T I
C   R   F   L   O   N   V
A C U T E L Y   G U A N O
K   S   T     R   D   R
E X T R A   T H E R E B Y
```

No 233

```
B I C E P S   O C E L O T
R     L   U   L       H
E   T O A D S T O O L   I
A   R   Y   U   G   O   R
D R U M B E A T   E G G S
S   C   A   L   J   I   T
  B U N C H   W A I S T
A   L   K   B   P   T   A
I D E A   R E N A M I N G
D   N   B   A   N   C   E
I   T I R E D N E S S   I
N     I   Y   S       S
G R U D G E   D E F O R M
```

No 234

```
  C A M P S   A S K E W
O   F   L   P   I   B   I
C U T R A T E   R A B I D
E   E   Y   R   U     O
A I R Y   D I A G O N A L
N   L   M   L   G   E
S L I D E R   F L O W E D
  F   C   U   E   S   E
S E E T H I N G   T W O S
E     A   D   S   O   I
T H O R N   I N C O M E S
S   W   I   D   A   A   T
  B L A C K   I N A N E
```

Solutions

Solutions

No 244

P	A	D	S		I	N	A	C	T	I	V	E
R		E		U		O		O		N		A
O	P	P	O	S	E	S		N	A	D	I	R
T		T		E		H		C		U		N
O	T	H	E	R	W	O	R	L	D	L	Y	
Z				F		W		U		G		A
O	R	D	E	R	S		A	S	L	E	E	P
A		Y		I		B		I				P
	U	N	B	E	L	I	E	V	A	B	L	E
H		A		N		K		E		E		A
A	I	M	E	D		I	L	L	N	E	S	S
U		I		L		N		Y		C		E
L	U	C	K	Y	D	I	P		W	H	I	R

No 245

F	L	A	B	B	Y		S	W	O	O	P	S
L		L		E		P		U				I
I	N	S	O	M	N	I	A		T	H	A	T
R				W		C		B		N		
T	O	F	U		H	E		I	D	O	L	
E		P	L	E	A	S	E	D				L
D	R	Y		P		U			A	A	H	
	E		C	R	A	N	I	A	L			A
A	J	A	R		T		T		A	X	O	N
	E		I		I				R			D
S	C	U	M		T	H	R	I	V	I	N	G
	T		E		I		E		A			U
E	S	S	A	Y	S		D	E	E	P	E	N

No 246

I	N	N		A	R	M		M	A	P	L	E
N		E		Y		A		E		N		
T	O	W	N		C	O	U	N	T	E	R	S
E		L		S		P		T		K		U
R	H	Y	T	H	M	I	C	A	L			R
	W		A		A				S		E	
S	T	E	A	M	S		F	E	N	C	E	S
A		D			H		V		O			
N			C	H	R	O	N	I	C	L	E	S
G	Y		O		U		L		D			W
R	Y	E	G	R	A	S	S		L	I	Z	A
I		T		S		E			N			R
A	B	I	D	E		S	I	T		G	A	D

No 247

S	T	U	F	F	S		H	O	P	P	E	D
	R		A		O		O		I		K	
B	E	N	T		F	A	M	I	L	I	E	S
	A		I		A		E		A			
U	S	A	G	E		E	S	Q	U	I	R	E
	U		U		S		I				E	
I	R	R	E	P	L	A	C	E	A	B	L	E
	E			E		K		T			E	
A	D	O	P	T	E	D		S	A	L	V	O
		U		P		A		V		A		
K	N	I	T	T	I	N	G		I	O	N	S
	I		T		L		E		S		C	
C	L	A	S	S	Y		S	U	M	M	E	R

No 248

	T	E	C	H	N	I	C	A	L	L	Y	
R		L		A		N		N		O		D
E		I		R	E	S	E	T		C	H	I
M	A	X	I	M		U		I		A		L
E		I		F		R		C	I	L	I	A
M	U	R	M	U	R	E	D					P
B		S		L			A		J		I	
E					P	R	O	P	O	U	N	D
R	A	R	E	R		A		R		J		A
I		A		O		T		I	D	I	O	T
N	O	D		A	M	I	N	O		T		E
G		A		S		O		R		S		D
	P	R	E	T	E	N	T	I	O	U	S	

No 249

I	N	T	O	N	A	T	E		B	L	O	C
R		R		I		A			O		O	
A	X	I	N	G		R	E	F	U	S	A	L
N		P		H		S			E			O
	O		T		A	S	S	U	R	E	S	
M	E	D	I	C	A	L		P		S		S
U			L			A				U		
S		W	U		G	I	G	G	L	E	S	
C	A	R	I	B	O	U		H			A	
U		A			S		E		Y		S	
L	E	P	T	O	N	S		T	R	O	U	T
A		U			E		T		U		A	
R	A	P	T		S	T	R	I	C	T	L	Y

No 250

F		D		U		M		I		S		A
E	L	E	C	T	I	O	N	S		P	E	P
I		S		T		S		L		A		P
N	I	E	C	E		Q	U	A	R	R	E	L
T		R		R		U		M				I
	A	T	E	L	I	E	R		A	C	N	E
D		E		V				G		A		E
R	O	D	S		L	A	S	A	G	N	A	
E			P		P		L		T		D	
S	A	M	U	R	A	I		L	E	A	V	E
U		I		O		E		O		T		A
M	R	S		S	Y	C	O	P	H	A	N	T
E		S		E		E		S		S		H

No 251

O	N	R	U	S	H		A	T	T	E	S	T
S		P		E		T		E		C		
S	R	I	L	A	N	K	A		A	C	H	Y
I				I		V		P		E		
C	L	E	F		S		I		O	U	R	S
L			T	Y	P	E	S	E	T			Z
E	G	O			L		I			H	O	H
	O		R	E	A	R	I	N	G			O
A	S	I	A		R		C		E	T	O	N
	L		F		M			M				E
R	I	F	F		I	N	S	P	I	R	E	D
	N		I		N		A		N			R
A	G	H	A	S	T		T	R	I	L	B	Y

No 252

U	P	C	O	M	I	N	G		S	I	L	K
	U		W		N		R		H			I
S	T	I	N	T	S		I	D	I	O	T	S
	D		E		T	I	N		A			H
B	O	O	R		A		S	E	T	T	E	R
	W				T				S			
U	N	R	I	P	E		R	U	B	B	E	R
		M					E					R
S	L	O	P	P	Y		D		I	R	I	S
	A		L		U	S	E		N			G
T	R	U	I	S	M		V	U	L	G	A	R
	G				E		M		I		E	N
G	O	L	D			Y	U	L	E	T	I	D	E

Solutions

No 253

```
A N . L V A . E . J
P R O V I D I N G . T A U
P . T Z . O . I . N R
L L A M A . L U L L A B Y
Y . T . R . I . E . M
. G I L D I N G . E L S E
H O . S . . W . I . N
A U N T . S Y N A P S E .
R . . H . E . T . T T
V I R T U A L . C I L I A
E . O . M . L . H . E R
S A T . P R O F E S S E D
T . E S . W . S . S Y
```

No 254

```
D O S E . P A S S A B L E
I . T . H . R . T . A N
S P R A Y E R . U S U A L
C . U . P . O B . X . I
R O M E O . W E B B I N G
E . . C . S . O . T . H
T E T C H Y . U R G E N T
I . R . O . E . N . . E
O C E A N I C . N Y L O N
N . M . D . L . E . A M
A M O U R . A U S P I C E
R . L . I . I . S . R N
Y E O M A N R Y . E D I T
```

No 255

```
. N A I V E . A M E N D .
S . S . E . O . E . A C
L A S H I N G . D E P T H
A . E . N . L . I . . A
P O M P . R E M E M B E R
U . B . B . S . V . L .
P U L L U P . L A C U N A
. E . L . I . L . N . N
I N S O L E N T . E D D Y
F . R . F . A . E . H
F U N G I . E M B A R G O
Y . E . N . R . L . E W
. T W I G S . M Y R R H .
```

No 256

```
S L E E P . E R O S I V E
I . X . A . M . A . A A
D E C I . I T A L Y . .
E T C H I N G S . R . V
T . U . F . R . F A C E T
R E T A I N E R . P . O
A . E . C . . C . S . P
C . U . A S S O R T E D .
K I O S K . A . U . A R
. D . A . S R I L A N K A
R I D G E . O . O . D W
. O . E . N . M . B E .
A M U S I N G . B U Y E R
```

No 257

```
S H I R T S . S . A S P
E . H . D O T E D . A .
A C R E A G E . E . V T
. T . I . B . W H E A T
H A Z E L N U T . R . E
. R . A . T . P . S R
P E D A N T . M O D E R N
E . I . D . F . U . E .
R . R . B R A N C H E D
T I T E R . E . D . N
U . I . I . E P I G R A M
R . L U M P S . N . C .
B O Y . S . . A G E N T S
```

No 258

```
E U R E K A . P . A . E
N . U . . B L O S S O M S
S O B . A . W . S . I .
U . B R A C E D . U R G E
R . L . K . E . M . R .
E V E N T . B R A I D E D
. . E . S . Y . N . .
A S C E N T S . A G L O W
. T . D . E . A . O . I
H A U L . R E D D E N . D
. D . E . N . L . . D O E
M I S S O U R I . . O . L
. A . S . M . B O U N T Y
```

No 259

```
A C R E . P U D D I N G S
S . E . A . P . I . A C
S L E E V E S . S U P E R
E . D . A . I . A . K U
R I S E R . D A D A I S M
T . . I . E . V . N . P
I N S E C T . B A S S E T
V . T . I . C . N . . I
E P I T O M E . T A N G O
N . N . U . Y . A . I U
E D G E S . L E G E N D S
S . E . L . O . E . T L
S P R A Y I N G . W H E Y
```

No 260

```
. W D D . M K . I .
F E L I C I T A T I O N S
. D . V . V . I . S C
A S T E R O I D . S K I M
. . R . R . S . E . S
T R I S E C T . A S P I C
. E . . E . W . . . O
I S L A M . H A P P E N S
. O . M . A . L . E .
U N D O . P A L I S A D E
. A . R . T . A . T U
I N F A L L I B I L I T Y
. T . L . Y . Y . E Y
```

No 261

```
B L E A C H . A F R I C A
R . . A . A . I . . . M
O . A N N O T A T O R . U
O . G . O . O . S . I S
D A R I N G L Y . A G U E
Y . E . I . L . P . H D
. M E Z Z O . C O S T S .
U . A . E . D . R . N A
T U B A . N E A T N E S S
O . L . H . A . E . S H
P . Y E A R L I N G S . O
I . . Z . S . T . . . R
A B I D E D . A S S U M E
```

Solutions

No 262

```
S C A M P I   F   T   E
A   N   G O O D W I L L
P R O   L   O   I   I
P   R A G O U T   N E X T
E   A   O   M   K   I
R A K E S   W A R L O R D
    N   T   N   E
P O P C O R N   A D D L E
R   L   A   S   A   A
E C H O   C A T N A P
H   S   T   U   P H I
F I R E B O M B   E   L
  D   S   R   S T U R D Y
```

No 263

```
E N G A G I N G   S N I P
L   A   I   I   U   A
M I N I M   P R E V A I L
S   N   M   P   N   I
    E   I   E F F E C T S
N O T I C E D   O   E   A
E   K   R   D
W   T   R   U P G R A D E
C A R R Y O N   E   F
O   U   U   T   L   O
M I C R O N S   F L O W N
E   K   E   U   A   L
R A S P   I D O L A T R Y
```

No 264

```
V A T I C A N   U L T R A
E   H   A   S   I   U
I M A G E   E X E M P T S
N   N   N   C   D   S   T
S A K E   P O T   T Y P E
  E   B   L   L   R
S   D R A C O N I A N   E
H   D   G   D   I
U R D U   S I N   A B L Y
D   O   O   S   T   B   A
D E L I G H T   A G L O W
E   L   L   L   E   N
R H Y M E   D E C A D E S
```

No 265

```
D O U G H S   E M B O D Y
R   E   P   O   A
E   T O L E R A B L E   N
A   A   P   I   S   G   K
M A X I M I Z E   B R I E
S   I   A   E   A   E   E
  E D I T S   F L A G S
A   E   E   L   L   I   E
G I R L   L I A I S O N S
L   M   F   E   A   U   T
E   Y E A R N I N G S   E
A   N   S   C   R
M A L I G N   P E A R L S
```

No 266

```
U N I T   A C T I V I S T
N   D   S   A   D   N   R
D I L A T E S   I N D I A
E   E   U   I   O   U   N
R E D   P   N   S O C K S
E   E P O X Y   E   C
S   F   F   N   D   R
T   U   A S P I C   I
I O N I C   L   R   M O P
M   N   T   U   A   A   T
A L I B I   S A S H I M I
T   E   O   E   Y   Z   O
E E R I N E S S   S E W N
```

No 267

```
E F F O R T   C H A L E T
O   U   A   Y   W   V
L O O T   P A C I F I E R
L   W   S   L   U
S H O O T   S A P L E S S
A   R   I   M   P
B R O K E N H E A R T E D
U   U   N   A   L
C Y C L I N G   S M I L E
  O   D   J   B   I
U P T O D A T E   L A N E
A   S   T   E   E   G
G R E E C E   P A R I S H
```

No 268

```
E I G H T H   H E R O I C
X   H   R   V   R
C   H A R D I N E S S   I
U   O   E   S   S   U   S
S E T B A C K S   S N I P
L   H   T   Y   T   S   Y
  B E T E L   E R E C T
S   A   N   A   I   R   S
K U D U   S H I P M E N T
A   E   A   E   P   E   A
T   D I C T A T I O N   N
E   R   D   N   D
R H Y M E D   E G R E S S
```

No 269

```
P R E T E N S E   D A U B
O   S   I   I   N   A
S O C K S   T I T A N I C
Y   A   T   T   O   K
  P   W   E S S A Y E D
O P E N A I R   P   S   A
M   R   A   T
I   B   D   M A G N A T E
S P L A S H Y   H   B
S   A   S   E   S   E
I N S I G H T   T R O O P
O   T   I   T   R   E
N O S E   S C R I B B L E
```

No 270

```
  L   L E   E   C   T
M I N I N G   T R O P H Y
  Z   G   O   H   M   E
C A S H   T R E S P A S S
  T   I   R   L   P
C O N F E S S   L I V I D
  C   I   M   K   M   A
T A U N T   P I G E O N S
  R   G   L   C   N
S I D E W A L K   T A N S
  N   R   P   O   A   E
L A B E L S   F O R M A T
  S   D   E   F   Y   P
```

Solutions

No 271

```
S C A N S . C U S H Y
A O U . E . P U . D
T U M B L E D . T A B L E
T . B . L . I . O . W
A K I N . S T U D E N T S
C . N . T . S . A . E
K N I G H T . S T O W E D
. N . R . O . E . S . E
D O G H O U S E . O P E N
I . . T . I . I . A . U
S Q U A T . E S C A P E D
K . S . L . R . E . E . E
. R E S E T . A D O R N
```

No 272

```
C H O O S Y . A S L E E P
U . N . A . A . P . A . I
S E T T L E D . I . V . G
T . H . T . V E N E E R S
E V E R Y . E . D . . T
R . J . . N . L O F T Y
. O . M O T T E . I
L I B R A . U . . L . U
A . Y . R . R A I L S
C A L Y P S O . I . G . H
T . O . O . U P S U R G E
I . R . L . S . E . E . R
C U D G E L . G R E E K S
```

No 273

```
N O T E B O O K . E M U S
I . U . R . U . D . I . U
C O B R A . S . I S L E S
K . S . I . T . S . L . P
. . . I N D E F I N I T E
G . P . W . D . N . N . N
A F L O A T . O F F E N D
Z . A . S . A . E . R . S
P I T C H B L A C K . .
A . O . I . B . T . C . C
C R O W N . I . A T O L L
H . N . G . N . N . I . O
O A S T . H O S T E L R Y
```

No 274

```
A V O I D S . C R I M E A
K . E . F . H . . . L
I . M I S G O V E R N . L
M . O . P . R . A . A . E
B U O Y A N C Y . P R E Y
O . R . I . E . L . R . S
. F L O R A . P I L A U
A . A . S . O . T . T . G
B O N G . A C T I V I T Y
S . D . D . C . G . V . R
U . S P E C U L A T E . A
R . . A . R . T . T . . T
D R E A R Y . D E F A C E
```

No 275

```
P A L E . C H I T C H A T
E . I . W . O . A . A . R
R O L L E R S . B A L S A
F . A . L . T . L . O . N
E X C E L . E M E R G E S
C . . I . L . M . E . G
T R A I N S . B A N N E R
I . M . F . I . N . . E
O N E R O U S . N E C K S
N . R . O . E . H . S
I D I O M . M A R C O N I
S . C . E . E . S . C . O
M E A N D E R S . A K I N
```

No 276

```
C R O W B A R . C O S T S
O . S . E . . . I . I . C
R A P I D . V I N T N E R
E . R . S . A . E . E . A
S U E T . E L L . S W A G
. . Y . T . E . S . . . G
A . S P O O N B I L L . Y
F . M . T . R . A . .
F O P S . F I R . E C H O
A . I . L . N . I . T . P
B E S I E G E . M A O R I
L . T . W . . . A . S . N
Y I E L D . C O M P E T E
```

No 277

```
S T R A N G E R . O O P S
. R . U . L . U . C . E
V O O D O O . L E T H A L
U . I . W O E . O . R
S P O T . E . D I B B L E
E . . R . . E
I S L E T S . C A R E S S
. . A . . O . . M
S C O R C H . N . C H I C
H . T . O F F . H . T
R I C H E S . I D I O T S
N . L . T . N . R . E
F O X Y . S W E E P I N G
```

No 278

```
S O T . S A C . I N D I A
L . A . O . S . R . V
I B I S . M I S S O U R I
N . L . A . N . U . G . G
G O G G L E E Y E D . . N
. A . O . D . . A . O
A N T L E R . E D I S O N
F . E . . S . O . S
F . A B S T E M I O U S
A . H . E . R . E . R . T
B O A S T F U L . S T A Y
L . C . E . C . . E . L
Y O K E L . K I T . D I E
```

No 279

```
M A S T E R S T R O K E .
A . U . R . . . E . . . O
N . S I N G E R S . A . L
U . T . E . A . O . S . D
F L A W . F R A N K S . F
A . I . S . N . A . I . A
C I N C H . N O D E S . .
T . A . R . T . U . H
U . B A U B L E . F O C I
R . L . G . O . D . U . O
E . E . O N E N E S S . N
R . . . F . . . A . L . E
. S E L F E M P L O Y E D
```

Solutions

No 280

```
R E P L I E D   H E W E R
A   O   D     U   R   E
T O R S O   A F F R O N T
T   T   L   M   F   T   A
Y A R D   E B B   J E E R
    A   Y   U   O     D
E   Y E A R L I N G S   S
G     W   A   E   U
O A T H   E T A   A F A R
I   U   S   E   O   F   A
S E C R E T S   D E I S M
T   K   A     D   C   P
S I S A L   H A S T E N S
```

No 281

```
  P   C   S   K   I   S
M A R O O N   N Y M P H S
  L   N   I   E   P   A
B E A D   P I L G R I M S
    E   P   L   A   B
S M A S H E D   S C A L D
  I   C   T   P   T   E
A S S E T   T R A I P S E
  J   N   V   E   C
B U D D H I S M   A R T S
  D   I   C   I   B   O
U G A N D A   S U L T R Y
  E   G   R   E   E   E
```

No 282

```
  B E W I L D E R I N G
D   M   L   E   E   A   S
E   B   L I L A C   T U T
T W A I N   E   A   A   R
E   R   E   T   P O L I O
R E G I S T E R     N
M   O   S     A   A   G
I       H A N D I C A P
N O T C H   C   A   R   O
I   E   A   I   M A O R I
N I P   I N D I A   B   N
G   E   K   I   N   A   T
  R E S U S C I T A T E
```

No 283

```
  T   I   I   T   F   B
C O M M E N S U R A B L E
  G   P   C   R   R   U
T A X A T I O N   R O D E
    L   T   S   O   G
B R E A K E R   S W E E T
  E   S   E     D   O
A C R I D   I M A G I N E
  E   N   P   O   R
M I F F   E S T R A N G E
  V   E   L   I   I   U
S E N S I T I V E N E S S
  R   T   S   E   S   T
```

No 284

```
  E   P   G   B   T   S
E X E R C I S E   R O O F
  P   O   G   A   I   C
C O M B   G A S W O R K S
    R   A   L   T     E
S T A B L E S   B R O T H
    L   S   F   E
A C H E S   C O N N I V E
  R     M   L   O   E
C E S S P O O L   W A L K
  C   U   C   O   N   V
C H I C   H A W K E Y E D
  E   K   A   S   D   T
```

No 285

```
O G R E   D I S C O V E R
N   E   R   D   O   I   E
T A B L E T S   V I S T A
H   U   C     E   I   L
E X T O R T I O N A T E
J     E   D   T   E   I
O A F   A X I N G   D I N
B   A   T   O   A     T
  S C R I P T W R I T E R
D   E   O     D   I   E
A D O R N   O V E R L A P
U   F   A   D   N   T   I
B E F A L L E N   U S E D
```

No 286

```
T W O   T I C   W I P E D
U   U   L   A   A     R
D O T S   M E A L T I M E
O   C   E   A   T   L   D
R E O R G A N I Z E     G
  M   O   S     A   E
P L E A S F   E D I T O R
I   S     G   A   R
R   A F F E C T I O N S
A   G   I   Y   A   C   C
N E O P L A S M   B I E R
H   L   E   E   T   E
A R D O R   R A T   Y A W
```

No 287

```
H I D E   S C I M I T A R
A   R   A   H   I   O   A
R E I S S U E   S C R U M
D   L   S   E   A   S   P
C A L L I G R A P H I C
O     M   Y   P   O   C
P U F F I N   T R E N C H
Y   R   L   S   E     I
  N O N A L C O H O L I C
A   W   T   E   E   U   K
F U N G I   N O N S T O P
A   E   O   E   D   E   E
R U D E N E S S   A S I A
```

No 288

```
W   D   L   S   M   S   P
H O I P O L L O I   T A U
E   A   W   I   X   U   T
A C T E D   C H U R N E D
T   O   O   F   P     O
  U N A W A R E   S T E W
H   I   N     Q   R   N
A R C H   A S S U R E D
Y   H   I   I   A   D
W E S T E R N   L O S E R
I   O   L   F   T   U   A
R O D   M O U S E T R A P
E   A   S   L   D   Y   E
```

Solutions

No 289

```
A B S E I L . B . W . E
D . C . . O K L A H O M A
H E R . . C . O . I . B
E . E S C H E W . S H O W
R . E . . S . G . T . D
E I D E R . O U T L A Y S
. . V . O . N . E . . .
G I R A F F E . E D G E R
. M . N . F . D . O . U
A P S E . B A R D I C . S
A . S . E . A . . A P T
D I S C L A I M . R . I
. R . E . T . A R C T I C
```

No 290

```
S W A B . C O L O R F U L
T . L . S . D . T . A . E
E X I S T E D . H O U S E
E . B . R . I . E . X . K
P H I L A N T H R O P Y .
I . . T . Y . W . A . S
N E U R O N . D O R S A L
G . P . S . D . R . . I
. S H I P B U I L D I N G
H . E . H . R . D . N . H
I R A T E . I L L I C I T
F . V . R . N . Y . U . L
I C E B E R G S . X R A Y
```

No 291

```
M O P E D . D U C T I L E
E . R . E . A . . E . I
N . I . C . H . H A R P S
T E N D R I L S . P . I
I . T . Y . I . M O O D S
O P E N P L A N . T . E
N . R . T . . C . D . G
E . B . W A S H R O O M
D E T E R . V . E . R . E
. M . A . C O A C H M A N
B A S K S . I . K . A . T
. I . E . D . E . N . E
P L E D G E S . R A T E D
```

No 292

```
. E D G E D . A P R I L .
L . E . M . A . E . R . E
A U C T I O N . R A K E S
M . A . T . K . O . . P
B O D Y . F L E X I B L Y
D . E . P . E . I . A
A N N A L S . E D I T O R
. C . A . M . E . T . E
E J E C T I O N . B E D S
A . Y . O . U . R . I
S T R I P . S O L V I N G
E . U . U . E . N . E . N
. A M I S S . P A L S Y
```

No 293

```
R O U T . A S S O R T E D
O . L . O . T . B . O . R
U N C A N N Y . S C U B A
G . E . O . L . E . C . F
H A R E M . E A R S H O T
A . . A . D . V . E . S
N I C E T Y . R A N D O M
D . A . O . M . T . . A
R E L A P S E . I B S E N
E . Y . O . M . O . T . S
A P P L E . B E N E A T H
D . S . I . E . S . I . I
Y E O M A N R Y . T R A P
```

No 294

```
. C . A . C . E . I . G
T E A S P O O N . T R E E
R . T . U . E . C . N
H E R O . P A M P H L E T
A . N . L . Y . . . R
F L A I L E D . A T L A S
. . S . R . C . H . .
N A C H O . B O N E D R Y
G . . A . R . O . H
R E F O R M E R . R A Y S
O . D . I . O . I . M
F L E D . S A D D E N E D
D . S . S . E . S . D
```

No 295

```
N U B . R E F . D R I F T
A . E . . O . R . R . U
S I G N . P U R I F I E R
T . R . A . R . E . S . N
Y O U N G S T E R S . . I
. D . E . H . . S . P
A U G U S T . P O U N D S
L . E . . T . V . E
E . A S S I M I L A T E
R . B . I . E . D . K . N
T W E E Z E R S . W I L T
L . E . E . . . N . R
Y A R N S . D I M . G U Y
```

No 296

```
H I J A C K . S L A L O M
O . U . L . I . O . I . O
P E N G U I N . O . V . U
I . K . E . F A S T E S T
N A M E S . L . E . . H
G . A . . U . N O O K S
. . I . M E E T S . N
I G L O O . N . . E . A
N . U . T . B A S E S
S A M U R A I . I . I . I
T . U . N . A B R A D E D
E . S . E . L . T . E . E
P O K E R S . S H A D E S
```

No 297

```
S H O O I N . L A P T O P
. E . R . O . O . A . A
S A R I . O M N I V O R E
. D . G . K . G . E
F L O A T . W H I S K E Y
. I . M . L . A . . N
I N D I V I D U A L I S T
. E . . B . L . U . E
P R O C U R E . F R A M E
. . H . E . S . C . B
A U T I S T I C . H A L O
S . L . T . A . E . E
G E M I N I . R A D I S H
```

Solutions

No 298

```
G E T S . P I E C H A R T
L . Y . E . C . O . B . E
E X P A N S E . N O S E S
A . E . C . Q . O . T . .
M Y S T E R I O U S L Y .
I . . P . N . I . . V . G
N U T . H A D E S . E A R
G . O . A . I . T . . . A
. A M A L G A M A T I O N
W . B . I . . . D . N . D
A B O U T . S C O F F E D
R . L . I . U . R . E . A
P R A I S I N G . A R I D
```

No 299

```
. E S P . A E . I .
S P I T T I N G I M A G E
. E . R . T . A . B . N
B E R I B E R I . E M I T
. . C . O . N . R . T
T A C T F U L . A S T I R
. I . . S . O . . . N
D R I V E . A C R E A G E
. E . A . E . E . T
E D E N . L O A T H I N G
. A . I . U . N . I . A
C L O S E D C I R C U I T
. E . H . C . O . G . L
```

No 300

```
F A B U L I S T . F A R M
E . I . U . C . . U . O
E B B E D . R O A S T E D
S . L . I . A . . H . I
. E . C . W E L L O F F .
N O S T R I L . I . R . I
U . . O . . . M . . . E
M . S . U . E V O L V E D
E N L I S T S . U . E
R . A . . . C . S . T . E
A T L A N T A . I R O N Y
L . O . . . P . N . E . E
S U M S . R E V E R S E D
```

No 301

```
H O S P I T A L . S L U M
E . E . N . V . A . U . I
A N T I C . E . L I S Z T
L . T . O . R . L . C . I
. . S M A T T E R I N G .
M . P . P . S . M . O . A
Y E A R L Y . A B D U C T
T . R . E . P . R . S . E
H E A R T B R E A K . . .
I . D . E . E . C . A . A
C H I L L . F . I N C U R
A . S . Y . E . N . N . T
L I E D . T R I G G E R S
```

No 302

```
G R O W N . L A R D E R S
A . U . U . E . . R . O
U . T . C . A . M I X U P
C A S T L I N G . V . T
H . I . E . T . Y E M E N
E N D E A V O R . S . . A
R . E . R . . A . R . T
I . . B . T H A N K Y O U
E T H O S . I . D . G . R
. W . B . O K L A H O M A
C I R C A . E . N . N . L
. C . A . R . T . E . L
N E S T L E S . E S S A Y
```

No 303

```
. O . L . T . N . B . H
S N E E Z E . A F L O A T
. T . X . M . C . O . R
F O C I . P E R F O R M S
. . C . L . E . D . O
W A G O N E R . S C O N E
. V . G . S . E . U . I
S O R R Y . A M E R I C A
. W . A . D . B . D
L E A P Y E A R . L O O N
. D . H . I . A . I . I
P L I E R S . C A N D L E
. Y . R . M . E . G . Y
```

No 304

```
. M A S S P R O D U C E .
V . P . U . E . R . A . R
I . O . G A M M A . G E E
V I S T A . O . M . E . M
A . T . R . V . A U D I O
C O L L E G E S . . . . N
I . E . D . . . C . B . S
O . . . I G N O R A N T
U S U R P . A . C . N . R
S . D . I . Z . H Y E N A
L E D . Q U E L L . F . T
Y . E . U . B . E . U . E
. I R R E V O C A B L E .
```

No 305

```
A W F U L . J O I N I N G
D . E . A . O . . E . A
E . A . U . V . B R O K E
P A R A N O I A . V . E
T . T . D . A . K E N D O
N E U T R A L . C . . . D
E . L . Y . . . C . C . L
S . . E . M A C A R O N I
S U D A N . T . N . P . Q
. S . R . T H A N K Y O U
T H A W S . E . O . I . E
. E . I . . . N . N . N . L
O R I G I N S . S O G G Y
```

No 306

```
L I F E S P A N . W A G E
. 3 . J . R . E . O . L
B O L E R O . X E R X E S
. T . C . F L U . K . B
B O U T . E . S T O V E S
. P . . S . . . U
L E A S E S . O U T R U N
. . T . . . U . . . L
G A L O S H . T . T O Y S
. R . R . A L L . H . S
E R S A T Z . O N R U S H
. O . G . E . O . O . E
T W E E . L I K E W I S E
```

Solutions

No 307

```
G A L E N A ■ O D D S O N
A ■ ■ O ■ M ■ U ■ ■ ■ E
Z ■ P A T R I O T I C ■ W
E ■ A ■ I ■ X ■ Y ■ E ■ E
B O R R O W E D ■ A N T S
O ■ A ■ N ■ R ■ S ■ T ■ T
■ S M E A R ■ L O B E S
A ■ E ■ L ■ R ■ L ■ N ■ B
T O T S ■ A U T O M A T A
T ■ E ■ L ■ M ■ I ■ R ■ R
A ■ R U I N O U S L Y ■ R
C ■ ■ E ■ R ■ T ■ ■ ■ I
H O L D U P ■ E S C U D O
```

No 308

```
T A N G I B L E ■ T O F U
O ■ A ■ D ■ I ■ ■ P ■ N
I N U R E ■ V A L L E Y S
L ■ G ■ A ■ I ■ ■ R ■ E
■ H ■ L ■ N I R V A N A
N E T T I N G ■ E ■ S ■ L
O ■ ■ Z ■ ■ T ■ ■ E
S ■ D ■ E ■ S L A M M E D
T R A N S I T ■ L ■ U
R ■ M ■ ■ E ■ I ■ E ■ O
I M P A S S E ■ A E S O P
L ■ E ■ ■ D ■ T ■ L ■ A
S O R T ■ E S P E C I A L
```

No 309

```
S ■ D ■ F ■ K ■ W ■ C ■ C
P L E N I T U D E ■ Z O O
R ■ P ■ E ■ N ■ L ■ A ■ N
I R O N S ■ G A S T R I C
G ■ N ■ T ■ F ■ H ■ ■ E
■ R E V A L U E ■ S P U D
A ■ N ■ S ■ ■ E ■ H ■ E
M E T E ■ E P I G R A M
A ■ ■ L ■ E ■ G ■ S ■ A
T E R R A I N ■ H E E D S
E ■ A ■ M ■ U ■ E ■ O ■ S
U R N ■ B A R R A C U D A
R ■ G ■ S ■ Y ■ D ■ T ■ Y
```

No 310

```
S C Y T H E ■ R E C E S S
■ R ■ E ■ V ■ E ■ O ■ H
T I L L ■ E N D O R S E S
■ T ■ A ■ S ■ E ■ G
S E R V E ■ U P R I G H T
■ R ■ I ■ L ■ ■ I
S I L V E R T O N G U E D
■ O ■ ■ R ■ Y ■ R ■ R
U N C I V I L ■ M A D A M
■ N ■ T ■ S ■ N ■ R
U N D E R A C T ■ T I C K
■ E ■ R ■ N ■ U ■ E ■ H
S E P T E T ■ B Y E B Y E
```

No 311

```
C O N V I N C E ■ D U C T
L ■ O ■ N ■ O ■ W ■ N ■ R
E R U P T ■ M ■ A R O S E
F ■ N ■ I ■ B ■ L ■ P ■ S
■ ■ ■ E M B A N K M E N T
F ■ G ■ I ■ T ■ I ■ N ■ L
A B R A D E ■ I N H E R E
R ■ E ■ A ■ I ■ G ■ D ■ S
M I N U T E N E S S
L ■ A ■ I ■ D ■ T ■ T ■ W
A U D I O ■ I ■ I R I S H
N ■ E ■ N ■ G ■ C ■ E ■ I
D O S E ■ W O R K E D U P
```

No 312

```
L ■ P ■ C ■ S ■ W ■ S
C A T E N A T E ■ O W L S
■ M ■ C ■ S ■ P ■ R ■ A
B E A U ■ T R I A N G L E
■ N ■ L ■ L ■ A ■ ■ O
S T R I D E S ■ R E A M S
■ A ■ S ■ P ■ M
A V E R S ■ A S S U M E D
■ A ■ ■ F ■ Y ■ L ■ R
E L E C T R I C ■ S H O E
■ L ■ U ■ I ■ H ■ I ■ D
B E A R ■ E P I S O D E S
■ Y ■ L ■ D ■ C ■ N ■ S
```

No 313

```
E X P E C T E D ■ A I D S
G ■ U ■ A ■ N ■ N ■ N ■ L
O F F E R ■ T ■ A D I E U
S ■ F ■ I ■ R ■ R ■ M ■ G
■ S C R A T C H I N G
S ■ A ■ A ■ P ■ I ■ C ■ I
U P D A T E ■ E S S A Y S
F ■ H ■ U ■ S ■ S ■ L ■ H
F L E U R D E L I S
E ■ S ■ I ■ L ■ S ■ O ■ B
R E I N S ■ L ■ T A N G O
E ■ O ■ T ■ E ■ I ■ C ■ D
D E N T ■ T R I C K E R Y
```

No 314

```
C I A O ■ S A U S A G E S
L ■ U ■ E ■ S ■ U ■ L ■ A
I N D E X E S ■ R E A M S
M ■ I ■ P ■ I ■ R ■ N ■ H
B U T T E R S C O T C H
I ■ ■ R ■ T ■ U ■ E ■ E
N O R D I C ■ U N I S E X
G ■ E ■ M ■ P ■ D ■ ■ P
■ I L L E G I T I M A T E
B ■ E ■ N ■ P ■ N ■ V ■ R
L E A S T ■ P I G M E N T
O ■ R ■ E ■ I ■ S ■ R ■ L
C O N F R O N T ■ E S P Y
```

No 315

```
A S S I G N E D ■ C L O G
U ■ N ■ U ■ O ■ O ■ F
J I T T E R ■ D E L E T E
T ■ R ■ S A G ■ O ■ E
P O L O ■ E ■ E R R I N G
R ■ ■ R ■ ■ R ■ ■ E
A S T R A Y ■ D E D U C T
■ E ■ ■ E ■ ■ H
P O N C H O ■ P ■ R E A M
U ■ L ■ F I R ■ A ■ T
E N G U L F ■ E D D I E S
■ C ■ S ■ A ■ S ■ I ■ A
C E D E ■ L U S C I O U S
```

376

Solutions

No 316

No 317

No 318

Solutions

No 319

F	A	V	O	R	I	T	E		E	S	P	Y
	V		V		T		A		N		E	
F	I	B	U	L	A		S	O	D	D	E	N
	D		L		L	I	E		O		V	
B	I	D	E		I		D	A	R	K	E	R
	T				A				S			
P	Y	T	H	O	N		Q	U	E	U	E	S
	A				U				X			
S	P	A	R	E	S		I		W	I	T	H
	H		M		I	O	N		I		R	
B	I	G	O	T	S		T	A	R	T	A	R
	A		N		A		E		E		C	
S	L	A	Y		L	I	T	E	R	A	T	I

No 320

S	U	P	E	R	B		L		P		S	
K		O		A	N	I	M	A	T	E	S	
I	N	K		T		F		R		S		
I		E	X	T	E	N	T		O	P	A	L
N		R		D		O		D		M		
G	A	S	S	Y		O	F	F	I	C	E	S
		O		B		F		E				
S	T	A	R	L	I	T		I	S	L	E	S
	A		C		P		O			I		O
R	I	M	E		E	M	B	A	R	K		O
	L		R		D		O		E	O	N	
H	O	M	E	M	A	D	E		L		E	
	R		R		L		S	A	W	Y	E	R

No 321

A	V	A	I	L	S		I	N	R	O	A	D
	I		N		K		M		O		W	
A	C	H	E		I	M	P	L	O	R	E	D
	E		R		T		O		F			
O	V	A	T	E		C	R	Y	S	T	A	L
	E		I		A		T			D		
T	R	E	A	S	U	R	E	T	R	O	V	E
	S			T		D		A		I		
J	A	C	K	P	O	T		S	T	A	S	H
		A		B		W		T		E		
P	O	L	Y	M	A	T	H		L	I	D	S
	W		A		H		A		E		L	
B	E	C	K	O	N		M	A	R	T	Y	R

378

Solutions

No 322

No 323

No 324

Solutions

No 325

F	A	N	L	I	G	H	T		U	R	D	U
I		I		S		Y			E		P
N	A	C	H	O		E	X	T	I	N	C	T
E		K		L		N			E		O
		E		A		A	V	E	N	G	E	D
D	I	L	A	T	E	S		M		E		A
I			I				B					T
S		S		O		B	E	E	L	I	N	E
P	L	A	N	N	E	R		L		C	
E		C			E		L		O		O
N	A	R	R	A	T	E		I	N	N	E	R
S		U			Z		S		I		A
E	L	M	S		M	Y	T	H	I	C	A	L

No 326

E	T	H	O	L	O	G	Y		A	R	A	B
	A		V		N		U		S		N	
U	N	D	O	N	E		C	R	E	A	K	Y
	G		I		T	I	C		P		L	
L	E	A	D		I		A	N	T	L	E	R
	N			M			I		I			
S	T	R	O	D	E		B	I	C	E	P	S
		F			A			N			A	
C	L	E	F	T	S		N		E	U	R	O
	A		I		I	N	K		L		V	
E	N	A	C	T	S		I	M	A	G	E	S
	C		E		A		N		T		N	
H	E	I	R		L	I	G	N	E	O	U	S

No 327

R	I	N	S	E	D		B	E	S	I	D	E
E			A		R		A		T		E	
D	I	S	L	O	Y	A	L		R	I	F	E
D			A				L		O		A	
E	X	A	M		P		O		M	O	C	K
N			I	N	E	R	T	I	A		T	
S	T	Y			R		B		B	O	A	
	E		O	F	F	L	O	A	D			U
O	R	A	L		O		X		I	S	I	S
	M		I		R		V		V			T
K	I	E	V		A	M	B	I	A	N	C	E
	N		E		T		I		N			R
T	I	S	S	U	E		N	E	S	T	L	E

Solutions

No 328

No 329

No 330

Solutions

No 331

No 332

No 333

Solutions

No 334

No 335

No 336

Solutions

No 337

D	W	O	A	A	M	H
U	N	A	D	V	I	S	E	D	O	R	E
R	S	E	T	O	N	A
U	S	H	E	R	H	A	P	L	O	I	D
M	E	L	M	T	W
A	D	M	I	R	A	L	A	U	R	A
S	U	E	M	N	Y
E	X	P	O	A	G	A	I	N	S	T
E	S	R	N	P	T
S	H	I	A	T	S	U	A	B	O	D	E
A	N	A	M	R	K	X
W	O	K	R	E	P	R	E	S	E	N	T
S	S	T	Y	T	N	S

No 338

C	A	S	T	L	E	M	H	F
A	E	E	X	A	M	I	N	E	D
S	A	P	R	I	D	N
I	T	I	B	I	A	L	E	T	N	A
N	E	E	B	A	E
O	U	T	D	O	J	A	Y	W	A	L	K
E	I	G	A
S	O	M	E	O	N	E	M	Y	R	R	H
L	R	F	A	U	A
I	D	O	L	A	B	S	O	R	B	L
B	I	N	C	R	E	V
C	O	C	K	A	T	O	O	I	E
Y	E	S	T	R	A	C	E	D

No 339

L	U	T	E	A	G	R	A	R	I	A	N
I	A	P	A	C	M	O
F	I	B	R	O	U	S	K	E	A	T	S
E	O	L	N	G	H
B	O	O	G	I	E	W	O	O	G	I	E
O	C	A	W	N	S
A	I	R	Y	O	K	E	L	G	U	Y
T	A	H	E	E	N
U	N	C	O	N	S	I	D	E	R	E	D
Y	C	L	G	A	R
A	P	H	I	D	M	A	E	S	T	R	O
R	E	E	E	D	E	M
D	I	S	C	R	E	T	E	I	D	L	E